中台产品经理

数字化转型复杂产品架构案例 实战

刘天 ◎ 著

电子工业出版社
Publishing House of Electronics Industry
北京·BEIJING

内容简介

当前互联网产业经济正面临前所未有的变革,从传统的平台经济一步步走到对传统行业进行升级赋能的环节,一场数字化转型的巨幕正在拉开。

面对数字化转型的浪潮,时至今日,企业已经提出了无数经典落地战略,其中最具代表性的便是中台战略。

本书作为《中台产品经理宝典》的续作,从企业级应用 MSS 模型出发,为读者整理了一套可实操的中台战略落地的实现方法与实战案例。

本书区别于其他纯理论性的书籍,首度以一个完整的企业数字化转型案例为主线,串联全书的产品设计内容,为读者讲解企业数字化建设的落地实操步骤,具体以中台系统的建设全过程为读者综合演示企业级项目建设的实战过程。

在本书中,作者根据近十年的产品设计经验,为大家提炼出:

(1) 36 个数字化转型的必备知识点;

(2) 27 个连续性案例。

这些内容可帮助读者快速建立成体系的数字化转型方法论与中台建设方案,掌握面向复杂的企业级应用的组件化业务架构设计知识体系。

未经许可,不得以任何方式复制或抄袭本书之部分或全部内容。
版权所有,侵权必究。

图书在版编目(CIP)数据

中台产品经理:数字化转型复杂产品架构案例实战 / 刘天著. —北京:电子工业出版社,2023.1

ISBN 978-7-121-44469-2

Ⅰ. ①中… Ⅱ. ①刘… Ⅲ. ①企业管理—数字管理—研究 Ⅳ. ①F272.7

中国版本图书馆 CIP 数据核字(2022)第 202879 号

责任编辑:林瑞和　　　　　特约编辑:田学清
印　　　刷:北京天宇星印刷厂
装　　　订:北京天宇星印刷厂
出版发行:电子工业出版社
　　　　　北京市海淀区万寿路 173 信箱　　邮编:100036
开　　本:720×1000　1/16　印张:20　字数:403.2 千字
版　　次:2023 年 1 月第 1 版
印　　次:2023 年 8 月第 4 次印刷
定　　价:79.00 元

凡所购买电子工业出版社图书有缺损问题,请向购买书店调换。若书店售缺,请与本社发行部联系,联系及邮购电话:(010)88254888,88258888。

质量投诉请发邮件至 zlts@phei.com.cn,盗版侵权举报请发邮件至 dbqq@phei.com.cn。
本书咨询联系方式:(010)51260888-819,faq@phei.com.cn。

前言

一转眼又到了为一本书撰写前言的时候，回想从我个人的 B 端产品系列第一本书——《中台产品经理宝典》出版，到本书的筹备与撰写完成，已经有三年的时间，而这三年让我见证了整个互联网产业的大变革。

互联网产业变革之一：回归商业本身

在《中台产品经理宝典》撰写完成后，我以咨询专家的身份走访过多家企业。

这一经历带给我最大的一个感受是：在互联网平台经济逐渐见顶后，驱动互联网产业经济增长的需求越发来自互联网产业之外的企业。很多原来被视为属于传统行业的企业，越来越希望利用互联网发展至今衍生的工具来降本增效。

以我实际走访的浙江温州的一家大型服装生产企业为例。该企业自成立至今已经有十余年的历史，随着生产规模的不断扩大，一个看似简单的物料管理问题却成了这家企业最头疼的问题，简单的 Excel 表已经不能支撑多工厂、多批次、多类型的物料管理体系。

于是该企业抱着试一试的态度，用 20 余万元采购了一套进销存软件系统。随着这套系统在多个工厂的部署与实施，这家企业内部对物料的管理实现了充分数字化。

很快，原有的毛料 12 个品类存在大量呆滞料、配件肩垫库存调拨不充分、耗材纽扣周转率过低等一系列异常库存问题浮出水面。而伴随着一系列的管理调整，单件成衣的总物料成本居然下降了 8 角 4 分。

你可别小看这个数字，在竞争激烈的浙江服装生产市场中，这个数字已经让该企业相对于同行来说在成本上降低了 20%左右。而其最终带来的效果是，该企业当年原料成本降低了近 190 多万元。这一成效让该企业一跃成为同行业中物料管理的翘楚。

中台产品经理
数字化转型复杂产品架构案例实战

面对采购系统带来的巨大投资回报率，该企业在第二年成立了一个由 4 人组成的小型信息化部门。该部门专门基于原有软件进行二次开发，推进企业全面的信息化建设与改造。

从这个案例中我们可以看到，当下的互联网产业正在从原来的"讲故事"逐渐变为要看到每一笔资金投入后的真金白银的回报。

这个转变对所有互联网产品经理提出了一个深刻的命题：**必须先理解业务，准确把握一家企业的问题所在，然后利用产品化去解决问题。**

因此在本书中，我用了相当大的篇幅来帮助大家学会如何快速拆解一项业务，并定位企业的问题所在，这也是当下每一位 B 端产品经理必修的课程。

互联网产业变革之二：企业数字化成为新方向

在互联网时代到来之前，行业中虽然已经存在大量的软件公司，但是这些软件公司提供的主要是具有某个或多个功能的软件，就像市面上售卖的不同型号的商品一样。

企业主只能按照自己的判断购买一到两个软件来尝试着解决企业的问题，甚至在更多时候由于对信息化的不了解根本想不到要去购买软件，而只能通过大量"堆人"来解决问题。

但是当下整个市场已经发展到新的阶段，传统的管理模式开始逐渐失灵，企业运营成本不断提高，这些都在不断加速企业数字化浪潮的来袭。

此时行业内的企业诉求由简单的对某个功能的需要，变为了希望能全面考虑企业外部环境与现状，处理复杂问题并提供系统性的解决方案。

这个也好理解，因为这些企业本来就没有数字化建设背景，甚至在很多互联网企业内部也没有 B 端业务的背景。所以，企业数字化需要由既懂业务又理解数字化建设的人进行统筹设计。

值得庆幸的是，近几年越来越多的数字化工具或者信息化工具被提出，开启了数字化转型的时代。其中对整个行业影响最大的就是中台的概念，在这里就不对这个概念做过多的解释了，大家可以翻阅《中台产品经理宝典》一书。

我们需要明白中台只是一个工具，是实现企业数字化的一个抓手。其实，我们要实现企业数字化，可以用"中台"，也可以用其他"台"，只要能实现企业数字化的目标即可。

本书以中台为例，不仅为大家带来中台完整的实战案例，也为大家深度剖析如何拆解企业数字化的诉求，让大家充分掌握数字化转型的内核。

变革对互联网产品经理提出的新挑战

产业变革无疑给 B 端的互联网产品经理带来了一个巨大的挑战：如何正确地进行 B 端产品体系的搭建。

在产品体系的设计与搭建过程中，我们往往会发现 B 端产品体系的建设过程与 C 端产品体系的建设过程有很大不同。

如果说在 C 端产品体系的设计与搭建过程中，产品经理拥有较强的自主性，那么在 B 端产品体系的设计与搭建过程中，产品经理主要追求的是面向企业问题的统筹解决方案。

因此，正确的 B 端需求分析，就是指准确地定义当前企业的问题，并按照业务所处的生命周期的不同阶段对其进行分析，从而让产品的功能可在本阶段支撑业务运作，解决当前问题，同时在下一阶段扩展支撑体系。

在本书中，我试图帮助大家建立适应当前变革的四个维度能力体系，如图 0-1 所示。

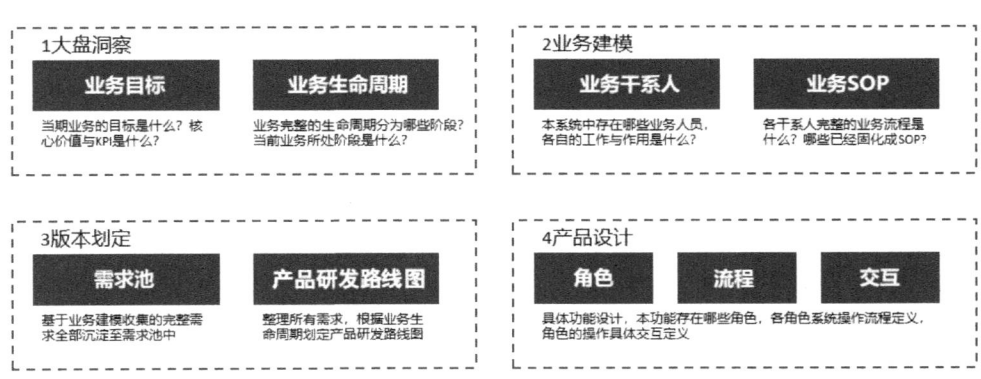

图 0-1 四个维度能力体系

其中，大盘洞察、业务建模是最重要的核心部分，也是当下互联网产品经理最为欠缺的部分。希望本书能帮助正在阅读的你在数字化转型浪潮中，实现由点到面的能力突破。

此外，本书不同于其他同类型的书的地方在于，用一个完整的实战案例贯穿中台建设的全过程，让各位读者可以看到一个企业从中台立项到中台实施的全过程，为当下企业的数字化转型提供一个全局视角的案例，帮助没有 B 端产品经验或没有经历过完整的企业级项目建设的读者建立一个全局的认知。

最后，我要特别感谢为本书付出辛苦和努力的林瑞和老师及他的团队。本书是我和林老师的第二次合作，在本书筹划期间，林老师为我提供了很多帮助，也给了我很多出版方面的建议，在此特别致谢。

此外，我还要单独感谢我的母亲林倩女士，她养育了我，并塑造了我积极向上的品格，让我可以勇敢地面对人生中无数的挑战与困难，请允许我将此书作为生日礼物献给我伟大的母亲！

行业的变革已悄然到来，作为互联网产品经理的你准备好了吗？

刘 天

2022 年 9 月 15 日夜于上海

读者服务

微信扫码回复：**44469**

- 加入本书读者交流群，与作者互动
- 获取【百场业界大咖直播合集】（持续更新），仅需 1 元

目 录

第1篇 战略：企业级中台架构战略导入

第1章 企业信息化战略在解决什么问题 2
    1.1 企业信息化 2.0 2
        1.1.1 问题 1：系统服务逐渐臃肿化 3
        1.1.2 问题 2：多系统下的典型困局 3
    1.2 "转折点"问题 5
    1.3 企业信息化 2.0 的 IT 架构 7
    1.4 企业数字化转型 8
    本章小结 9

第2章 中台落地路线图——MSS 模型 11
    2.1 中台战略与企业架构（EA） 11
        2.1.1 企业架构的定义 11
        2.1.2 从企业架构视角看中台 14
    2.2 企业架构落地工具：MSS 模型 15
        2.2.1 市场宏观认知（Market） 16
        2.2.2 企业标准化（Standard） 17
        2.2.3 解决方案设计（Solution） 17
    2.3 案例 1：L 电商公司的业务系统演进历程 19
    本章小结 31

第3章 中台启动：企业中台战略导入 33
    3.1 目标：中台战略导入 33

3.2　工具：UHM 企业组织结构理论 34
3.3　工具：独立的中台建设团队 38
3.4　案例 2：L 电商公司的中台战略导入 39
　　3.4.1　调研：组织结构分析 39
　　3.4.2　导入：中台战略导入 41
　　3.4.3　分析：中台战略目标 42
　　3.4.4　产出：中台立项报告 47
本章小结 51

第 2 篇　MSS 模型实战：市场宏观认知（Market）

第 4 章　企业外部调研：行业动向研判 54
4.1　目标：企业发展战略解读 54
4.2　工具：行业结构极简模型 57
4.3　案例 3：L 电商公司的发展战略研判 59
　　4.3.1　中台建设蓝图第二阶段启动 59
　　4.3.2　明确行业定位与行业所处阶段 60
　　4.3.3　探查本行业中企业的发展趋势 61
本章小结 66

第 5 章　企业内部调研：企业现状概览 67
5.1　目标：企业级产品构建 67
5.2　工具：商业动机模型（BMM） 69
5.3　案例 4：L 电商公司的商业模式分析 71
　　5.3.1　客户旅程图 72
　　5.3.2　产出：两项业务的客户旅程图 73
5.4　案例 5：L 电商公司的中台客户访谈 74
　　5.4.1　产出：中台客户清单 74
　　5.4.2　产出：商业动机跟踪报告 1.0 75

5.4.3　产出：现有 IT 系统清单 78
　本章小结 81

第 6 章　企业内部调研：企业各项业务拆解 82
　6.1　目标：业务结构化 82
　6.2　工具：1+3 业务描述地图 84
　6.3　案例 6：L 电商公司各项业务的结构化 87
　　　6.3.1　产出：ToC 终端消费者电商业务的结构化报告 92
　　　6.3.2　产出：ToB 餐饮商户电商业务的结构化报告 94
　　　6.3.3　中台建设第二阶段工作总结 99
　本章小结 99

第 3 篇　MSS 模型实战：企业标准化（Standard）

第 7 章　业务架构：业务建模 103
　7.1　目标：业务信息流化 104
　7.2　工具：建模工具集合 104
　7.3　工具：陌生领域业务建模 108
　7.4　案例 7：L 电商公司的业务建模过程 110
　　　7.4.1　中台建设蓝图第三阶段启动 110
　　　7.4.2　产出：L 电商公司的业务领域划分 110
　7.5　案例 8：L 电商公司的业务建模 2.0 112
　　　7.5.1　L 电商公司的业务建模示例 113
　　　7.5.2　L 电商公司的业务信息流提取 116
　本章小结 118

第 8 章　业务架构：企业统一价值链 120
　8.1　目标：找寻企业业务主线 120
　8.2　工具：企业价值链分析（VCM） 121
　8.3　案例 9：L 电商公司的企业价值链分析 123
　本章小结 126

第 9 章 业务标准化：业务流节点化 128
9.1 目标：业务标准化 128
9.2 工具：节点模型 130
9.3 工具：业务 SOP 131
9.4 案例 10：L 电商公司的节点梳理 133
9.4.1 产出：节点墙 133
9.4.2 产出：核心节点 135
9.5 案例 11：L 电商公司的 SOP 梳理 136
本章小结 141

第 10 章 业务标准化：业务架构产出 142
10.1 目标：业务架构产出 142
10.2 工具：业务架构 142
10.3 案例 12：L 电商公司的业务架构 143
10.3.1 业务架构启动 143
10.3.2 主数据模型产出 144
10.3.3 业务架构产出 146
10.3.4 中台建设第三阶段的工作总结 149
本章小结 150

第 4 篇 MSS 模型实战：解决方案设计（Solution）

第 11 章 中台方案：应用架构设计 152
11.1 目标：基于中台的新应用架构产出 152
11.2 误区：中台蓝图设计的错误思路 154
11.3 案例 13：L 电商公司基于中台的应用架构定义 155
11.3.1 中台建设蓝图第四阶段启动 155
11.3.2 产出：中台产品架构 156
11.3.3 产出：新应用架构 163
本章小结 165

第 12 章　中台方案：复用组件设计 166
12.1　目标：可复用模式改造 166
12.2　工具：两种典型组件 167
12.3　案例 14：L 电商公司的业务组件提取 167
12.4　案例 15：L 电商公司的数据组件提取 171
本章小结 176

第 13 章　中台方案：拓展服务设计 178
13.1　目标：场景级复用 178
13.2　工具：常用拓展服务清单 179
13.3　案例 16：L 电商公司的权限拓展服务设计 180
本章小结 184

第 14 章　中台方案：服务中心规划（一） 185
14.1　目标：标准型服务中心设计 185
14.2　工具：服务中心设计公式 1 186
14.3　工具：中台需求文档 190
14.4　案例 17：L 电商公司的账户中心 192
14.5　案例 18：L 电商公司商品中心的搭建 196
14.5.1　方案：商品中心 198
14.5.2　建设：商品数据改造 199
本章小结 202

第 15 章　中台方案：服务中心规划（二） 203
15.1　目标：结构型服务中心设计 203
15.2　工具：服务中心设计公式 2 203
15.3　案例 19：L 电商公司的订单中心 205
15.4　案例 20：L 电商公司商品中心的搭建 2.0 210
本章小结 213

第 16 章 中台方案：服务中心规划（三） 214
16.1 目标：组装型服务中心设计 214
16.2 工具：服务中心设计公式 3 215
16.3 案例 21：L 电商公司支付中心的搭建 216
16.4 中台建设第四阶段的工作总结 221
本章小结 222

第 17 章 中台实施：特异性管理 223
17.1 目标：特异性流程接入 223
17.2 工具：服务中心插件 224
17.3 案例 22：L 电商公司的中台插件引入 225
17.3.1 中台建设蓝图第五阶段启动 225
17.3.2 特异性管理工具：插件 226
本章小结 228

第 18 章 中台实施：新 IT 架构实施 229
18.1 目标：新老系统融合 229
18.2 案例 23：L 电商公司的中台实施过程 229
18.2.1 实施准备工作 230
18.2.2 对接工作展开 233
18.2.3 中台系统试运行 238
18.2.4 中台系统与老系统并行 239
18.3 案例 24：中台持续化运营流程 240
本章小结 243

第 19 章 中台运营：新业务接入中台 244
19.1 案例 25：L 电商公司集团化战略启动 244
19.1.1 业务运作目标调整 244
19.1.2 产出：商业动机跟踪报告 2.0 247

19.2　案例26：新子公司业务的中台接入 250
　　　　19.2.1　子公司中台化立项 250
　　　　19.2.2　中台接入思路 251
　　　　19.2.3　现阶段IT系统的架构 252
　　　　19.2.4　梳理业务节点 253
　　　　19.2.5　业务节点标准化 255
　　　　19.2.6　中台架构产出 256
　　　　19.2.7　方案的投入产出比 257
　　　　19.2.8　中台后续版本规划 257
　　本章小结 258

第20章　中台方案：中台KPI设计 259
　　20.1　目标：中台效益评估 259
　　20.2　案例27：L电商公司的中台KPI设计 259
　　20.3　全书案例建设思路总结 261
　　本章小结 262

第21章　拓展补充：双中台架构之数据平台 263
　　21.1　数据分析体系 263
　　21.2　双中台架构的定义 267
　　21.3　数据中台预建设 268
　　　　21.3.1　预建：标准化 269
　　　　21.3.2　预建：中心化 270
　　本章小结 271

第22章　拓展补充：数据中台落地方案 272

第5篇　进阶：企业级应用通用建设路径

第23章　企业级应用通用建设模型：MSS 2.0模型 280

第 24 章　实施中台战略之后 284
24.1　中台建设的复盘感悟 284
24.2　中台战略的生命周期 286

后记　优秀产品经理的 M-P 2.0 框架 289

附录 A　全书内容速查索引 294

第1篇

战略：企业级中台架构战略导入

在写完中台系列的第一本书——《中台产品经理宝典》后，我走访了多家完成中台落地的企业，并以中台方案顾问或外部评审专家的角色，参与了多家上市集团的中台建设，这些经历让我对中台有了更深刻的认知与理解，用一句话概况就是：

中台的落地不仅仅是一个系统建设过程，还是一个企业信息化战略升级过程！

在本篇中，我将在《中台产品经理宝典》的基础上，为大家带来企业信息化视角下对中台战略更深层次的解读，以及谈谈在实战中作为一家企业的中台负责人，要如何正确地为企业导入中台战略。

第 1 章

企业信息化战略在解决什么问题

1.1 企业信息化 2.0

在谈中台战略之前,我们需要将视野拓宽一点,从中台战略扩展到整个企业的信息化战略(在一些传统企业中也称之为数字化战略)。

从企业决策者的视角来看,任意软件系统的新增或更新其实是一家企业的信息化迭代的过程,而中台的落地产物在本质上也属于软件系统,因此建设中台实际上是企业信息化再造的一个过程。

要想进行正确的中台建设,在开始前我们必须了解中台之所以在众多企业中得到立项、启动、投产,是因为它能够解决企业在信息化进程中遇到的难题。

而这些难题正是企业信息化进程中的现实困局,也是当下各种解决方案产生的根本原因。中台建设的本质不是为了得到一个"大一统"的新系统,而是为了解决当下的企业发展问题。因此,即使**没有中台这个概念,也一定会有其他的企业信息化升级理念来解决这些难题。**

于是就有了从更高的维度对企业发展现状的探索。我们再回过头来审视中台战略的引入,就能清楚看到中台建设的本质是解决企业信息化进程中的两类问题。

1.1.1 问题1：系统服务逐渐臃肿化

随着系统功能的不断增加，我们会发现该系统中各项子服务（如订单服务、商品服务）的迭代速度变得越来越慢，系统的整体性能也变得越来越差，这背后就是由系统服务逐渐臃肿化导致的。

那么，什么是服务臃肿化呢？

先看一个案例：在某电商商城系统的订单模块中，研发人员在初期为了"省事"将多个订单功能写在同一个服务中，但是随着需求不断增多，早期简单承接订单的单一化服务不仅需要提供订单查询接口、订单修改接口，还需要提供订单的评价、支付乃至保险的接口。订单服务臃肿化如图1-1所示。

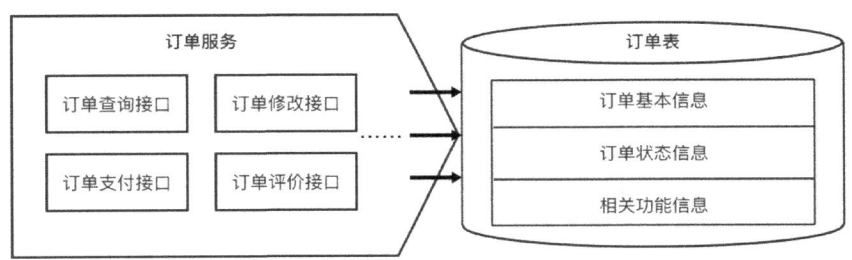

图1-1 订单服务臃肿化

在这样的服务结构下，数据库中的订单表也在不断变化，增添了非常多的冗余字段，如支付渠道号、用户积分、用户等级、用户评价、保单号、支付水单等。

在维护订单服务时，极易出现牵一发而动全身的情况，以至于在后期进行订单服务迭代时，原本只想修改一个评价功能，却影响了创建订单的核心流程。

通过这个案例可以看到，企业信息化需要解决的第一个问题是：在企业发展过程中，伴随着业务增长，信息化系统也变得越来越臃肿，最终导致整个系统处于不稳定的临界状态。此时要怎样解决该类问题？

1.1.2 问题2：多系统下的典型困局

伴随着企业业务的不断发展，企业信息化除了在系统内部遇到服务臃肿化这个问题，在系统外部也会遇到一个典型的难题。要想准确地界定这个难题，我们需要先明白一家企业的信息化进程是怎样的。

这里为大家提供一个企业信息化演进的模型——诺兰信息系统六阶段模型，如图 1-2 所示。

【知识点 1】诺兰信息系统六阶段模型

该模型是由美国管理信息系统专家理查德·诺兰（Richard L.Nolan）通过对 200 多个公司、部门的发展信息系统进行总结提出来的。该模型通过六个阶段定义了企业应用发展的一般性规律，六个阶段分别为初始阶段、拓展阶段、控制阶段、整合阶段、数据治理阶段和成熟阶段。

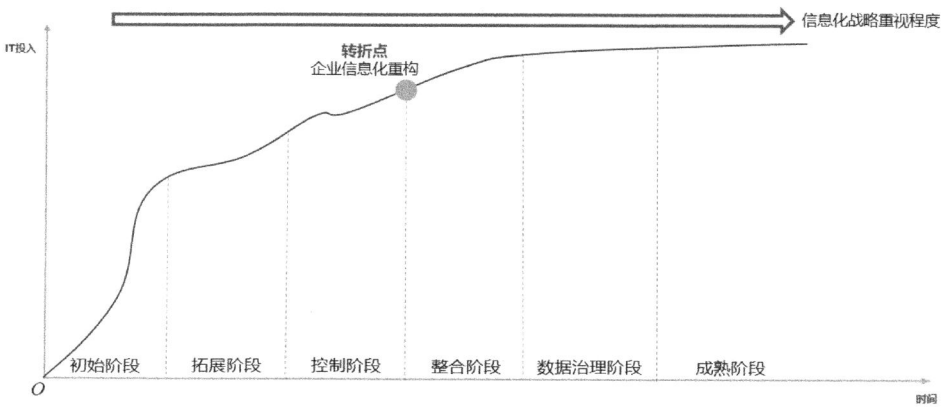

图 1-2　诺兰信息系统六阶段模型

在这个模型中我们能看到，一家企业的信息化过程可以划分为两部分。

- **企业信息化 1.0**：此部分包含诺兰信息系统六阶段模型的前三个阶段（初始阶段、拓展阶段、控制阶段）。在企业信息化 1.0 的建设过程中，企业注重信息化的从无到有、从有到多，目标在于更全面地承载业务实现（广度建设）；

- **企业信息化 2.0**：此部分包含诺兰信息系统六阶段模型的后三个阶段（整合阶段、数据治理阶段、成熟阶段）。在企业信息化 2.0 的建设过程中，企业更注重信息化的从有到优、从散到整，目标在于整合多个系统群，使之能协同（深度建设）。

而这两部分的交界处，一般被称为"**转折点**"，代表着企业如果想进入企业信息化 2.0 时代，必须迈过这个"转折点"。

在"转折点"，具体的系统建设动作就是通过进行跨系统的整合，完成企业自身整体 IT 架构的优化，事实上这也是企业内部信息系统由从无到有转向从有到优的过程。

当然，这里的整合主要指重新梳理企业各 IT 系统的关系，不仅仅是系统集成，还需要将原来为了求快搭建出的临时设计方案——流程粗暴、性能低下的"违章建筑"逐一拆除，并重新划分到具体领域内进行重构。

因此，企业信息化需要解决的第二个问题是：当企业内部不断增添用于支撑不同场景的系统时，如 CRM、CMS、HCM 等，这些系统要如何进行协作化改造才能更好地支撑企业业务演进。

举一个典型案例，在我去某通信公司内部参与该公司的中台项目落地时，发现其内部的产品研发人员对其主系统已经不敢再做任何改动了，每次微调都需要动员几乎整个测试部的人进行全量回归测试。

不过值得一提的是，在这样的背景下，他们的主系统的测试用例写得非常完整，并且非常细致（方便全部门参与回归测试）。

明白了当下企业信息化的现状，我们就应该理解中台战略不是凭空出现的，而是企业信息化发展到一定阶段所遇到的问题的求解思路。

正如前文所提到的观点，即使没有中台这个概念，也会有 X 战略、Y 战略产生。在这样的企业信息化背景下，我们需要应对的信息化问题是如何帮助企业解决上述两个问题，使其进入企业信息化 2.0 时代。

1.2　"转折点"问题

当企业处于"转折点"时，企业内部具体操作系统的业务人员对 IT 系统的抱怨程度呈直线上升。

（1）业务需求不断变化，系统不断增加；

（2）流程错综复杂，无人能了解所有系统的流程；

（3）功能增加导致系统越来越不堪重负，系统卡顿，宕机频现；

（4）不支持多渠道操作，一项任务需要操作多个系统，各系统的数据不一致。

而造成以上状况的原因可以归类为：

（1）不是没有系统，而是信息孤岛太多（CRM/OA/HMS/FMS）；

（2）不是没有数据，而是数据不一致，难以汇总使用；

（3）业务变化快，缓慢的研发流程难以迅速响应。

通过了解企业的现状，我们可以将刚刚分析出的两个问题统称为企业信息化的"转折点"问题。

而要想解决"转折点"问题，就需要企业将原来的系统群升级为面向"转折点"的新企业信息化系统体系。新企业信息化系统体系的特点如图1-3所示。

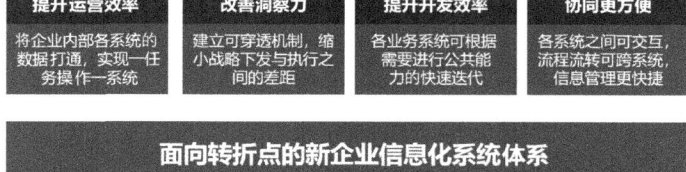

图1-3　新企业信息化系统体系的特点

要落地新企业信息化系统体系，在企业信息化过程中通用的解法是通过大规模的系统重构完成，这也是大家在很多线下产品大会上看到很多产品负责人介绍内部系统重构案例的原因，本质上就是在解决企业的"转折点"问题。

处在"转折点"的企业的系统重构目标如表1-1所示。

表1-1　企业的系统重构目标

序　号	系统重构目标
1	解决处理复杂场景时多系统的割裂问题
2	解决任务不能在同一系统内形成闭环的问题
3	解决信息数据在不同系统不一致的问题
4	提供业务基础标准：数据、应用、流程
5	基于标准业务构建公共服务

要想对企业信息化的"转折点"问题进行重构，破解之法其实很简单，就是两大思路，如图1-4所示。

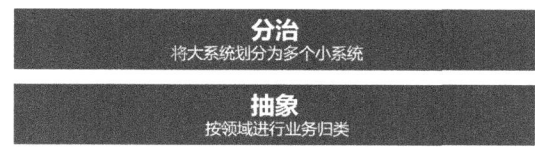

图1-4　重构思路

虽然找到了分治与抽象这两个思路，但在落地中要定位哪些系统采用对应的重构思路呢？这才是真正的难点，因此就需要一套完整的建设模型来详细指导建设路径。

如果我们选择中台战略来解决当前企业在"转折点"遭遇的信息化问题，根据这两个重构思路，在中台建设中就必须有一套完整的建设模型来保障这两个思路的正确落地。

这个建设模型就是《中台产品经理宝典》一书归纳的 MSS 模型。

1.3　企业信息化 2.0 的 IT 架构

结合前面介绍的重构思路，我们来看看企业信息化 2.0 所需要的 IT 架构是什么。

正确应对"转折点"问题的系统可分为两大层级。

1）应用层级

应用层级解决企业运作中的具体场景问题，一个场景存在一个对应的应用。具体来说，企业内部应用可以划分为两部分。

（1）通用类应用：用以支持行政、财务、人事等公共类服务，通用类应用的一个显著特点是自身不创造利润；

（2）业务类应用：用以支持事业部下具体业务线的前台应用，如 ToC 电商—商城系统、ToB 电商—商城系统等，这种应用的划分可以参考企业内部的业务线。

2）能力层级

能力层级是指整个企业内部各个业务应用均可复用的部分，包括数据、流程、应用三大块。这也是正确解决"转折点"问题的关键，建立企业级信息化系统，将能力复用提取出来。

综上所述，企业信息化 2.0 的理想 IT 架构如图 1-5 所示。

通过该架构，我们可以不断地将原来各个应用中的通用部分沉淀下来，使之成为通用能力，一劳永逸地解决历史问题。图 1-5 所示的企业信息化 2.0 的理想 IT 架构就是时下众多企业的中台方案的前身。

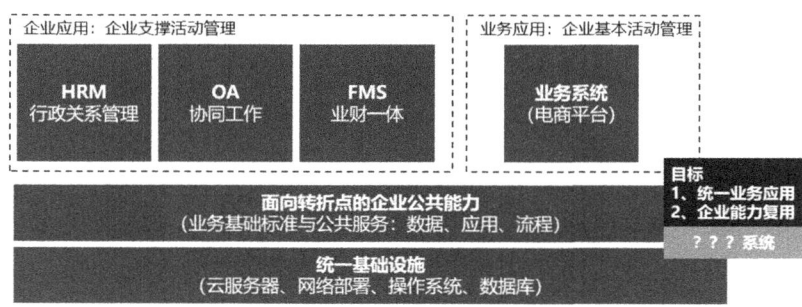

图 1-5　企业信息化 2.0 的理想 IT 架构

事实上，中台战略在本质上就是企业信息化 2.0 的理想 IT 架构的一个典型落地实例。

1.4　企业数字化转型

除了"转折点"，与中台联系在一起的另一个更高频的概念就是数字化转型，那么究竟什么是数字化转型呢？

我们以一家企业为例来看。

（1）一家企业从使用线下纸质单据记账升级为使用 Excel、网盘管理电子单据，实现了作业效率提升，这称之为信息化。

（2）一家企业从使用 Excel、网盘管理电子单据升级为使用 OA、CRM 等系统，实现了系统化管理整个业务领域，这称之为数字化。

似乎到这我们已经知道了什么是数字化，那么什么是数字化转型呢？

随着系统的逐渐增多，企业内部出现了大量的系统间的孤岛，以及线下纸质单据、Excel、业务系统混合使用的现象，让企业步入了"转折点"。这就导致企业内部从最开始的使用软件带来的效率提升，又因为软件的多、杂、不统一转变为效率下降，甚至比使用原始纸质单据的效率还低，所以此时企业必须进行数字化转型。

一家企业从使用 OA、CRM 等孤立系统升级为内部系统重构或者引入中台方法，将企业内部的各个系统打通，实现了企业内部的"车同轨、书同文"，从而打破了企业内部信息传递的壁垒，实现效率的提升，这称为数字化转型。

数字化转型的方向在本质上可以总结为两个革命：工具革命与决策革命，如

图 1-6 所示。

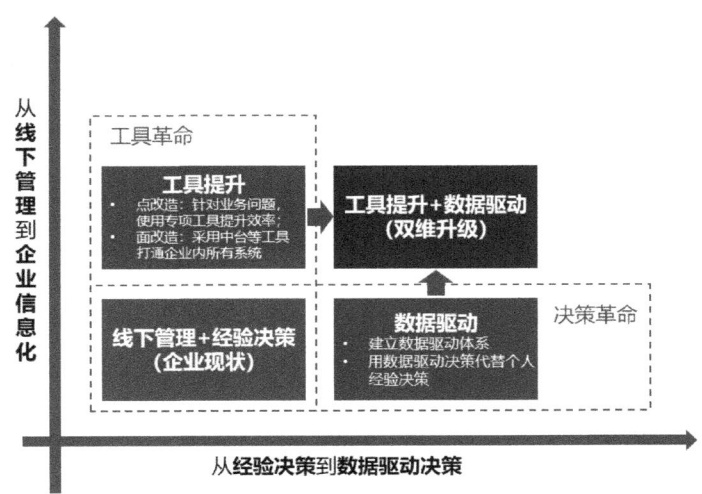

图 1-6　数字化转型的方向

（1）工具革命：通过信息化系统的建设，为企业建设数字化工具，以此提升业务开展的效率，这里最典型的工具便是时下的中台系统了。

（2）决策革命：以往仅仅依靠领导拍脑袋进行决策，变成由数据驱动进行决策。

本章小结

1．诺兰信息系统六阶段模型带来的启示

（1）企业信息化必经之路：由小到大，由孤立变为整合。

（2）企业信息化转折点：需要将企业内部现有的系统进行整合，实现整体最优。

2．企业的系统重构目标

（1）解决处理复杂场景时多系统的割裂问题。

（2）解决任务不能在同一系统内形成闭环的问题。

（3）解决信息数据在不同系统不一致的问题。

（4）提供业务基础标准：数据、应用、流程。

（5）基于标准业务构建公共服务。

3．新企业信息化系统体系的特点

（1）提升运营效率。

（2）改善洞察力。

（3）提升开发效率。

（4）协同更方便。

4．中台战略的出现在本质上是为了解决企业的"转折点"问题

第 2 章

中台落地路线图——MSS 模型

2.1 中台战略与企业架构（EA）

中台作为一个企业级 IT 系统，要想建设成功，就不能再用传统产品线的系统建设方法，而需要使用企业架构概念进行全局构思。

企业架构（Enterprise Architecture，简称 EA），是指基于业务导向和驱动的架构来理解、分析、设计、构建、集成、扩展、运行和管理信息系统。

企业架构是以实现企业战略为目标，构建企业整体业务能力规划并将其传导给技术实现端的结构化的企业能力分析方法，是一种典型的自上而下的 IT 系统设计思路。

2.1.1 企业架构的定义

1987 年，John Zachman 提出："为了避免企业分崩离析，信息系统架构已经不再是一个可有可无的选择，而是企业的必需品"，并给出了企业架构的雏形。

在 TOGAF 标准被提出并被广泛采纳后，企业架构被清晰地划分为业务架构和 IT 架构。

【知识点 2】企业架构的构成

（1）业务架构（Business Architecture）。

业务架构把企业的业务战略转化为日常运作的渠道。业务战略决定业务架构，它包括业务的运营模式、流程体系、组织结构、考核体系、地域分布等内容。

（2）IT 架构（IT Architecture）。

IT 架构是指导 IT 投资和设计决策的 IT 框架，是建立企业信息系统的综合蓝图，包括系统架构、数据架构和技术架构。

业务架构用来设计一家企业的业务要怎么运作，以及如何组织人员开展活动。例如，采购活动由询价、比价、客需统计、下采购单、结款五个环节组成。而 IT 架构描述的是在企业业务架构确定后如何用 IT 系统承载企业的业务以实现线上化。业务架构驱动过程如图 2-1 所示。

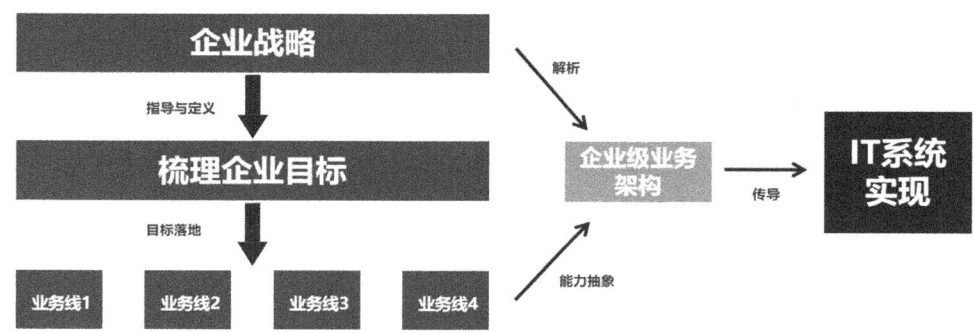

图 2-1　业务架构驱动过程

举例来说，在企业中我们常常看到，由企业战略部或人力资源部下发的组织架构调整的内部邮件提到将企业的某几个业务部门合并成新的部门，或者将某个业务部门分解成几个新的部门。

这实际上就是将不同业务中属于同一业务活动的内容进行归并，本质上就是企业在进行业务架构设计。

介绍完了基本概念，我再为大家补充一个用企业架构语言表述的企业架构示例，帮助大家加深理解，如图 2-2 所示。

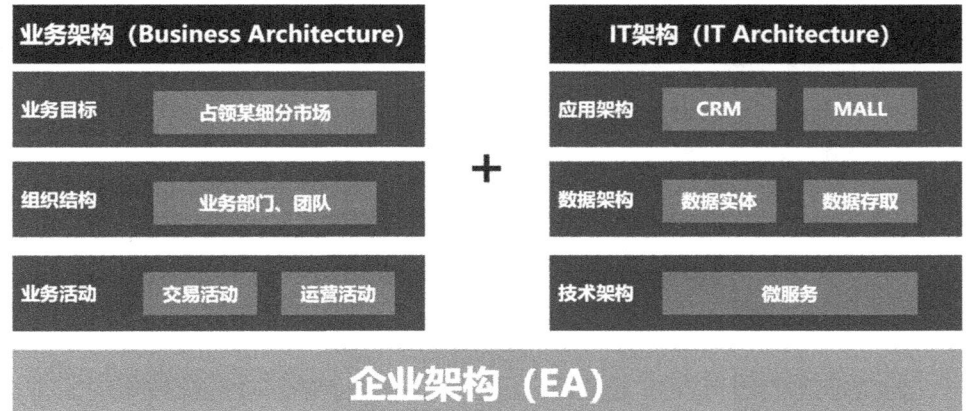

图 2-2 企业架构示例

从图 2-2 中我们看到，企业制定的业务目标是占领某细分市场，随后设计组织结构，就是企业内部需要哪些业务部门和团队来实现占领，再定义各部门的业务活动，最后在此基础上设计由哪些系统承载这样的业务活动。

在理解了企业架构后，我再举一个案例来帮助大家理解从业务架构传导到 IT 系统的过程，如图 2-3 所示。

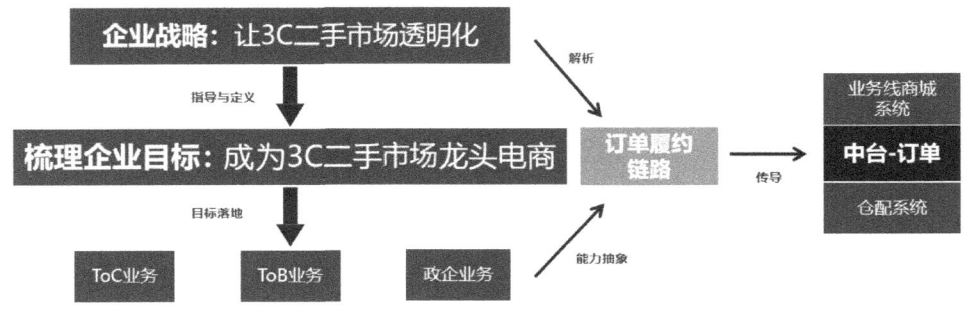

图 2-3 从业务架构传导到 IT 系统

根据让 3C 二手市场透明化的战略，企业梳理的目标是成为 3C 二手市场龙头电商，在此基础上演化出若干业务线：ToC 业务、ToB 业务、政企业务。再分析各业务线的能力，以及哪些部分是可以标准化的，于是企业设计出一个通用的订单履约链路（收—验—定—卖—配），通过订单履约链路构建了业务中台订单服务中心。

在企业架构的驱动下，整个企业的 IT 系统演进路径如图 2-4 所示。

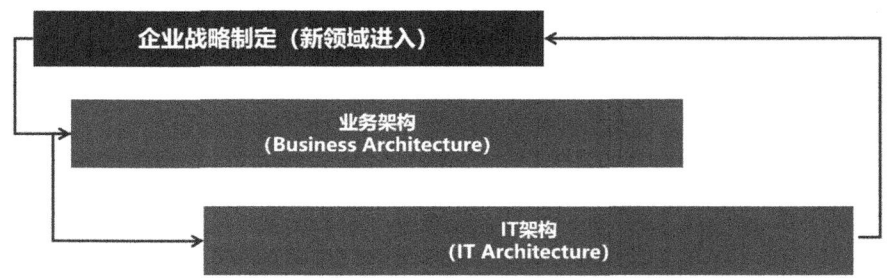

图 2-4　企业架构驱动的 IT 系统演进路径

这也是管理学上所谓的"企业演进历程",即企业战略驱动业务架构产生,业务架构驱动 IT 架构支撑,再向上反馈得到新战略制定的过程。

根据企业演进历程我们也能得出一个重要结论:通过企业级业务架构传导实现 IT 系统。如果业务本身不能被很好地结构化、模块化,那么技术团队也无法构建拥有良好架构的系统。

2.1.2　从企业架构视角看中台

在了解了企业架构的基本概念后,我们接下来从企业架构的视角来解读中台战略。

如果说在企业架构下定义的信息化过程是自上而下的,那么中台就是一个自下而上的信息化梳理过程,即通过信息系统建设来规范并整理企业业务。

但二者在本质上都是在企业信息化 1.0 时代企业拥有多个系统这个背景下的企业信息化建设过程,因此从二者的联系来看,中台其实是企业架构中的一个特殊子集。中台与企业架构的关系可以用一张图来形象表示,如图 2-5 所示。

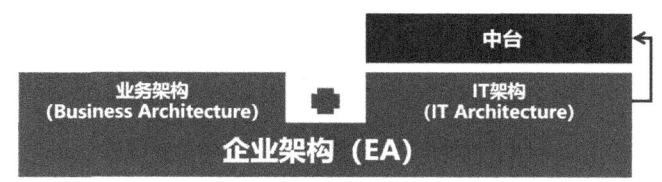

图 2-5　中台与企业架构的关系

没错,中台的本质其实就是一种新的 IT 架构。

因此,中台建设需要企业改变原有的内部研发模式,从单一产品设计转为企业级产品设计。

具体而言，就是从传统的业务流程分析到单一产品设计，再到井式开发，最后转为业务架构分析，目标强调整体性，兼顾企业所有业务，横向观察企业从筹备到交易的全流程，全局观察企业内各业务，将旗下各业务线的能力进行分类归并。

整个过程可以总结为五个关键词：解耦、拆分、抽象、标准、复用。

2.2 企业架构落地工具：MSS 模型

众所周知，每家企业的内部经营管理都是大相径庭的，就算相同行业的两家企业，其内部也会有显著的差异。因此，企业对自身中台的建设也一定是不同的，可以说中台建设必须是为企业量身定制的。

而在每家企业的中台建设中，存在四个需要定制化的关键点。

（1）业务流程定制化，基于内部业务领域定制（业务）；

（2）运营方案定制化，不同运营角色的工作流（角色）；

（3）IT 架构定制化，支撑业务的系统群（应用）；

（4）数据结构定制化，数据标准、口径（数据）。

从系统落地来看，中台系统的本质由三大部分构成。

（1）业务组件：企业内部具有复用能力的具体载体；

（2）拓展服务：领域内常用的选配服务；

（3）插件：解决中台实施的特异性问题。

其中，业务组件与拓展服务共同组成了服务中心，来解决整个领域的问题。完整的中台系统落地项组成如图 2-6 所示。

从图 2-6 中我们可以直观地看到，整个中台系统的建设过程分为两大部分，分别为中台系统开发与中台系统实施。

虽然面对的中台建设需求是需要定制化的，但是还是存在一个通用的建设模型可以参考，这个模型就是 MSS 模型。

那么，什么是 MSS 模型呢？MSS 模型如图 2-7 所示。

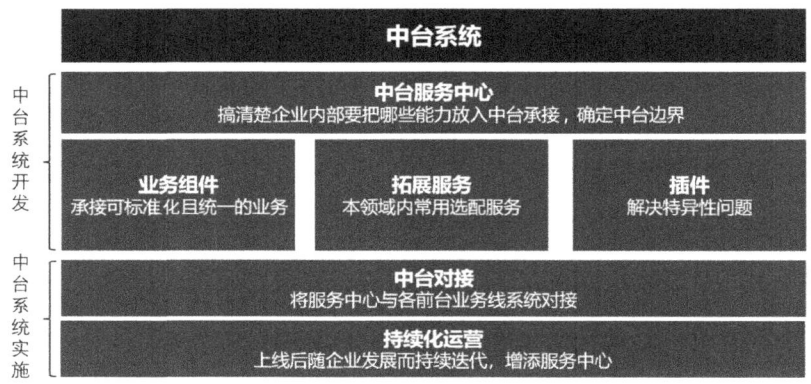

图 2-6 中台系统落地项组成

图 2-7 MSS 模型

根据图 2-7，整个 MSS 模型可以分为三个建设阶段：

- 市场宏观认知（Market）
- 企业标准化（Standard）
- 解决方案设计（Solution）

为了方便读者阅读，我在这里先简单地提出整个 MSS 模型的方法论内容，以便在后面具体展开 MSS 模型每个阶段的落地工具与案例。如果大家希望更深入地了解 MSS 模型的具体定义与概念推导过程，可以去翻看《中台产品经理宝典》第 5 章的内容，里面有完整的解读。需要说明的是，在《中台产品经理宝典》中，MSS 模型的三个建设阶段为调研、预建和方案，在本书中升级为市场宏观认知、企业标准化和解决方案设计。

2.2.1 市场宏观认知（Market）

所谓市场宏观认知，就是要了解当前企业的整体发展现状与未来趋势。具体来说，这个阶段的工作可以细分为两部分：企业外部调研与企业内部调研。

Part 1：企业外部调研

（1）研究企业背后的细分行业的现状、企业整体业务在行业中所占地位，以及未来行业的发展趋势；

（2）研究企业的目标市场，了解目标人群基于什么场景、通过什么方式来解决什么问题。

Part 2：企业内部调研

（1）商业模式：调研企业是如何达成商业目标的；

（2）用户研究：汇总企业内部各业务下具体业务线对中台的需求。

2.2.2 企业标准化（Standard）

所谓企业标准化，是指将企业内部不同事业部的相同业务活动的流程与作业进行规范、统一。

这样做的目的是使作业流程标准化，从而让中台能以一套标准的业务模板进行建设。只有提前规范了不同业务线间的业务流程，才能在企业间形成规范，让后续的业务直接采用统一的企业标准。

因此，要想进行企业标准化，必须做的就是进行企业预建，将业务进行结构化。核心任务分为两个：（1）定义企业业务关键节点；（2）定义企业各业务单位的SOP。

从结构化描述的业务中提炼出信息流，完成中台模型建设。

2.2.3 解决方案设计（Solution）

上面两个阶段的目的是让我们把整个企业业务理解透，在不理解企业业务的情况下去建设中台是极为恐怖的。在完成业务理解后我们就来到了解决方案设计阶段，解决方案设计阶段大致分为如下几个关键环节。

1）寻找共性需求，剥离业务特征

怎么理解这句话呢？作为产品经理，我们都用过 Axure，并发现通过 Axure 自带的元件，能描述所有业务的原型。我们从来没听说过 Axure 为哪个企业自定义过元件库，就是因为 Axure 从具体业务中剥离了业务特征，抽象出了通用最小元件。

2）根据业务完成建模，设计业务组件

业务建模主要是通过上一步梳理出的标准业务流程模板，将企业中的各系统、各功能的运行所需的支撑能力确定下来，初步梳理出整个企业的中台通用模型，产出中台的基本能力框架。

3）管理特征列表，实现各前台业务接入

面对不同业务线的个性需求，要建立起特征列表，在这些特征中分析共性部分进行建设，从而让中台尽可能多地服务业务线。对于无法进行合并的特异性部分，可以使用插件进行解决，从而让业务也能接入中台。

中台在上线后的功能需要不断优化与迭代，以此适应企业的动态发展，这也被称为中台持续化运营，如图 2-8 所示。

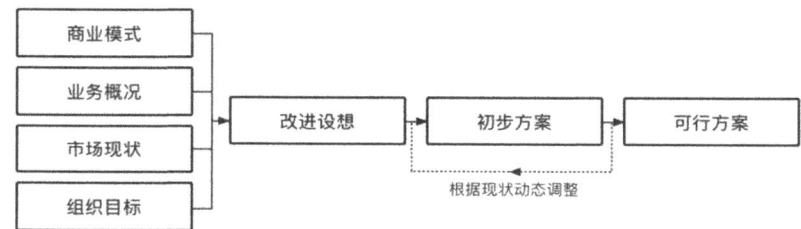

图 2-8　中台持续化运营

介绍完了 MSS 模型，我们再利用刚刚学习的企业架构知识来审视 MSS 模型，可以看到整个模型的建设路径与企业架构是相互对应的，对应关系如图 2-9 所示。

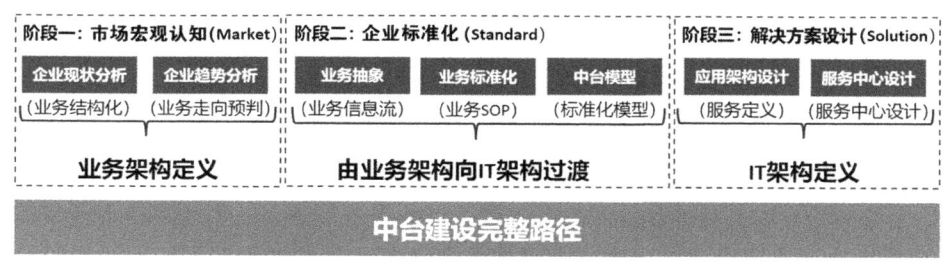

图 2-9　MSS 模型的建设路径与企业架构的对应关系

（1）市场宏观认知（Market）阶段：本阶段对应企业架构中的业务架构定义阶段，即当我们着手为一家企业进行中台建设时，首要需要帮助该企业梳理出现阶段的业务架构，清楚地认知企业的现状。

（2）企业标准化（Standard）阶段：本阶段对应由业务架构向IT架构过渡，期间企业要完成业务信息流识别与标准化的工作。

（3）解决方案设计（Solution）阶段：本阶段对应IT架构定义，根据前面设计出的企业业务架构，进行中台的应用架构设计。

读到这里我们不难发现，MSS模型的本质其实就是基于企业架构的中台建设落地工具。

通过前面的讲解，相信大家对中台战略从起源到建设有了一个宏观的认知。接下来我会通过一个贯穿全书的完整案例——L电商公司的中台建设过程，带大家近距离观察一家企业是如何导入中台战略，以及如何一步步地完成中台战略的设计并使之在企业内落地的。

【全书案例背景介绍】

L电商公司成立于五年前，是一家初具规模的电商企业，该公司的主营业务方向为线上售卖生鲜品。该公司建有自营的物流配送团队，为客户进行订单配送。

L电商公司发展至今已经拥有两个独立的事业部，分别为面向ToC市场的终端消费者事业部和面向ToB市场的餐饮事业部。当下该公司这两个事业部的GMV（Gross Merchandise Volume，商品交易总额）之和已经达到2.1亿元。

本案例的主人公刘宇作为刚进入这家公司的中台产品总监，负责中台系统建设与持续运营。

在案例中，我们通过了解L电商公司的业务多元化发展历程，来近距离观察一家企业如何在发展中不断根据行业发展情况，动态调整企业业务布局及产品系统设计，以及为什么该企业可进行中台建设。

2.3 案例1：L电商公司的业务系统演进历程

在进入L电商公司后，刘宇要做的第一件事情是搞清楚L电商公司的发展历程。虽然在入职前听HR简单介绍过公司现状：L电商公司当下拥有两个事业部，技术团队也根据这两个事业部进行独立招聘，但这些内容仅仅是表象，至于公司为什么会演化为现在这样，还需要刘宇自己深入调研。

▶ 中台产品经理

数字化转型复杂产品架构案例实战

经过一番调研后,刘宇将 L 电商公司的业务发展与系统演进历程划分成了 4 个阶段。

【阶段 1:L 电商公司的业务探索】

阶段 1 又被称为单一业务阶段。

在成立之初,L 电商公司选择将向终端消费者出售生鲜品作为起家业务。该业务的商业模式为集中采购商品以压低成本,随后再加价售卖商品,通过获得中间的差价来盈利。

以一张 100 元的销售订单为例,在 L 电商公司中采购成本约占 65%,物流成本约占 25%,其他成本约占 5%,整单毛利约占 5%。成本分布如图 2-10 所示。

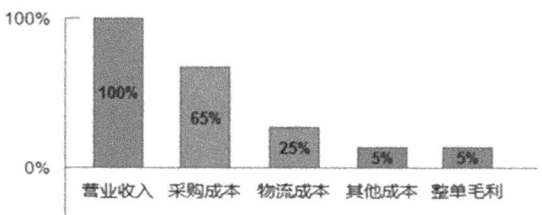

图 2-10　公司成本分布

此时该公司的主营业务只有生鲜品的售卖,在平台的流通过程中仅为采买过程,其系统结构示意如图 2-11 所示。

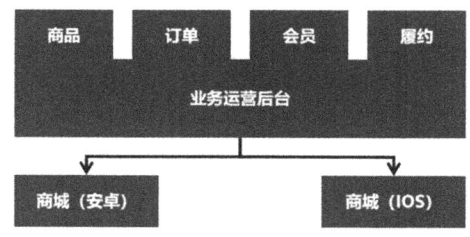

图 2-11　系统结构示意

L 电商公司的系统共分为两层:前台和后台。前台商城的用户端承担用户下单的功能,而后台承担商城运营的功能。

同时,由于在整个电商系统上线初期 L 电商公司的业务量不大,整体业务运营简单,所以 L 电商公司将运营的三项业务操作都融合在一个后台中实现。

整个电商系统的后台在开发上为了图快,采用了单体应用架构,也就是一个后台集合了订单中心、商品中心、会员中心、履约中心，这些中心均为后台系统的一个子模块。此阶段系统开发的主要特征如下。

（1）目标用户单一，需求来源的场景单一；

（2）需求多，希望快速验证业务场景的价值；

（3）项目上线时间短，迭代快，一周一个版本。

因此，此时的技术实现为典型的单体技术架构（即技术架构 V1.0），如图 2-12 所示，也就是一个归档包（可以是 JAR、WAR、EAR 或其他归档格式）包含所有功能的程序。

图 2-12　技术架构 V1.0

随着业务体量的不断增长，L 电商公司的系统也进入了一个高速发展的阶段。

从后台的商品中心来看，随着业务体量的增长，L 电商公司为了更高效地进行商品管理，开始将原有的商品模块独立出来并扩充，使之变为一个独立的商品中心，让商品运营团队不用再在原后台中操作。

此时，L 电商公司的技术团队将商品模块独立出来，使之成为全公司商品中心的一个子系统。

后来，我们发现将所有的商品操作都交由一个商品中心进行维护是非常费劲的。例如，商品管理中的商品基本信息管理与库存管理，这是两个完全不同的业务。在商品的数量和种类急剧上升的时候，以往公司可能需要一个业务团队来管理商品基本信息与库存，而此时就无法将商品基本信息与库存放在同一个模块中维护。

所以，L 电商公司的技术团队就需要将库存模块从商品中心独立出来，使其成为一个库存中心。后来他们发现由于商品数量的增加与电商营销方式的增多，价格管理机制也需要完善。于是技术团队将价格系统拆分为价格管理与价格走势管理。

业务运营后台的迭代演化路径如图 2-13 所示。

▶ **中台产品经理**

数字化转型复杂产品架构案例实战

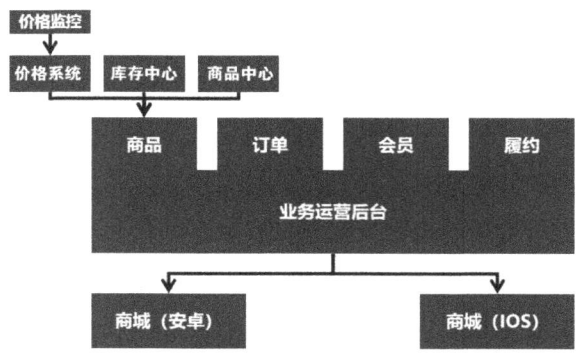

图 2-13　业务运营后台的迭代演化路径

从图 2-13 中我们可以看到原有的商品模块演化出了 3 个独立的子模块：商品中心、价格系统与库存中心。此时系统的主要特征如下。

（1）客户单一，场景单一，但开始深入；

（2）开始向各领域的深处挖掘需求；

（3）用户量开始增长，对系统并发能力的要求提高。

此时在技术实现上，虽然部分模块增加了新的功能，但是系统整体的复杂度并未提升，因此技术团队还是选择了在原有的单体架构中去迭代。

不过，随着技术团队人数的增加，简单的单体应用架构显然不适合多人协作。为了更方便多人协作，技术团队将原有的技术架构做了升级，按照不同的领域将非结构的单体架构升级为分模块的单体架构，如图 2-14 所示。

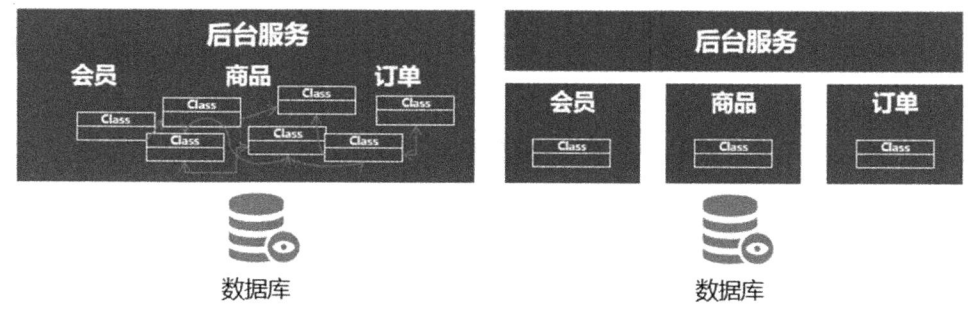

图 2-14　技术架构 V2.0

此外，为了配合不断增长的业务量，技术团队将后台服务在多个服务器上进行了部署，形成分布式集群架构（技术架构 V3.0），如图 2-15 所示。

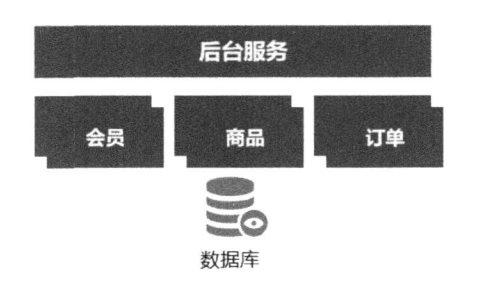

图 2-15　技术架构 V3.0

以上为 L 电商公司在阶段 1 的业务与系统的演化历程。

【阶段 2：L 电商公司的精细化运营】

任何一个行业都是充满竞争的，L 电商公司所处的生鲜电商行业也是如此。随着行业走向成熟，不断有新的竞争者进来，特别是当这个行业中的巨头在发现了新兴市场时，也召集人马快速投入新兴市场。一时间行业中的生鲜电商风起云涌，多家企业进入了该行业。

但是整个市场上现有的目标用户变化不大，此时大家为了能快速抢占市场份额，使用了最常见也最有效的方法：打价格战。各大生鲜平台的商品售价开始竞争式下降：你卖 35 元，我就降到 30 元，甚至更低。

此时 L 电商公司也不例外，但是在公司内部，产品部门除了要面对商业模式上的激烈竞争，还有一项让人头疼的任务要完成：建立数据分析体系。产品部门主要分析两个方向：

（1）公司占有的市场份额和市场渗透率；

（2）降价效果评估，即分析对于同类商品（蔬果类/菌菇类），每降价一元所带来的下单用户转化率是多少，以及来平台消费的用户都是哪些人。

面对这样的需求，L 电商公司建设了数据分析中心，如图 2-16 所示。

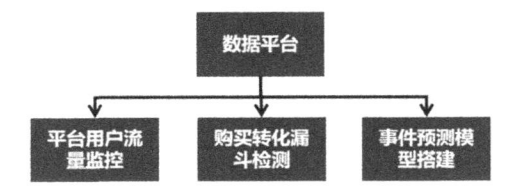

图 2-16　数据分析中心

▶ **中台产品经理**

数字化转型复杂产品架构案例实战

但是由于各平台投入大量营销费用进行用户补贴,一时间市场很快就发展到了饱和期,公司的利润骤降。

【阶段3:L电商公司的业务多元化战略启动】

随着整个行业的竞争加剧,L电商公司投放在营销上的资金开始大幅增加,直接导致在垂直的终端消费者电商业务中的亏损金额日益加剧。

这个时候公司的决策者开始思考了,不能把鸡蛋都放到一个篮子里,万一哪天在面对终端消费者的生鲜零售细分市场中被巨头击败了,下一步公司要去哪里挣钱呢?

正是对这个问题的探索,让L电商公司的业务多元化进程拉开了帷幕。

通常来说,企业的多元化都会优先考虑往上下游产业链条中进军,因为这样既可以巩固自己的现有业务,又能利用原来的基础去实现多元化,简直就是一箭双雕。

但是此时的L电商公司要怎样进军?具体进军哪个方向呢?所以摆在公司决策者面前的问题转换为在当下生鲜市场中,要如何锁定新的业务方向。

而这个业务方向必须与市场中巨头的主攻方向不同,只有这样L电商公司才能形成差异化竞争,从而存活下去。

带着这样的目标,L电商公司做的第一件事就是通过市场分析了解生鲜商品细分流通渠道的全貌。

所谓流通渠道,就是指生鲜商品通过哪些途径被消费者选择并购买,完成从产地流转到消费者餐桌上的过程。

经过一番调查,L电商公司得出了生鲜商品流通渠道的全貌。具体而言,生鲜商品面向消费者的流通渠道可以总结为4种,如表2-1所示。

表2-1 生鲜商品流通渠道的全貌

渠道	流通渠道1	流通渠道2	流通渠道3	流通渠道4
渠道名称	农贸市场	超市/生鲜门店	生鲜电商	其他
流通商品特征	个人售卖、非标准化	预处理、半标准化	标准化产物	业务探索
渠道描述	在小区周边的中小型菜市场	综合型超市或专营生鲜门店	垂直的生鲜电商(生鲜电商/社区团购)	个人菜贩/水果店兼售等形式

第 2 章
中台落地路线图——MSS 模型

在这几个渠道中，L 电商公司又要从哪里入手呢？在经过研讨后，L 电商公司有了结论。

首先线下渠道被排除了，因为 L 电商公司是一家典型的互联网企业，公司的整个团队在这之前均未涉及线下零售业务。而线下零售业务存在已久，属于典型的红海市场。线下零售要想实现规模化盈利，就要有足够多的门店，拥有足够大的订货量，此时供应商才会和你谈判让出利润。而 L 电商公司作为一个典型的互联网企业，根本没有线下实体场地，如果要涉足线下零售，就要去开设大量的门店或者与其他行业进行联合，但是这又意味着漫长的等待。

开展线下零售的失败风险极高，此外还需要投入大量的财力与物力。因此该渠道就被放弃了。

知道在当下市场中什么能做，但只做自己擅长的，这才是正确的企业发展战略。

这一通分析下来，似乎 L 电商公司没有发现任何可以低成本切入的蓝海市场。此时 L 电商公司要怎么办呢？

在咨询了专业人员的意见后，对方给出的建议是要求 L 电商公司在战略视野上进行扩充，从战略上更换决策路径，不要只局限于生鲜商品的流通渠道这个一维的视角，而是要对消费者的生鲜商品消费方式进行全局思考。

按照这个思路，通过对消费者的消费方式进行分析，L 电商公司得到了如图 2-17 所示的生鲜消费方式饼图。

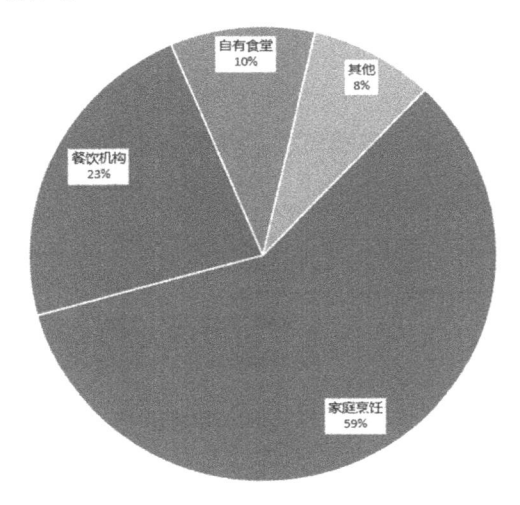

图 2-17 生鲜消费方式饼图

> **中台产品经理**
> 数字化转型复杂产品架构案例实战

通过该饼图，L 电商公司发现在终端消费者的生鲜消费中，有一个很特殊的环节就是通过餐饮商户完成。餐饮商户可以细分为两部分，分别是面向公众开放的餐饮机构（23%）与只面向特定人群的自有食堂（10%）。

在该环节中，终端消费者不直接向生鲜商品供应商购买生鲜商品，而是购买餐饮商户加工处理过的生鲜商品。在此场景中生鲜商品供应商的直接交易方为餐饮商户。

从市场流通渠道分析，终端消费者与餐饮商户在生鲜消费中所占比例的对比高达 6∶3，足以见得餐饮商户消费也是生鲜市场中非常重要的一个组成部分。

而在这之前，L 电商公司在服务 C 端终端消费者的过程中已经建立了完备的生鲜采购体系、仓储物流体系，这些在 B 端生鲜市场都是可以直接复用的。

新市场的潜力、极小的竞争力与现成的企业能力无疑是 L 电商公司的优势，因此在最近一次的管理者大会上，L 电商公司的高层管理者一致同意进入 B 端生鲜市场。

会后 L 电商公司立即筹划了一个新的事业部：ToB 餐饮商户电商事业部。该事业部的业务定位为主攻餐饮商户市场，解决生鲜市场中餐饮商户的日常采购和进货问题，成为餐饮商户的供应商。

受此影响，L 电商公司对原有系统的功能也进行了大规模的拓展，系统在升级后的结构如图 2-18 所示。

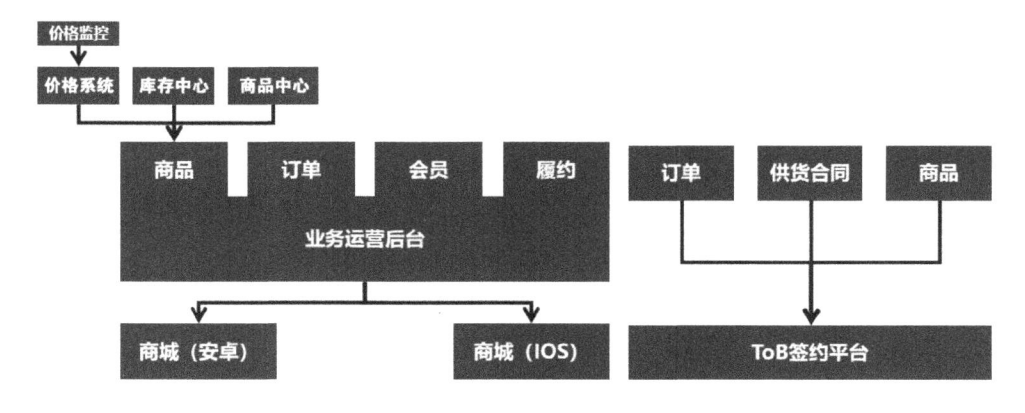

图 2-18 系统在升级后的结构

纵观当下 L 电商公司内部的系统群，其产品架构如图 2-19 所示。

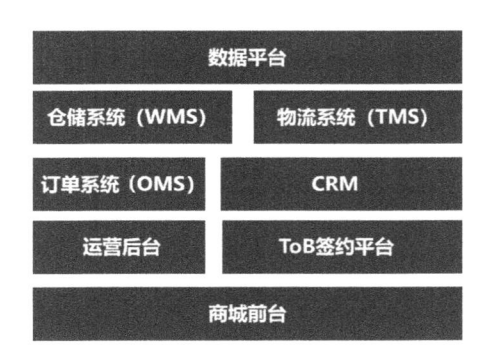

第 2 章
中台落地路线图——MSS 模型

```
┌─────────────────────────────────────┐
│            数据平台                  │
├──────────────────┬──────────────────┤
│  仓储系统（WMS） │  物流系统（TMS） │
├──────────────────┼──────────────────┤
│  订单系统（OMS） │      CRM         │
├──────────────────┼──────────────────┤
│     运营后台     │   ToB签约平台    │
├──────────────────┴──────────────────┤
│            商城前台                  │
└─────────────────────────────────────┘
```

图 2-19 新业务加入后的产品架构

系统管理范畴如表 2-2 所示。

表 2-2 系统管理范畴

核心管理	系统范畴
客户管理	客户基础档案 客户等级体系
商品管理	商品建档 商品价格、上下架
订单管理	订单自动同步统一处理 各环节业务处理效率监控 售后责任制跟踪处理
库存管理	异地多仓库存管理 多平台库存自动同步 缺货预警、采购补货 与线下仓储系统对接
采购管理	库存提醒 财务审核流程 到货自动入库
财务管理	应收、应付管理 支付宝、财付通等平台对账核销 财务报表分析 财务票据管理

线下的餐饮商户对这种新的供应方式也有很高的接受度，原因很简单，餐饮商户的生鲜供应是典型的市场化，这种供应方式能提供标准的生鲜供应、准时的履约配送，以及良好的售后。

因此除了大型连锁餐饮机构，那些一直被非标准市场裹挟的小型餐饮商户在看到这个业务后纷纷选择了这种生鲜供应链外包服务，因为这比以往从菜市场或二道

> **中台产品经理**
> **数字化转型复杂产品架构案例实战**

菜贩手中购买要靠谱得多。

很快 L 电商公司的 B 端市场业务就实现了日交易订单量破千。随着地推团队人数的增加，5 个月左右 L 电商公司的月 GMV 已经增长到 900 万元，B 端市场业务成为 L 电商公司中增长最快的业务。

此外，由于 L 电商公司涉足了 B 端业务，很多在 C 端是长尾品的商品因为 B 端业务需求的产生采购量也大了起来。从整体的采购来看，L 电商公司相较于其他生鲜公司能获得更优的采购价，采购成本也相应地得到了优化。

伴随着新业务的发展，支撑业务的系统需求也日益增多，而此时的产品需求已经发展得与 C 端业务需求不兼容。例如，从用户管理功能来看，C 端业务主要管理的是个人用户，而 B 端业务主要管理商户，需要有证照管理、资质审核、准入管理等一系列的面向商户的特殊要求。

直接照搬 C 端服务已经越来越不能满足实际业务需求，因此 L 电商公司需要定制开发 B 端业务对应的服务。

于是 CTO（Chief Technology Officer，首席技术官）从 L 电商公司的产品研发部门分出了一拨人，专门来开发 B 端业务对应的服务。

【阶段 4：L 电商公司的内部资源整合】

在 B 端业务上线一段时间后，研发团队要开发的很多功能又和 C 端需求重合，如财务管理、银企直连、商品管理等。

这个时候 L 电商公司内部的很多一线研发人员发现这两个业务有很多重叠的部分，如图 2-20 所示。

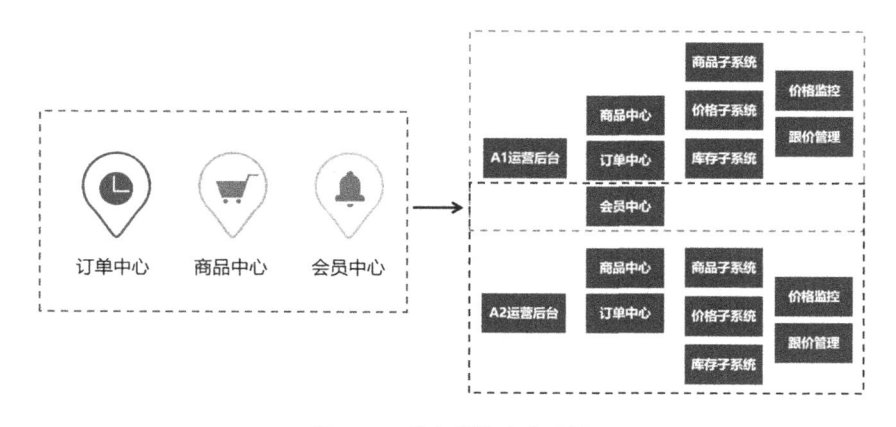

图 2-20 业务系统高度重叠

于是 L 电商公司的 CTO 开始思考是否能把两个业务中的模块进行合并，让一个服务方同时为两者提供服务，让功能在一次开发后为企业全局赋能。

除了业务系统高度重叠，随着系统的增多，L 电商公司在走向企业信息化 2.0 的过程中也遭遇了"转折点"问题。

（1）问题 1：公司内多个业务系统的交互复杂且低效，如 ToC 业务购买 ToB 业务的商品，中间存在大量的商品转换器开发需求（每个业务系统都需要开发一个商品转换器）；

（2）问题 2：在订单确认方面，A 业务与 B 业务对于在交易中产生的订单不互认，A 业务在 B 业务下产生交易，A 业务需要记录订单产生与订单完结标识，B 业务同理，此时双方订单不统一，需要针对业务发生方开发特殊类型的订单；

（3）问题 3：各渠道产生的订单不统一，将这些订单提交至供应链，供应链需要适配多类业务的订单，公用的供应链资源演化出多个子供应链，仓库系统变得非常臃肿，导致在作业时卡顿。

大家是不是觉得这些问题似乎与业务中台的目标与理念相同？没错，这就是业务中台产生的最标准场景。

于是经过高层管理者讨论，L 电商公司的业务架构调整开始了。人力资源部向全员发出一封邮件，公布了具体调整计划，如图 2-21 所示。

公司组织架构调整通知

发件人：人力资源部
收件人：L 电商公司全员
时间：2019 年 10 月 12 日 15:12:17

各位小伙伴：
大家好！
在今年 Q3 公司季度管理会议上，公司确立了 B 端市场业务是公司发展的下一推动力这一战略定位。基于该战略定位，公司正全力打造可以统一支持多个不同业务的研究商品、开发商品的团队，提升对商品开发人员的激励力度，激发组织活力，并提供充足的组织保障。现对商品开发中心的组织架构做如下调整：

1、原 运营中心-用户运营中心 新增至 商品开发中心-用户运营中心；

2、原 商品运营部 与 选品部 两个部门合并成立 商品采选中心部；

3、原 商品开发中心-商品规划运营中心-商品运营部&商品内容部 调整至 商品开发中心-运营中心-商品运营部&商品内容部；

4、原 商品规划运营中心 更名为 商品规划与创新中心，原 项目孵化部 更名为 商品孵化部。

期望全体商品开发者在新的组织架构下继续秉持有信念、有担当的作风，坚持做难且对的事情，期待商品开发中心全体伙伴在新的组织保障下建立团结、互信的巨大合力，打造热爱、研究、开发商品的强力引擎。

图 2-21　组织架构调整邮件

实战案例

▶ **中台产品经理**

数字化转型复杂产品架构案例实战

将 ToC 事业部中的商品运营部、ToB 事业部的选品部这两个部门进行了合并，组建公司级的商品采选中心部，同时为这两个事业部提供商品采购与日常商品运营服务。至此，L 电商公司演化成了布局多市场领域的平台。

但是至此 L 电商公司只能算是暂时性地解决了竞争问题，选择了一个新的赛道。如果其他企业也跟着进入 B 端市场，L 电商公司又将如何应对呢？

一时间让所有企业主头疼的"如果 BAT 进入你的行业，你怎么办"这个灵魂问题又一次被摆在了桌面上，这个问题如何解决，成为管理者会议上一个新的议题。

借着这个企业生死之战中难得的短暂喘息机会，业务组织架构的调整也推动 L 电商公司的 CTO 决定要引入中台战略，目标就是要尽快为 L 电商公司打造出一套完整的、可复用的技术能力，以支撑 L 电商公司未来可预见的新的战略尝试与变化。很快一则招聘中台产品总监的信息被人力资源部放在了 L 电商公司的招聘网页中。

至此，刘宇已经完全搞清楚了 L 电商公司的业务发展历程。L 电商公司的业务发展先后经历了 4 个阶段，如图 2-22 所示。

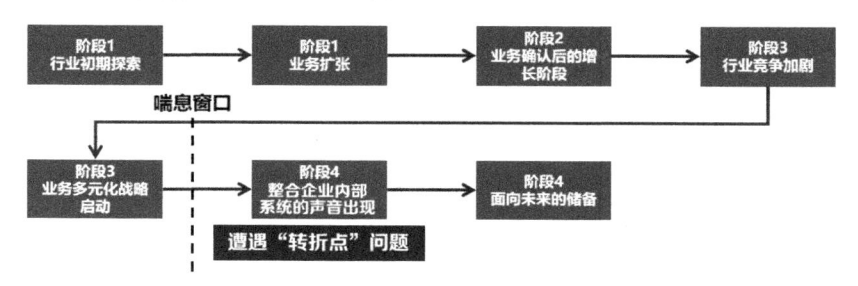

图 2-22　L 电商公司的业务发展历程

L 电商公司的业务发展过程是典型的从单一业务向多业务并行演进的一个历程。伴随着业务的发展，L 电商公司 IT 架构的演变也相应地经历了 4 个阶段，如图 2-23 所示。

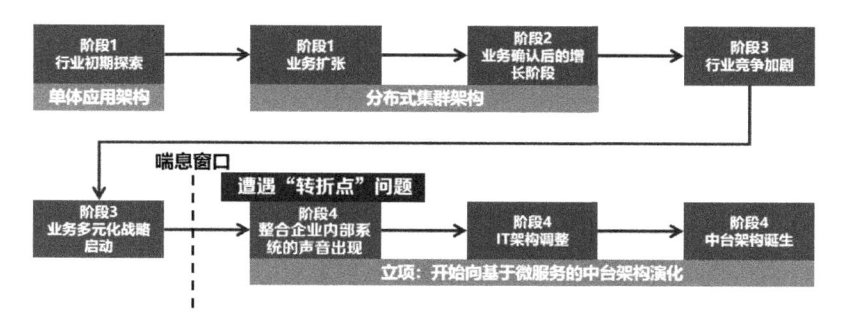

图 2-23　L 电商公司的 IT 架构演变

我们可以看到，L 电商公司的 IT 架构演变完全符合企业架构的观点，所有的变化都是因为业务演进而产生的，从最初的单体应用架构开始向基于微服务的中台架构转变。任意一家企业的发展方向很多时候都是由多个因素共同组成的，所以在建设中台业务时需要把握企业这种动态发展的规律，准确地跟踪每个阶段中业务的实时发展方向。只有这样，建设的中台才能符合企业的实际需要。

刘宇分析完了这一切，对自己刚招到的新人说了如下一番话：

"总结分析 L 电商公司引入中台战略的背景，本质就是企业开始算 IT 系统的经济账了，在如此激烈的行业竞争中，传统粗放型的业务增长模式行不通了。

"以为为了追求'短、平、快'可以对新业务落地采用另起炉灶的方式，而在每一个用户都需要杀红了眼才能抢到手的时候，这样做的成本越来越高，公司越来越想让已有的现成产品重复使用。

"以往企业在面对新业务时可以不计成本地进行拓展的场景已经不复存在了，企业开始想如何在新的场景中去复用之前的一些产出，从而实现以最小的成本去拓展新业务。

"因此未来的关键竞争砝码是高毛利下的总成本领先，只有总成本领先了，企业才有进行业务迭代的欲望。这其实就是中台产生的深层次原因——解决成本问题。"

注：在本案例中，出现了后面要介绍的企业价值链、IT 架构等概念，这里大家先形成一个初步的认知，接下来再一一进行剖析。

在第 2 章中 L 电商公司的中台建设进度日志如表 2-3 所示。

表2-3　在第 2 章中 L 电商公司的中台建设进度日志

任　　务	完成工作项
1	L 电商公司的业务发展历程梳理
2	L 电商公司的业务系统演进历程梳理
总结	中台建设完成进度：5%

本章小结

1．企业架构（EA）的定义

企业架构是指以实现企业战略为目标，构建企业整体业务能力规划，并将其传导给技术实现端的结构化的企业能力分析方法。

2．企业架构（EA）的构成

（1）企业架构（EA） = 业务架构+IT架构。

（2）业务战略决定业务架构，是企业战略的具体体现。

（3）IT架构为业务架构的承载物，帮助业务完成日常运作。

（4）中台战略是企业IT战略中的一部分。

3．梳理业务架构的原因

如果业务本身不能被很好地结构化、模块化，那么技术团队就无法构建拥有良好架构的系统。

4．中台建设的导火索

从案例1可以观察到，中台建设的起源是L电商公司启动了新的业务，新业务导致企业内部需求的变化加剧，遭遇了"转折点"问题。同时L电商公司的CTO为了让整个产品研发团队支撑企业在市场中的快速探索，选择将公用能力沉淀下来，至此中台项目启动。

第 3 章

中台启动：企业中台战略导入

3.1 目标：中台战略导入

在企业运作中要想正确启用一个新的战略，第一步要做的就是将战略导入企业中。这里需要先向大家介绍一个知识点——战略导入。

【知识点 3】战略导入

所谓战略导入，就是指企业管理团队在引入战略时，需要判断该战略是否匹配本企业，以及引入该战略是否能为企业带来收益，并制定具体的收益目标。

例如，某公司在年初确定本年度要执行增长战略，并确定了收益目标——为平台 GMV 这一指标带来增长。

而中台战略能否成功落地，就在于企业的管理团队在导入中台战略时，是否能正确地定义收益方向与收益目标。

此时就需要中台负责人进行用户访谈，向企业的管理团队输出正确的对中台战略收益的解读。

我曾经为一家企业做过咨询，在中台建设之初，这家企业的一把手就已经为中台项目定下了要在第二年创收 2000 万元交易额的目标，但实际上中台只是一个企业内部控制成本的工具，因此当时不管怎么建设中台到最后都是错误的。

所以，正确的战略导入是中台战略成功的关键。但事实上很多中台负责人都忽略了这一步骤，导致在后期反复出现中台建设方向纠偏，最终让整个团队苦不堪言。

战略导入可细化为两个具体的行动点：

（1）识别与判断当前企业是否适合启动中台战略；

（2）定义中台战略的目标与中台建设里程碑事件。

下面我们就来看看要实现这两个行动点的具体工具是什么。

3.2 工具：UHM 企业组织结构理论

学过管理学的朋友应该知道，任何战略都不是万能的，每个战略都有自己的适用范畴。中台战略也不例外，其对企业的类型有最低门槛要求。这里的门槛就是指企业组织结构必须发展到特定形态。

什么是企业组织结构形态呢？企业发展到什么阶段才能启动中台战略呢？这里为大家介绍一个自查工具——UHM 企业组织结构理论。

【知识点4】UHM 企业组织结构理论

企业组织结构形态指的是企业内部各部门的层级结构。UHM 企业组织结构理论是由管理学家威廉姆森（Williamson）提出的，该理论将一家企业内部的组织结构划分为 U 型（一元结构）、H 型（控股结构）和 M 型（多元结构）三种基本类型。

本书主要为大家介绍在市场中占 90%以上的 U 型企业组织结构与 M 型企业组织结构。

1）U 型企业组织结构

现代企业在早期阶段，基本上采取的均为 U 型企业组织结构，这也是最基本的企业组织结构。这种企业组织结构是金字塔型的集权管理结构。U 型企业组织结构如图 3-1 所示。

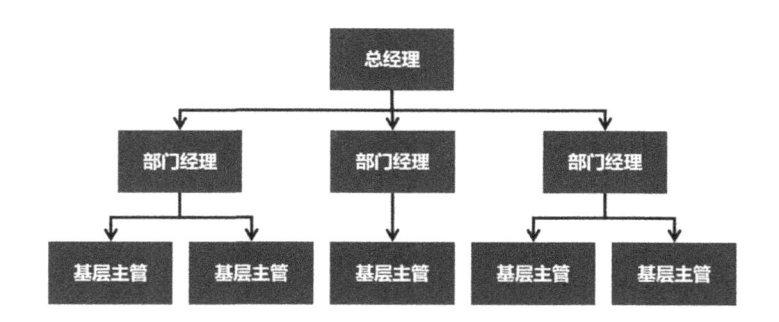

图 3-1 U 型企业组织结构

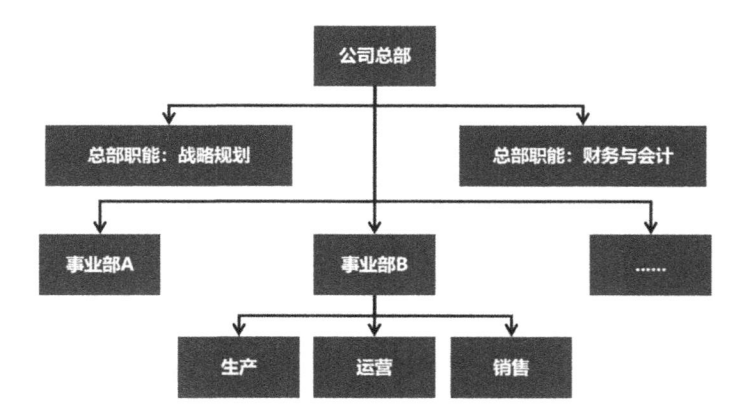

2）M 型企业组织结构

随着企业规模的不断扩大，企业开始成立多个子业务部门，于是产生了 M 型企业组织结构，又称事业部制。这种企业组织结构的特点是按照不同的细分市场独立设置研发、采购、销售等职能部门。M 型企业组织结构如图 3-2 所示。

图 3-2 M 型企业组织结构

在了解了 UHM 企业组织结构理论的基本概念后，我们再来看中台战略引入中的典型误区。现在很多企业认为，企业是否可以引入中台战略取决于企业是否存在多种不同类型的客户。

但是根据 UHM 企业组织结构理论，这样的判断是存在很大问题的。

引入中台战略的唯一标准是企业组织结构发生变化，而非简单的部门增加。

在 U 型企业组织结构中，企业按职能划分了不同部门，这些部门在企业内部有且只有一个。图 3-3 所示为一个 U 型企业的组织结构示例。

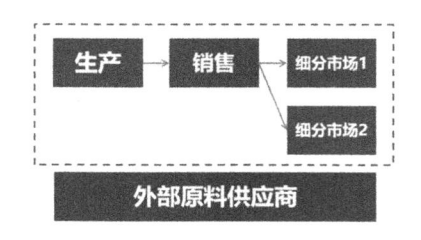

图 3-3 U 型企业的组织结构示例

在该企业中，负责生产的只有一个部门，所以 U 型企业组织结构也称为"一元结构"。

虽然这家企业从自身视角来审视当下拥有多个细分市场的外部客户，但是在本质上其各个职能部门都是线性关联的，并且是唯一的，此时企业内部根本不存在需要复用的场景，如生产部门的运作规范与销售部门的运作规范完全不可能复用。

因此，对 U 型企业来说，哪怕存在再多的外部客户，也不需要中台化。

而 M 型企业天生就适合进行中台建设！

在 M 型企业中，由于企业采取的是事业部制，面向每个独立客户都存在一套完整的职能部门，如生产部门、运营部门、销售部门等。

此外，在组织结构上，这些事业部还会发展为具有独立资质的子公司，从而更加方便地去经营每一个细分业务。

此时，不同事业部的相同子部门的运作规范就可以进行统一与标准化了，业务层面的统一也推动了 IT 系统建设的复用与统一。

M 型企业的组织结构示例如图 3-4 所示。

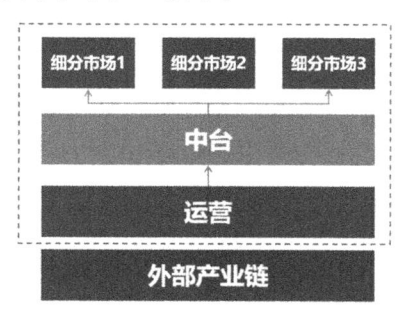

图 3-4 M 型企业的组织结构示例

在实际场景中也是如此，我曾以观察者身份到一些企业内部近距离了解了许多中台的失败案例。我发现这其中一多半都是由企业组织结构错配导致的，企业在还未形成多个业务形态时，就跟风引入了中台战略，最终均以失败告终。

中台建设一定要根据企业架构的思路进行,因为其不仅仅需要关注 IT 架构,还需要关注业务架构的变化。

总结下来,引入中台战略的直接门槛就是**企业是否发展成为多事业部制的 M 型企业**。在掌握了这个标准后,我们就可以判断当前企业是否可引入中台战略[①]。

除了事业部,在日常的工作中,大家应该还听过很多描述组织的名词,如职能部门、业务线、产品线、系统线等。为了方便大家理解,我对组织管理中的一些常用名词给出了统一的定义。

【知识点5】组织管理中的常用名词释义

(1)事业部:指独立面向一个细分市场而运作的业务单元,而非具体职能部门。

(2)业务线:指事业部下的各职能部门,如营销业务线、采购业务线、仓储业务线。

(3)产品线:指承载某业务线所有需求的系统集合,如会员产品线(CRM、营销系统)。

组织管理中常用名词的关系定义如图 3-5 所示。

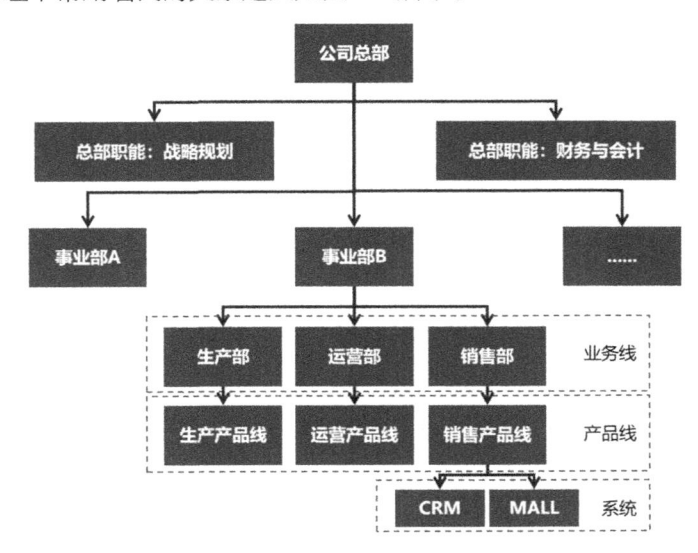

图 3-5 组织管理中常用名词的关系定义

---

① 更多评估内容可参看《中台产品经理宝典》中的表 3-1(中台可行性评估自查表)。

3.3 工具：独立的中台建设团队

在确定了可以导入中台战略后，企业进行中台建设的下一步就是拥有独立的中台建设团队。

为什么要单独强调这个呢？

在某企业的中台方案评审现场，该企业各个产品线的产品经理宣讲自己所负责的中台规划，包括商品中台、订单中台、会员中台、库存中台与财务中台。

在这家企业内部，每一个服务中心都被定义为一个中台。

该企业在定义中台时就犯了一个错误：在正确的中台分类中只存在业务中台、数据中台、技术中台，而该企业将中台分得很细，之后碎片化的建设又会造成孤岛问题。

对中台的基本分类还不清楚的读者，可以去看《中台产品经理宝典》，里面有清晰的解读。

除了基础定义上的错误，该企业内部还存在一个特别严重的问题：他们虽然认识到自己搭建的模块是给各个不同的事业部下的业务线团队提供服务的，但是这些业务线团队都是在现有业务团队中兼职的建设团队。

例如，零售事业部的技术团队负责整个公司的商品服务中心的搭建，建设目标为无论是采购系统、仓库系统还是商城系统，都只有一套 SPU/SKU 及后台采购分类。

然而他们在介绍自己的中台规划的时候，完全没有考虑对其他业务线的效率的提升。

他们要求其他业务团队以优先保障自己所需要的运营策略为主，强制要求其他业务团队兼容自己的业务流程。

这样的设计让其他业务团队在评审现场直接就提出了怀疑，负责大客户事业部的产品经理指出，他所设计的商品中心字段完全是按照零售事业部运营团队的需求设计的。

这样的字段不仅满足不了业务需求，还有好多零售事业部运营团队根本用不上的字段。例如，大客户业务需要在每个商品中配置消费返利，但所设计的商品中心字段完全不支持。

此时负责"商品中台"的产品经理是这样回答的:"要求大客户事业部的人员兼容我的中台商品服务,也就是不填用不着的字段(用不着的必填项填写一个默认值),如果我有需要的功能,则在业务系统内部单独开发。"

这样的中台设计不仅使其他部门的开发成本变得非常高,也让其对应的运营效率急速下降。

用数字来看,就是他们优先保证了自己业务团队的便捷性,准确来说,是100%还原了自己业务团队的运营动作,而对带来的结果(让其他业务团队的运营效率下降50%乃至更多)不管不顾。

从理论上来说,一个好的中台服务中心应该能够平衡各个业务线,既不会让某个业务线的效率直线下降,也不会让某个业务线的效率100%被还原,否则就失去了中台的标准化复用意义。

所以,中台建设在企业内部绝不能让一个部门负责,而是要拥有独立的建设团队,否则兼职团队会优先考虑自己所在部门的需求。

3.4 案例2:L电商公司的中台战略导入

3.4.1 调研:组织结构分析

通过上一次的调研,刘宇已经对L电商公司的业务发展历程有了清楚的认知。L电商公司发展至今,已经成长为一家专注于为消费者提供选品、质量筛选、稳定供应、准时送达等服务的多层级生鲜综合解决方案供应商,并在其内部演化出了多个生鲜业务。

接下来刘宇开始对公司内部的组织结构进行分析,在一番调查后得到了L电商公司完整的组织结构,如图3-6所示。

L电商公司有两个独立的事业部,每个事业部又拆分为多个职能部门:菜优选事业部划分为履约、运营、会员等部门;菜省心事业部划分为生产、运营、销售等部门。

根据UHM企业组织结构理论,此时L电商公司属于一家标准的M型企业。刘宇在公司内部初步走访后,发现两个事业部存在相同的职能部门,各职能部门之间也存在很多业务交叉,如不同事业部之间的库存货权转移等,因此L电商公司在组

中台产品经理

数字化转型复杂产品架构案例实战

织结构上可进行中台化。

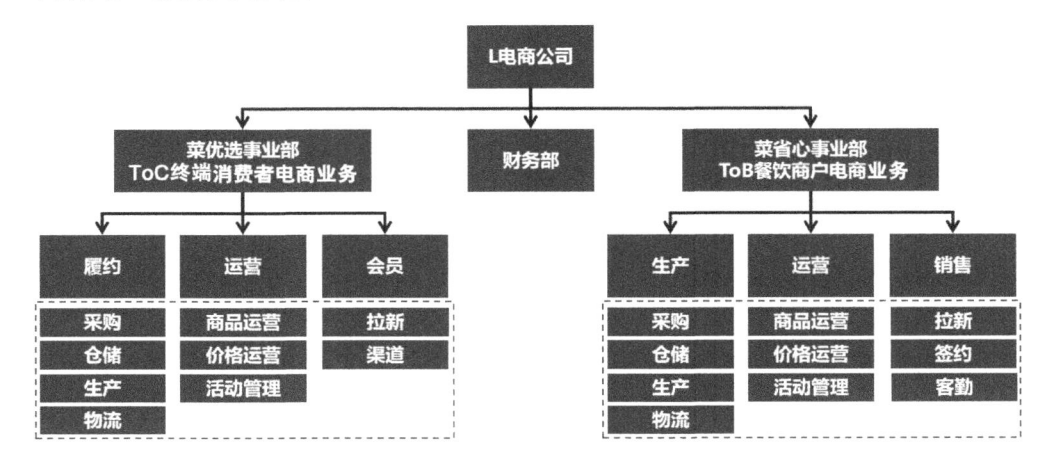

图 3-6 L 电商公司完整的组织结构

在询问了各个事业部的领导后，刘宇得到了 L 电商公司两个事业部的详细介绍，如表 3-1 所示。

表 3-1 L 电商公司两个事业部的详细介绍

事 业 部	业 务 方 向	业 务 背 景	当前业务发展重点
菜优选事业部 ToC 终端消费者电商业务	为终端消费者提供日常生鲜产品	L 电商公司起家阶段的业务，至今已经发展了 5 年，在北上广深一线城市实现年 GMV 30 亿元	随着生鲜市场的发展，L 电商公司选择扩大业务规模以尽可能地抢占市场份额
菜省心事业部 ToB 餐饮商户电商业务	为餐饮商户提供菜单供应链解决方案	成立不到 2 年，该业务为 L 电商公司新开拓的生鲜细分消费业务，目标客户为餐饮商户	当前目标是针对不同细分通路的商户进行尝试运营，寻找匹配商户的通路

在完成了对业务架构的分析后，刘宇接下来将目光转向了公司的 IT 架构，也就是产研人员的组织关系。弄清楚这个是非常重要的，因为中台的改造不仅仅是系统的新建，更重要的是要对原有的项目进行一次重新洗牌。这其中就存在着很多的利益再分配，所以在这之前要先摸清现状。

而在 L 电商公司内部，随着新业务的启动与发展，IT 架构也经历了一个演变过程，如图 3-7 所示。

对比新业务启动前后的 IT 组织，我们发现 IT 组织管理所面对的问题，就是当公司内部开始孵化出 ToB 事业部时，产品线和项目量几乎都进行了翻倍，相应的产品研发人员也多了，要分优先级就非常复杂，沟通也非常多，部门协作很困难。

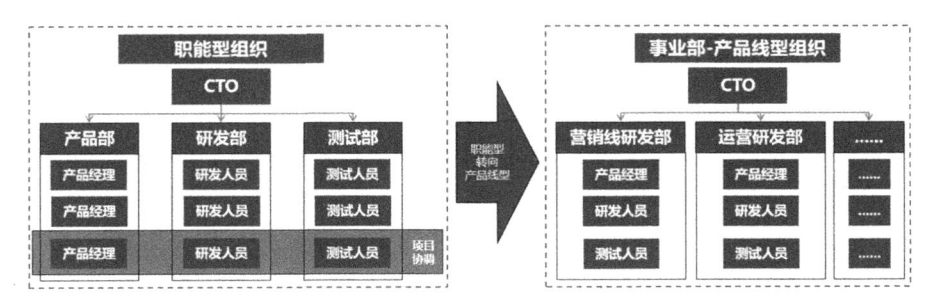

图 3-7　L 电商公司 IT 架构的演变过程

那么，怎么理解产品线呢？

切记不能简单地根据功能相似的系统来划分产品线，而是要根据具体支撑的业务来划分产品线，也就是如果一些系统支撑的是同一个职能部门，则属于同一条产品线。

产品线研发团队是 IT 架构下的一个概念，指的是支撑一个职能部门的完整的产品研发团队。产品线研发团队负责开发职能部门所需的系统，通过对企业内公共系统的裁剪，或者对新系统的研发，形成解决指定领域的问题的完整产品线。

例如，营销产品线的系统构成如表 3-2 所示。

表 3-2　营销产品线的系统构成

	产品线系统	公 共 系 统
营销产品线	官网	订单系统
	CRM	
	营销广告平台	

CTO 在认识到这些问题后，开始对公司的整个技术团队进行组织上的调整，将原有的研发体系从之前的简单职能型组织结构调整为事业部的组织形式。其中每个技术团队服务一个事业部，从而更快地响应业务的需求。

经过对组织结构的调整，L 电商公司划分出独立的事业部，也成立了独立的产品线团队。其中，产品研发人员在未来中台建设完成后，将被划分到前台研发团队。

3.4.2　导入：中台战略导入

在判断出 L 电商公司是一家可以进行中台建设的企业后，刘宇开始对高管层进行访谈，目的是向 L 电商公司的高层管理者进行中台收益的正确解读，让高层管理者的期望与最终实际落地的系统达成一致。

刘宇对高层管理者的预期采用了这样的管理方式，如图 3-8 所示。

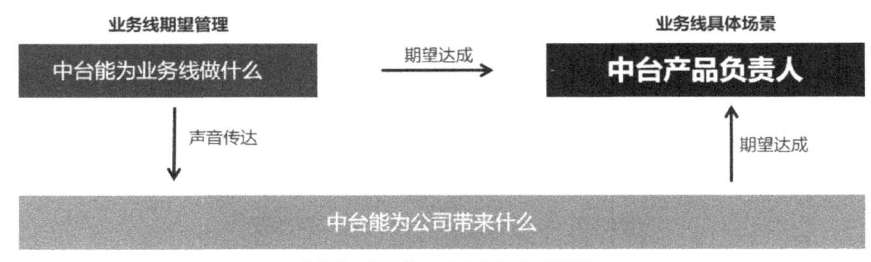

业务线期望管理　　　　　　　　　　　业务线具体场景
中台能为业务线做什么　──期望达成──→　中台产品负责人
　　↓声音传达　　　　　　　　　　　　↑期望达成
　　　　　　中台能为公司带来什么
　　　　企业信息化决策人/企业负责人期望管理

图 3-8　中台期望管理

刘宇希望传递的信息很明确，就是让高层管理者理解中台战略只是一个降低成本的工具，无法带来创收。

既然中台战略只是企业内部降低成本的工具而非带来创收的盈利项目，随之而来的一个新问题就摆在了刘宇面前：在对中台的正确预期下如何让高层管理者认可中台，以及要怎么争取公司资源呢？

刘宇对着自己部门新招的产品研发人员说道："需要基于公司的现状进行深入调研，再将下面的三个问题向高层管理者进行汇报，基本上可以获得高层管理者的认可。"

（1）**对公司业务的认知**：告诉高层管理者进行中台建设的部门是懂业务的，如他们认为市场初期规模比利润重要。

（2）**中台价值**：公司现在最重要的信息化目标是什么？中台化改造需要投入多少，未来带来的成本优化有多少？（收入是否远大于投入？）

（3）**试验田是什么**：怎样定义第一块试验田，准备怎么开展？验收标准是什么？

这就是在中台建设前进行组织内部调研的重要意义。刘宇将这三个问题布置了下去，让大家在下周的中台立项报告中完成对这三个问题的解答。

3.4.3　分析：中台战略目标

L 电商公司内部主要有两个事业部，分别拥有独立的 IT 系统群，面向不同类型的客户。

接下来刘宇要具体分析中台战略的目标。

由于两类业务在运营模式上并无不同，都是通过售卖商品来赚取商品差价。因此，对这两类业务进行规划的第一步是先抛开具体的细节，再通过梳理关键信息流节点，来看看这两类业务的核心差异是什么。

从一定高度来看，L 电商公司的两类业务都可以抽象为关键信息流节点模型，如图 3-9 所示。

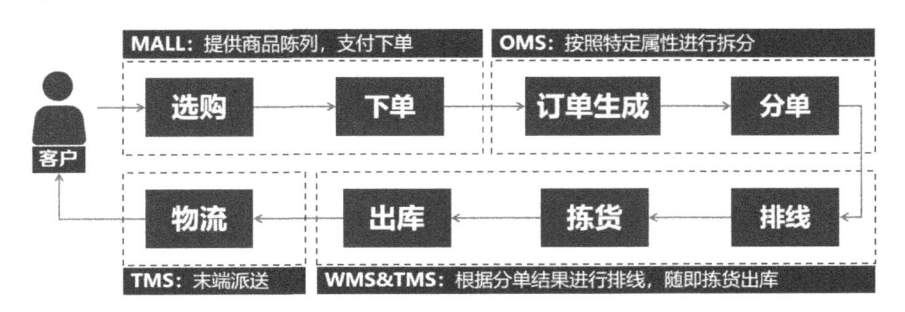

图 3-9 关键信息流节点模型

根据核心节点继续解读 B 端与 C 端业务的交易过程，可以发现这两类业务最大的差异在于客单价不同，其余的流程（如下单、订单生成等）没有任何区别。

客单价的不同代表着在客户下单之后，每单的商品数量与规格有明显差异，这导致商城在商品运营方式上存在差异，并导致其仓储管理与物流配送方式产生传导性的差异。

这两类业务的差异分析如表 3-3 所示。

表 3-3 两类业务的差异分析

业　　务	订　　单	仓储/物流/排线	配送方式
ToC 终端消费者电商业务	客单价低，重品类轻规格（SPU），订单量多，商品少	按 SPU 管理库存，客户地址分散，高调度	单点式配送
ToB 餐饮商户电商业务	客单价高，重规格轻品类（SKU），订单量少，商品多	按 SKU 管理库存，客户地址集中，低调度	集约化配送

虽然不同业务之间存在差异，但不变的部分占整个信息流节点的绝大部分，说明在 L 电商公司内部还是存在可以合并的信息流节点的。至此，刘宇将刚刚得出的关键信息流节点模型进行了升级，得到该模型的 2.0 版本，如图 3-10 所示。

实战案例

▶ **中台产品经理**

数字化转型复杂产品架构案例实战

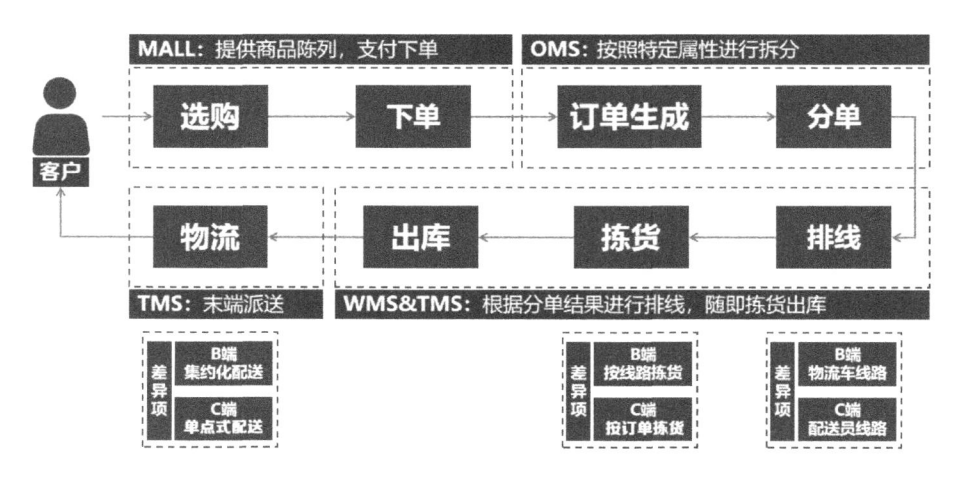

```
MALL：提供商品陈列，支付下单    OMS：按照特定属性进行拆分
  客户 → 选购 → 下单 → 订单生成 → 分单
         物流 ← 出库 ← 拣货 ← 排线
TMS：末端派送    WMS&TMS：根据分单结果进行排线，随即拣货出库

差异项：                差异项：              差异项：
B端 集约化配送          B端 按线路拣货        B端 物流车线路
C端 单点式配送          C端 按订单拣货        C端 配送员线路
```

图 3-10　关键信息流节点模型：差异节点（2.0 版本）

以上非差异的部分就是未来中台建设的核心方向，即建设起可承载从选购商品到订单生成与分发的通用能力，这种通用能力也被称为"电商力"。也就是说，在线上完成销售并成单的功能体系，用来满足未来不同的业务销售需求。

锁定了建设方向，刘宇将 L 电商公司的中台建设划分为三个层级，逐一展开，如图 3-11 所示。

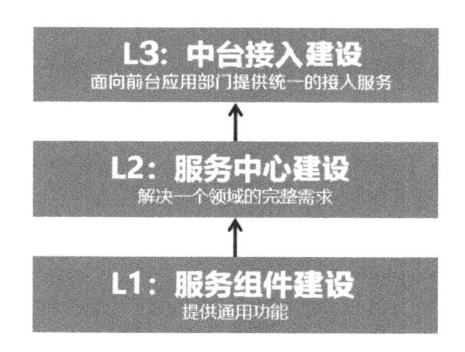

```
L3：中台接入建设
面向前台应用部门提供统一的接入服务
        ↑
L2：服务中心建设
解决一个领域的完整需求
        ↑
L1：服务组件建设
提供通用功能
```

图 3-11　中台建设的三个层级

◇ **服务组件建设**：服务组件是中台中的最小单元，被称为 L1 级抽象，具体承载着我们想要提供的通用功能。例如，针对商品类目管理服务，这里的组件可能是：类目项增加、类目项删除、类目项修改、类目项查询、类目项兄弟系统的同步。用一句话来概括：**本层级定义了中台在该领域提供的通用功能。**

◇ **服务中心建设**：服务中心是从功能实现的角度去定义的，被称为 L2 级

第 3 章
中台启动：企业中台战略导入

抽象，也就是将中台划分为几个功能不同的模块。而在当时我们只初步定义了商品、订单等几个模块，后文会展开叙述。用一句话来概括：**本层级定义了中台要实现的功能**。

- **中台接入建设**：中台接入就是将中台所提供的服务进行封装，称为 L3 级抽象。我们给前台应用部门提供简单的服务接口让它们能快速地接入中台。用一句话来概括：**本层级定义了中台要如何接入**。

通过对三个层级的建设思路的抽象，刘宇成功将中台这一概念进行了拆解，清楚地知道中台建设要具体完成哪几件事情。

中台提供的通用功能是哪些→中台要实现哪些功能→中台要如何接入

在得出启动中台与分解中台建设思路的结论后，刘宇开始定位中台建设的目标。

众所周知，建设任意一个系统的意义都可以归结到一个待解决的具体问题上，中台建设的核心目标就是解决"前台+后台"的齿轮速率匹配失衡的问题。

要怎么理解 L 电商公司中台建设的这个核心目标呢？

在 L 电商公司成立初期，由于只有一类业务，后台对前台的业务需求几乎都是及时响应的。例如，前台要新增物流查询功能，那么后台就会去对接快递公司并开发前台转发的接口，实现业务需求。

在 L 电商公司孵化出 B 端项目后，业务人员发现当前台 B、C 端的业务需求不断增长时，后台的响应没有那么及时了。

究其原因，就是每次为了支撑前台业务，后台都必须至少完成三件事：

- 数据库持久化研发；
- 数据访问接口研发；
- 功能操作界面研发。

在这个大背景下出现的矛盾就是：为了支撑前台越来越多的业务，后台在建设中不断追求服务的稳定性，从而无法达到前台想要的响应速度。

当发展到极端时，L 电商公司 B 端业务方提出的一个在原有配送单中增加优惠金额的需求都要开发半个月。

此时，业务团队与产品研发团队陷入互相指责的状态：产品研发团队认为开发该功能需要半个月已经是加班后的结果（从 OMS 下发优惠金额，传递到 WMS 用于

实战案例

> **中台产品经理**
> 数字化转型复杂产品架构案例实战

打印，并修改打印模板）；业务团队认为这是一个现有功能，而且 C 端业务已经实现了，不应该用这么久的时间。

所以，中台建设的目标就非常清晰了：L 电商公司需要一个系统能将基础功能与通用的数据汇总到中台，由中台进行二次加工，从而快速响应前台的需要，实现整个电商力的建设。

综上所述，L 电商公司中台建设的目标如下。

（1）业务驱动（Business-centric）：传统的软件开发基于各个单独的项目进行，中台模式开发要求中台系统能根据实时业务变化实现迭代，支撑全企业的平台零售业务发展，如图 3-12 所示。

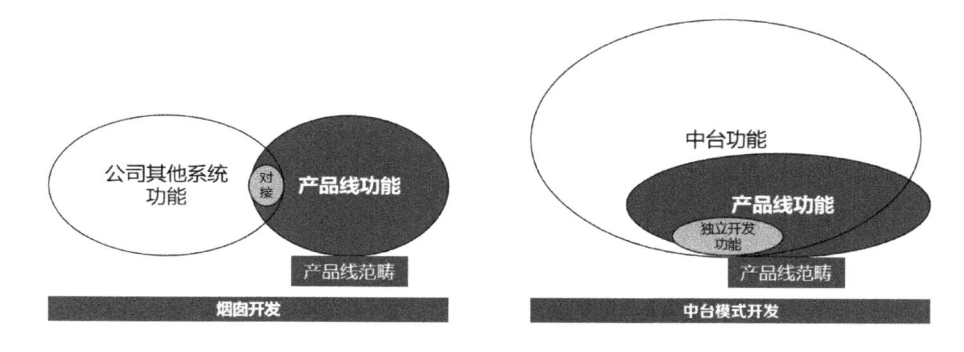

图 3-12　中台模式开发

（2）可变性控制（Variability management）：根据业务的发展需要，由中台提供通用功能支撑，让业务线前台开发团队专注于可变性开发，从而让各产品线的需求快速落地，如图 3-13 所示。

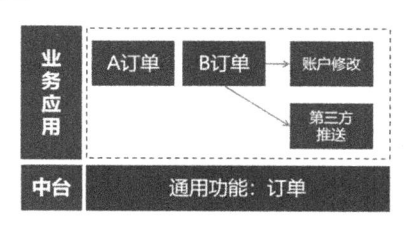

图 3-13　可变性控制

（3）架构驱动（Architecture-centric）：产品线的业务应用迭代依赖通用的中台架构，基于中台架构提供的通用能力，进行符合业务的特征开发。公司内部同时存在中台与前台两个独立研发体系，各自的开发团队和开发生命周期互不影响，如图 3-14 所示。

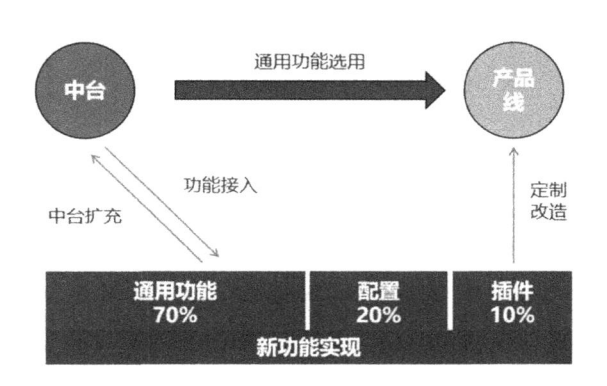

第 3 章
中台启动：企业中台战略导入

```
                通用功能选用
    中台  ──────────────────→  产品线
     ↑                           ↑
     │ 功能接入                   │ 定制
     │ 中台扩充                   │ 改造
     │                           │
  ┌──────────┬────────┬────────┐
  │ 通用功能  │  配置  │  插件  │
  │   70%    │  20%   │  10%   │
  └──────────┴────────┴────────┘
              新功能实现
```

图 3-14　架构驱动

由于企业的业态不同，追求不同核心竞争能力的企业在中台建设中应找准功能建设重点。例如，以客户关系为核心竞争力的企业，在中台建设中应主要沉淀客户资源管理类功能，建立强有力的客户分析及维护工具；以市场营销为核心竞争力的企业，在中台建设中应主要沉淀营销活动创建、效果管理等营销类功能。

3.4.4　产出：中台立项报告

根据前面的调研内容，刘宇撰写了《L 电商公司的中台立项报告》，全文如下。

《L 电商公司的中台立项报告》

撰写人：刘宇

日期：12 月 21 日

版本：V1.0

报告范畴：L 电商公司中台项目的目标与重点阶段的工作

一、中台项目概述

整合 L 电商公司内部的**电商力**，将 L 电商公司内部不同业务中涉及电商的核心链路能力整合至中台。出于成本考虑，刘宇选择了"分步替换式建设"模式[①]，实现中台建设。

二、中台项目的目标

将 L 电商公司发展至今所积累的电商力沉淀下来，建立企业内标准电商力提供中心，用于支撑企业创新型项目探索。

L 电商公司的"电商力"包含以下业务能力：

（1）商品管理能力（1.0 阶段核心）；

（2）会员管理能力（1.0 阶段核心）；

（3）订单管理能力（1.0 阶段核心）；

（4）支付管理能力（1.0 阶段核心）；

（5）账户管理能力（1.0 阶段重要）；

（6）客服售后能力（1.0 阶段重要）；

（7）采购管理能力（2.0 阶段核心）；

（8）履约管理能力（2.0 阶段核心）；

（9）物流管理能力（2.0 阶段核心）；

（10）风控预警能力（3.0 阶段重要）。

三、中台项目总体规划（见表 3-4）

表 3-4 中台项目总体规划

中台项目总体规划详文			
项目	L 电商公司通用型电商业务中台	项目等级	企业级/业务线级
部门	中台研发部	部门负责人	刘宇
项目建设周期及关键阶段	预计项目建设周期： （1）研发周期为 1 年； 关键阶段： （1）企业调研； （3）中台方案产出； （5）中台实施。		（2）实施周期为 6 个月。 （2）企业预建； （4）中台软件研发；

---

① 关于中台建设模式的介绍可查阅《中台产品经理宝典》中第 10.2.1 节的内容。

第 3 章
中台启动：企业中台战略导入

续表

项目阶段规划	整体建设思路：
	中台项目建设将以企业架构为总体设计纲要，以当前企业的业务架构驱动以中台为核心的 IT 架构升级，在落地中将以 MSS 模型作为建设指引，整体建设思路如下图所示。 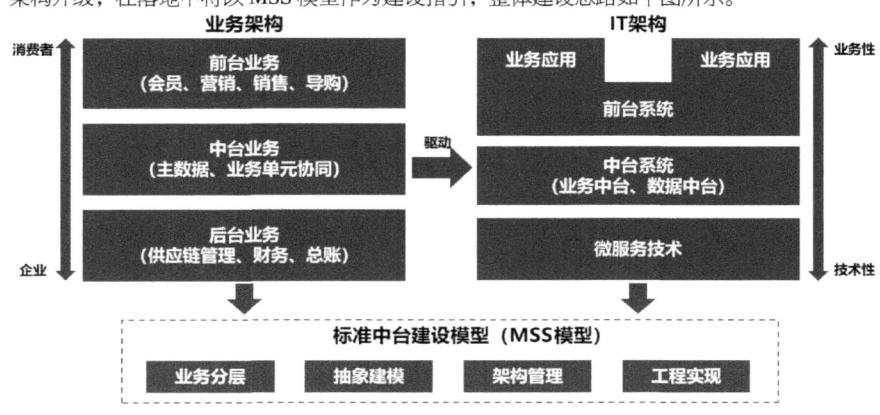

业务架构（消费者 → 企业）：前台业务（会员、营销、销售、导购）、中台业务（主数据、业务单元协同）、后台业务（供应链管理、财务、总账）

驱动

IT架构（业务性 → 技术性）：业务应用 / 业务应用 / 前台系统、中台系统（业务中台、数据中台）、微服务技术

标准中台建设模型（MSS模型）：业务分层、抽象建模、架构管理、工程实现

建设目标：在公司业务发展战略的指导下，落实公司"快速打造电商力"的信息化目标，逐步实现全企业的数字化和信息化，增强公司管控能力，提高经营管理水平，以中台系统为企业管理升级的"牵引绳"，以中台战略落地实现企业内部协同化运营，为整个公司的业务提供良好支撑，驱动并引领业务创新，促进公司可持续发展。完整的中台建设蓝图如下图所示。

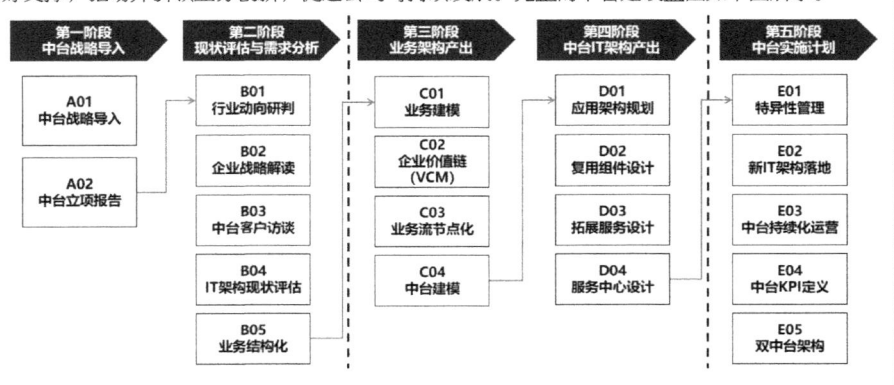

第一阶段 中台战略导入：A01 中台战略导入、A02 中台立项报告

第二阶段 现状评估与需求分析：B01 行业动向研判、B02 企业战略解读、B03 中台客户访谈、B04 IT架构现状评估、B05 业务结构化

第三阶段 业务架构产出：C01 业务建模、C02 企业价值链（VCM）、C03 业务流节点化、C04 中台建模

第四阶段 中台IT架构产出：D01 应用架构规划、D02 复用组件设计、D03 拓展服务设计、D04 服务中心设计

第五阶段 中台实施计划：E01 特异性管理、E02 新IT架构落地、E03 中台持续化运营、E04 中台KPI定义、E05 双中台架构

中台建设蓝图的详细阶段描述如下表所示。

建设阶段	建设序列	建设子节点	建设内容
中台战略导入	A01	中台战略导入	确定中台收益目标与企业管理者的预期达成一致
	A02	中台立项报告	中台立项统一项目文件
现状评估与需求分析	B01	行业动向研判	基于当前公司现状分析公司在电商领域的发展方向
	B02	企业战略解读	解读下一阶段公司的业务发展方向与战略

续表

建设阶段	建设序列	建设子节点	建设内容
现状评估与需求分析	B03	中台用户访谈	针对公司内部中台的直接与间接用户进行需求调研
	B04	IT架构现状评估	评估IT架构的现状
	B05	业务结构化	调研业务信息，并过滤无效信息，将抽象的业务运作用结构化的形式表述为业务活动
业务架构产出	C01	业务建模	将业务活动抽象为具体的可系统化的信息流流程
	C02	企业价值链	作为评估准绳，企业价值链用于将得到的系统化信息流流程合并，并识别什么是企业主线，区分优先级
	C03	业务流节点化	定义哪些节点需要标准化，并输出SOP
	C04	中台建模	正式确定公司内部需要中台化的范畴
中台IT架构产出	D01	应用架构规划	设计以服务中心为基础的应用架构
	D02	复用组件设计	基于中台建设蓝图开始逐一设计服务中心，设计解决共性问题的复用组件
	D03	拓展服务设计	设计解决场景复用的拓展服务功能
	D04	服务中心设计	输出基于以上两个子节点的完整服务中心的设计方案
中台实施计划	E01	特异性管理	收集在中台实施中存在的特异性问题并逐一拆解
	E02	新IT架构落地	输出中台融入现有IT系统群的方案，实现新IT架构落地
	E03	中台持续化运营	基于业务发展不断迭代中台内部的各服务中心
	E04	中台KPI定义	制定KPI，定义中台持续化发展的方向
	E05	双中台架构	在业务中台实施成功后，可基于标准化的业务落地数据中台

在刘宇拿出这样的中台立项报告后，L电商公司的高层管理者决定在公司内部正式立项并建设中台，选择由刘宇带领的中台研发团队进行两个事业部内高重叠节点服务的统一研发。

在第3章中L电商公司的中台建设进度日志如表3-5所示。

表 3-5　在第 3 章中 L 电商公司的中台建设进度日志

任　务	完成工作项
1	组织结构分析：确认 L 电商公司为可中台化组织
2	中台战略导入，并输出中台战略目标
3	产出《L 电商公司的中台立项报告》
总结	中台建设完成进度：11%

本章小结

1．中台战略导入

任一企业战略在启用时都需要进行战略导入。所谓战略导入，就是指企业管理团队在引入战略时，需要判断该战略是否匹配本企业，以及引入该战略是否能为企业带来收益，并制定具体的收益目标。

2．中台战略适用场景分析

（1）引入中台战略的唯一标准是企业组织结构发生变化，而非简单的部门增加。

（2）根据 UHM 企业组织结构理论进行判断，只有 M 型企业适合引入中台战略。

第 2 篇

MSS 模型实战：市场宏观认知（Market）

在第 1 篇中，我们对能引入中台战略的企业的特征进行了讲解，并为大家介绍了如何在企业中进行中台立项，从本篇开始我们将踏上基于 MSS 模型的中台设计与建设之路。

本篇将对 MSS 模型的第一个阶段——市场宏观认知（Market）进行实战讲解。

让我们站在企业决策者的视角，来研究企业外部的市场演变会对一家企业产生哪些影响，以此来判断企业未来的发展方向，进而预判中台需要建设的范畴。

中台能否在企业成功落地，取决于中台负责人对企业所属行业的认知深度，就好比没有一家企业会愿意错误地沉淀企业核心能力，如将不属于核心能力的视频直播能力、广告投放能力放入中台，而将交易、履约能力抛诸脑后。

因此，如何避免这样的问题出现在现实中，就是本篇的核心。

第 4 章

企业外部调研：行业动向研判

在实际的中台建设过程中，市场宏观认知（Market）阶段需要完成的调研分为两类——企业外部调研和企业内部调研，如表 4-1 所示。

表 4-1 市场宏观认知（Market）落地框架

工作维度	调研内容	落地步骤
企业外部调研	行业研究	步骤 1：把握行业的成长周期及目前所处的阶段
		步骤 2：研究行业中的企业发展规律
企业内部调研	商业模式/用户研究	步骤：业务结构化描述

4.1 目标：企业发展战略解读

企业是根据自身的战略而发展的，战略不同就会导致企业内部的形态完全不同。例如，电商行业的头部企业拼多多与京东，两者早期的企业发展战略完全不同。

- 拼多多：提供物美价廉的省钱购物体验；
- 京东：提供自营全链路服务的购物体验。

这两家企业在发展一段时间后的业务关键点对比如图 4-1 所示。

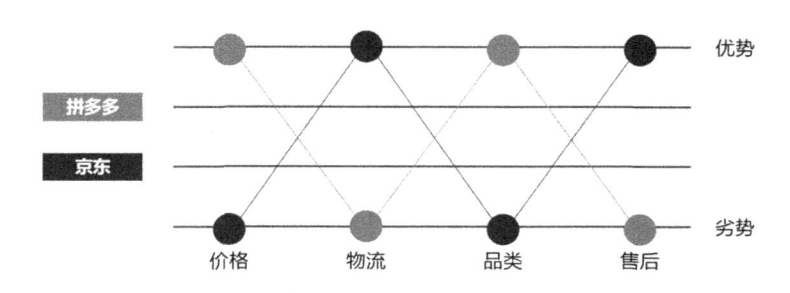

图 4-1 拼多多与京东的业务关键点对比

这两家企业的发展战略不同，企业内部的组织、业务系统也就必然不同。因此，在建设中台之前，我们必须对企业的发展战略进行解读，也就是要了解企业面对未来的市场环境将制定什么样的业务发展目标，以此来推断业务系统未来的发展方向。

在讲解具体的目标前，我先为大家展示一个某食材零售企业业务中台的咨询案例，帮助大家解读企业发展战略的意义与价值。

1）企业业务背景

企业业务背景如表 4-2 所示。

表 4-2 企业业务背景

企 业	业 务	业 务 规 模
某食材零售企业	ToB 门店零售事业部 ToC 电商事业部	2019 年 GMV 为 26.3 亿元

2）中台立项背景

中台立项背景如表 4-3 所示。

表 4-3 中台立项背景

立 项 时 间	项 目 目 标	项 目 周 期
2019 年 3 月	打通内部多业务的系统 （包含企业的线下门店与线上电商渠道）	2019 年 3 月—2020 年 4 月 分两期执行

3）中台建设

这家企业中台项目的实际建设过程大体上可以分为三个阶段，如图 4-2 所示。

中台产品经理
数字化转型复杂产品架构案例实战

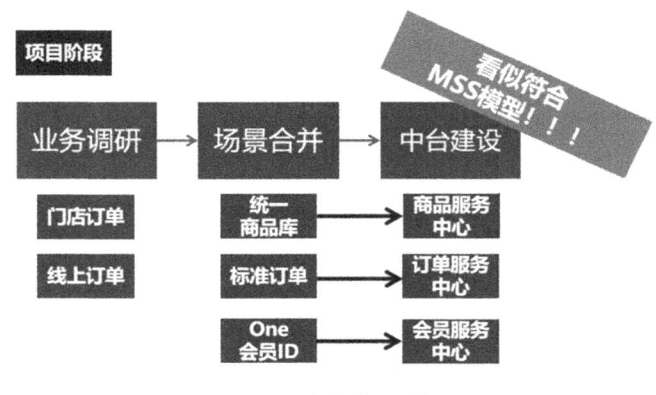

图 4-2 中台建设过程

从图 4-2 中我们可以看到，这家企业的中台建设过程似乎与 MSS 模型的三个建设阶段是相匹配的，从业务调研到场景合并，再到标准中台方案，最终进行中台建设。

4）中台实施阶段

在 2020 年 6 月中台建设完毕后，这家企业的中台团队开始与内部业务部门沟通接入中台的事项。

但是他们在第一次中台宣讲会上就遇到了问题，这家企业的 ToC 电商事业部的产品负责人在会上直接给出了这样的反馈：当前中台流程与核心业务流程冲突，无法接入。

没错，这家企业的核心业务发生了变化。核心业务由 ToB 门店零售事业部变为 ToC 电商事业部。具体变动如图 4-3 所示。

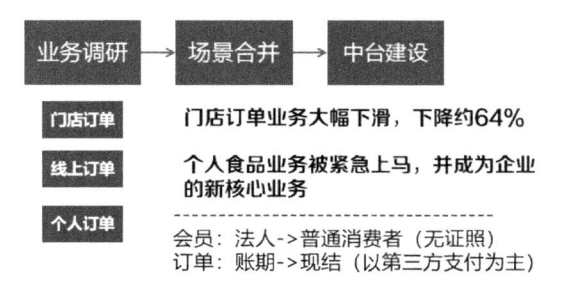

图 4-3 企业核心业务变化

仔细分析不难发现，中台流程与核心业务流程的冲突具体分为两个维度。

（1）维度 1：中台规划在初期将 ToB 门店零售事业部的需求作为中台需求，其与现阶段 ToC 电商事业部的需求有较大差异，差异示例如表 4-4 所示。

表 4-4　中台需求差异

业　务　领　域	ToB 门店零售事业部	ToC 电商事业部
会员管理	面向商家端销售，要求有证照等组织信息认证	面向终端消费者，无认证强校验
支付管理	面向商家端以复杂的账期方式进行（对账—结算—核销）	100%线上第三方支付，无账期诉求

（2）维度 2：ToC 电商事业部快速增长导致系统建设速度加快，此时两个前台事业部正处在业务合并阶段，无多余精力与还不怎么成熟的中台对接。

面对这样的情况，该企业辛苦研发近一年的中台项目只能被暂时搁置了。

分析这家企业整个的中台建设过程，可以发现中台在被立项后一直处于闭门造车阶段，在上线后与企业业务重心转移后的现状相差巨大，最终导致无法进行。

通过这个案例，我们获得的最大经验就是作为中台负责人，在中台建设过程中必须实时跟踪企业内外的业务发展动向。

虽然中台产品的目标用户群体只是企业内的两个群体：前台和后台（具体解释如下），但这些用户群体是处在快速变化之中的，所以我们必须能看到其未来的样子。

- 前台：企业内各业务线系统，如企业采购事业部—会员业务线、终端消费事业部—会员业务线；
- 后台：企业中的支持服务，如 WMS（Warehouse Management System，仓储管理系统）、SCM（Supply Chain Management，供应链管理）等。

综上所述，本阶段的建设目标就是对企业的发展走势进行预判，可细化为两个具体的行动点：

- 拆解企业所处行业的结构，了解当下企业的外部环境；
- 根据外部因素的影响，进行企业发展走势的预判。

4.2　工具：行业结构极简模型

行业结构是决定企业盈利能力的关键因素。例如，制造侧的行业结构与销售侧的行业结构的利润差异是巨大的，因此企业往往通过改善和加强自身在行业中的相对位置来获取市场竞争优势。

为了能快速拆解企业所处的行业结构，我为大家介绍一个常用的分析工具——行业三分模型（SCD），帮助大家在解析自己企业所在的行业时，能快速建立起一个认知。

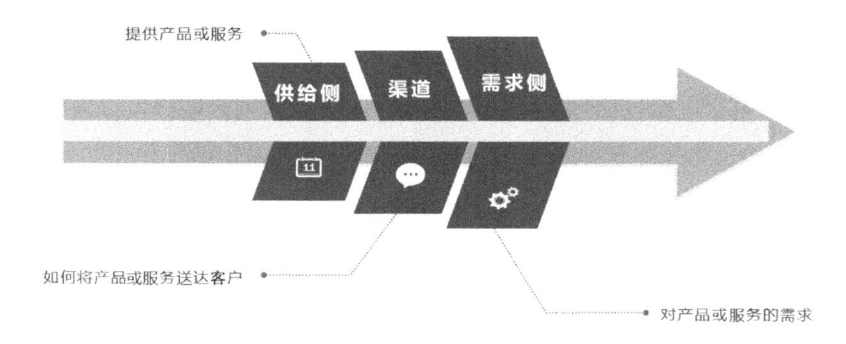

【知识点6】行业三分模型（SCD）

行业三分模型（SCD）如图4-4所示。

图4-4 行业三分模型（SCD）

行业三分模型（SCD）从宏观维度上将任意行业拆分为三类角色。

供给侧：是指提供产品或服务的终端厂家，在电商行业中就是产品的供应商。

渠道：是指如何组织经营关系帮助供应商将产品售卖，在没有互联网之前这其实就是各级经销商体系，而现在是各种平台类业务。

需求侧：是指最终使用产品或服务的客户，也是这个行业中的消费者。

通过该模型，我们就可以抛弃复杂的公式定理，对自己的企业在行业中所处的位置进行快速定位，从而预测企业未来的发展方向。

例如，当前企业的业务是平台型电商业务，即自建一个平台商城，允许其他商家入驻，从而面向消费者进行销售。

那么，中台负责人就需要拆解出，企业为了巩固自身的"护城河"，不可避免地要向行业上游或者下游进行发展。

向行业下游发展在电商行业中最常见的就是自建物流渠道，从而实现对履约环节的管控。向行业上游发展也就是走向供给侧，选择此方向的企业在这个时候最常见的决策就是进军商品或服务的源头，拥有自建品牌的商品。

第 4 章
企业外部调研：行业动向研判

例如，京东原本是一个平台型的电商企业，但是这些年其逐渐树立了"京东制造"这一自有品牌。

其目的就是通过打造自有品牌，获得更低成本的货源，压低采购成本，从而在电商行业金额相差分毫就决定用户下单与否的竞争环境中抢到一块高地。

此时中台负责人如果预测企业在未来也会有这方面的动向，那么在设计企业复用能力的时候，就应该提前思考功能的扩展性，以适应未来的需要。

接下来我们继续来看刘宇在本阶段是如何进行企业发展方向预判的。

4.3 案例3：L电商公司的发展战略研判

4.3.1 中台建设蓝图第二阶段启动

在成功将中台战略导入公司并输出中台立项报告后，中台建设第一阶段的工作便完成了。接下来便进入了中台建设的第二阶段，根据前面的中台建设蓝图，本阶段要对L电商公司的现状进行评估，还要对中台需求进行分析，如图4-5所示。

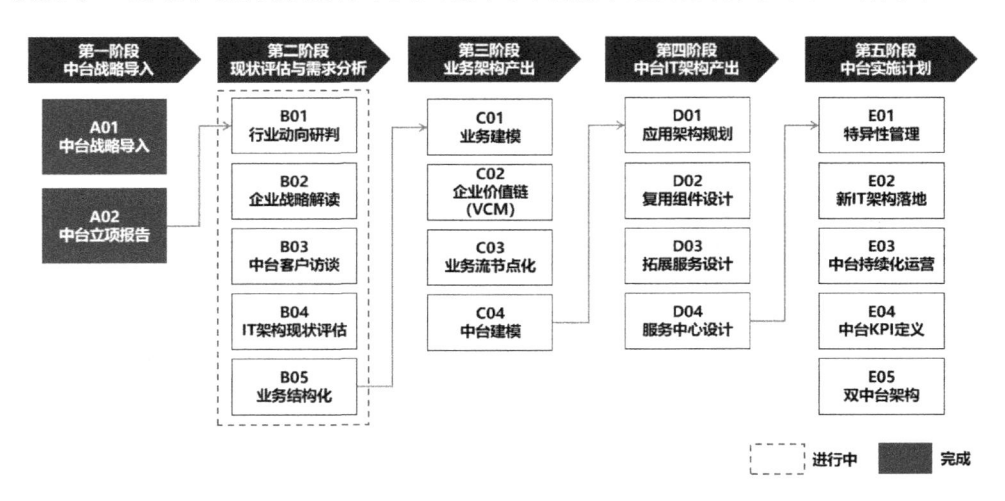

图4-5 实时中台建设蓝图（一）

聚焦在具体工作内容上，按照中台建设蓝图的要求，刘宇需要依据MSS模型的第一建设阶段——市场宏观认知，对L电商公司的业务发展方向进行解读，即了解L电商公司所处的赛道是什么样的。

4.3.2 明确行业定位与行业所处阶段

在本步骤中，刘宇的目的就是要对企业所处的行业进行"号脉"，了解该行业的发展方向、当前行业所处的发展阶段，以及对企业来说下一步可能的发展空间是什么。

在开始研判之前，刘宇首先对自己部门的产品研发人员就下面的一些知识点做了一个通盘介绍。

【知识点 7】宏观基础概念

（1）产业：具有某种属性的经济活动的集合体。

（2）产业链：包含价值链、企业链、供需链的集合体。

（3）行业：具有高度相似性和竞争性的企业群体。

我们可以用一个等式来理解。

例如：X 产业 = A 行业 + B 行业 + C 行业。

信息产业包括媒体行业、出版业、互联网行业。

接下来刘宇开始进行逐项分析。

1）L 电商公司的行业分析

在了解一家企业之前，首先要对该企业所属的行业有一个清晰的认知。刘宇按照图 4-6 所示的流程进行行业价值的认知。

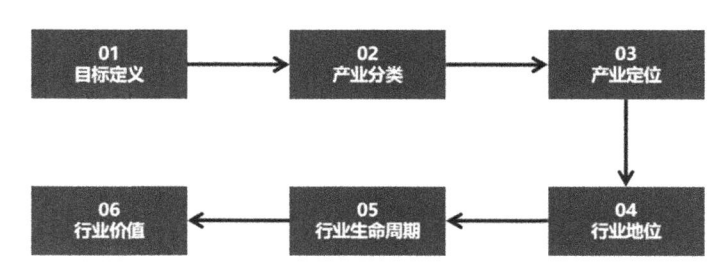

图 4-6　行业价值认知流程

首先，根据《国民经济行业分类》（GB/T 4754—2017），刘宇很快地将 L 电商公司当前所处的产业确定为第三产业。

其次，刘宇判断 L 电商公司属于生鲜电商这一细分行业。

2）L 电商公司的行业阶段分析

在搞清楚公司所处的产业和行业后，接下来刘宇需要判断这个行业当前所处的阶段是什么样子的，也就是判断这个行业是否还处于高速增长期。刘宇参考《中台产品经理宝典》中的内容，设计了一张行业生命周期研判表，如表 4-5 所示。

表 4-5 行业生命周期研判表

序号	行业阶段	参考标识	外部资本流向
1	导入期	（1）企业数较少，了解该业务的人较少； （2）市场接受度低，产品处于验证期； （3）行业发展三段论—创新为王时代（首发技术）	风险投资 （流入）
2	成长期	（1）价格战，用户争夺，市场推广； （2）行业人才流动高峰期； （3）产品功能高峰期； （4）行业发展三段论—产品为王时代（用户体验）	风险投资 （流入）
3	成熟期	（1）企业大规模上市； （2）服务涨价/追求盈利； （3）并购启动； （4）行业集中度陡升，垄断现象出现； （5）行业发展三段论—运营为王时代（渠道）	资本套现 （流出）
4	衰退期	（1）新增企业停滞； （2）业务创新停滞	（加速流出）

由于出现了多家同类型的公司，整个生鲜电商行业被卷入了一场价格战中。此外，电商平台也从最初的仅提供下单功能演化出了用于留存用户的积分农场、用于锁客的会员卡、余额充值等五花八门的新功能，此时行业内多家公司也被媒体曝出开始筹备上市，故刘宇得出结论：

当下生鲜电商行业处于典型的成长期阶段，接下来将走向成熟期。

4.3.3 探查本行业中企业的发展趋势

1）行业价值链分析

在明确了行业定位及行业所处阶段后，下一步就需要对行业内部对象展开分析，也就是对企业做一个研判。

具体来说，可以利用行业三分模型（SCD）搞清楚当前行业的构成：上游（原料/服务提供）、中游（制造加工/信息媒介）、下游（消费/品牌运营）。

中台产品经理

数字化转型复杂产品架构案例实战

在查阅一番资料后,刘宇得到了生鲜电商行业的价值链全景图,如图 4-7 所示。

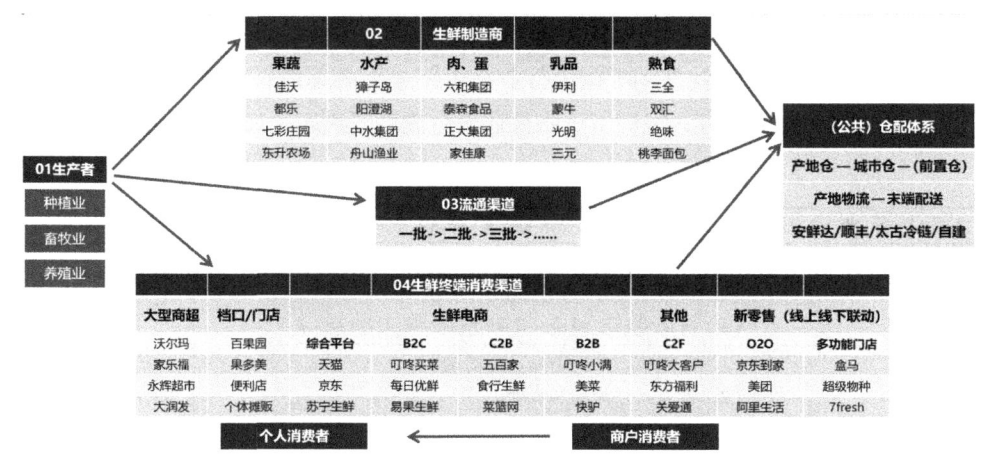

		02	生鲜制造商			
	果蔬	水产	肉、蛋	乳品	熟食	
	佳沃	獐子岛	六和集团	伊利	三全	
	都乐	阳澄湖	泰森食品	蒙牛	双汇	
	七彩庄园	中水集团	正大集团	光明	绝味	
	东升农场	舟山渔业	家佳康	三元	桃李面包	

01生产者
种植业
畜牧业
养殖业

(公共) 仓配体系
产地仓 — 城市仓 — (前置仓)
产地物流 — 末端配送
安鲜达/顺丰/太古冷链/自建

03流通渠道
一批 -> 二批 -> 三批 -> ……

04生鲜终端消费渠道

大型商超	档口/门店	生鲜电商			其他	新零售 (线上线下联动)
		综合平台	B2C	C2B		
沃尔玛	百果园	天猫	叮咚买菜	五百家	叮咚小满	多功能门店
家乐福	果多美	京东	每日优鲜	食行生鲜	叮咚大客户	京东到家
永辉超市	便利店				美菜	东方福利
大润发	个体摊贩	苏宁生鲜	易果生鲜	菜篮网	快驴	关键通

个人消费者 ← 商户消费者

图 4-7 生鲜电商行业的价值链全景图

生鲜行业的行业分工是由图 4-8 中的五个角色构成的。

在图 4-8 中,L 电商公司向前通过物流渠道商连接了终端消费者,向后通过将终端消费者的实际需求传递给供应商,由供应商按需生产生鲜商品,最后再由物流渠道商将生鲜商品送到终端消费者手中。根据行业三分模型刘宇判断 L 电商公司的业务属于典型的渠道型业务。

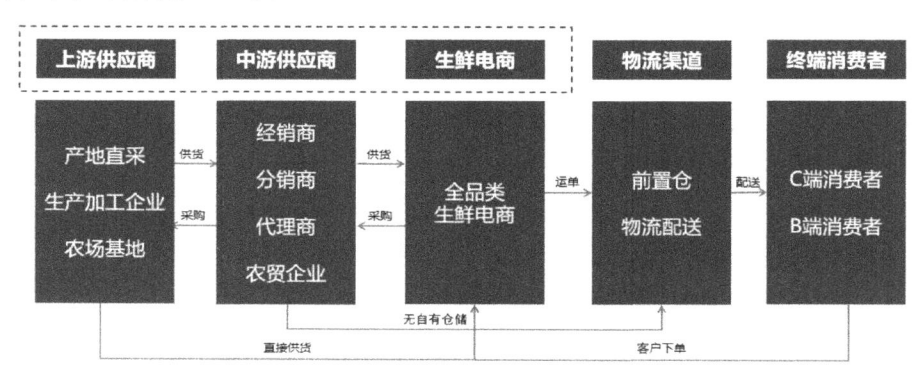

上游供应商	中游供应商	生鲜电商	物流渠道	终端消费者
产地直采 生产加工企业 农场基地	经销商 分销商 代理商 农贸企业	全品类 生鲜电商	前置仓 物流配送	C端消费者 B端消费者

供货 → 供货 → 运单 → 配送 →
← 采购 ← 采购
无自有仓储
直接供货　　　　　　　　客户下单

图 4-8 生鲜电商行业三分模型

至此刘宇得到了一家生鲜企业的基本运作模型。

在了解了 L 电商公司在行业中承担的角色后,接下来刘宇还需要知道其在未来的发展方向。

根据 L 电商公司在当前渠道中所扮演的角色,刘宇对 L 电商公司的行业发展方向做出了这样的预测：为了在本行业建立起竞争壁垒，L 电商公司极大可能会向供给侧发展。

因为在物流配送解决方案可以以极低成本实现的情况下，生鲜电商行业在未来的发展方向必然是进军上游供给侧，也就是走向产地，与农场合作，降低商品进货成本。图 4-8 中用虚线框住的部分就是企业未来的发展方向。

刘宇在与公司内不同事业部的业务负责人沟通后得出了相似的结论：**随着行业竞争的加剧，不断有新的玩家进入这个行业中，为了保持业绩不下滑，L 电商公司可采取的办法就是执行"后向一体化"**。所谓"后向一体化"，是指企业向产业链上游进行整合。也就是向生鲜行业的供给侧发展，在这个基础上自研或联合推出一些定制品，以此来压低采购成本，从而打造以成本为核心的竞争门槛。

2）企业业务增长点预判

搞清楚企业在行业中的定位后，下一步还需要预判企业在未来的增长点，以及可能的增长方向，并以此来确定企业可能的发展方向。

刘宇用到了一个增长分析框架。

【知识点 8】企业增长内核

企业增长内核是一家企业增长的底层逻辑。任何企业的良性增长内核都可以划分为两种模式：

- 行业性增长（如生鲜电商整个行业的增长，一般出现在新兴行业初期）；
- 结构性增长（行业没有增长，但某些品类受下游需求的影响而高速增长，处于存量阶段）。

当下，各行业在展开充分竞争后，从行业性增长（新增量）转入结构性增长（存量的升级带来的需求）。这两种不同模式也有着不同的增长来源。

行业性增长的来源如下：

- 渗透率提升（头部客户大规模采购，在大企业验证过后，小企业才敢跟进，于是需求从头部客户向长尾客户拓展）；
- 区域性拓展，产品走向国际化；
- 应用场景的拓展（如人脸识别技术从手机解锁拓展到安防再拓展到支付）；

实战案例

▶ **中台产品经理**
数字化转型复杂产品架构案例实战

结构性增长的来源（存在于新技术的使用中）如下：

- 新产品替代旧产品；
- 国产化替代（如中国芯片）；
- 市场集中度提升（龙头企业不断将小企业的客户吃掉，形成寡头）。

L 电商公司在当时处于典型的行业性增长阶段。在行业性增长阶段，生鲜市场的消费需求可以细分为三类。

第一类需求为及时性需求，该类需求主要是客户实时需要就餐的需求，如图 4-9 所示。例如，现在是早上 6 点，张阿姨需要去买菜，解决一家人 7 点半的早餐问题，此时如果对张阿姨采取第二天配送这种方式就不可取了（该类需求群体为当下 L 电商公司的精准目标客户）。

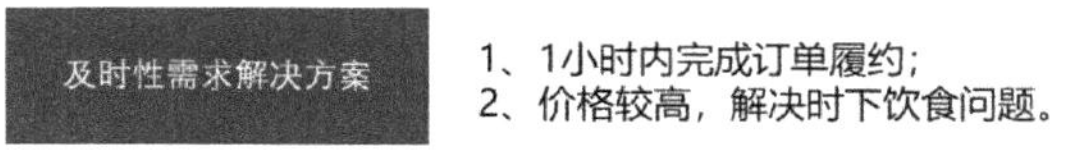

及时性需求解决方案
1、1小时内完成订单履约；
2、价格较高，解决时下饮食问题。

图 4-9 及时性需求

第二类需求为价格性需求，这类需求从价格出发，对时间要求并不太高，以价格敏感性为导向，驱动人们做出决策，如图 4-10 所示。

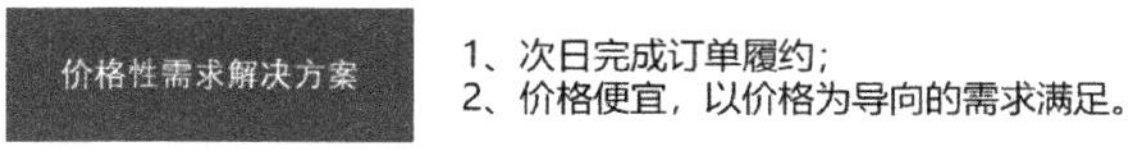

价格性需求解决方案
1、次日完成订单履约；
2、价格便宜，以价格为导向的需求满足。

图 4-10 价格性需求

第三类需求为品质性需求，这类需求从追求品质出发，如人们对食材口感的追求，如图 4-11 所示。

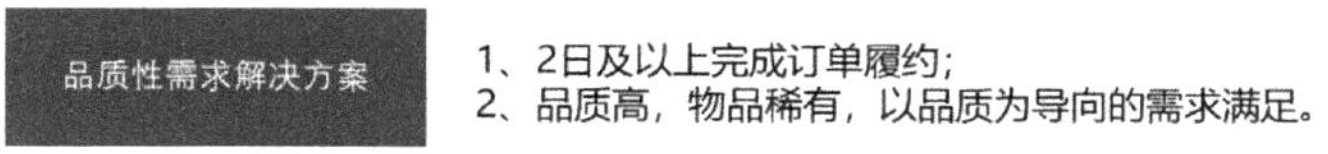

品质性需求解决方案
1、2日及以上完成订单履约；
2、品质高，物品稀有，以品质为导向的需求满足。

图 4-11 品质性需求

可以说搞清楚了这三类需求的划分，生鲜电商行业中的客户分层也就完成了，分层结果如表 4-6 所示。

表 4-6 生鲜电商行业中的客户分层

序 号	需 求 类 型	客 户 类 型
1	及时性需求	时效导向客户
2	价格性需求	价格导向客户
3	品质性需求	品质导向客户

第 4 章
企业外部调研：行业动向研判

随着不断有新玩家进入，生鲜电商行业即将转入结构性增长阶段。企业可以根据自身的战略定位及供应链的能力选择对应的客户去提供对应的服务。很多生鲜企业在前些年折戟沉沙，很大的原因就是服务串层，也就是把价格低的商品推向了有高品质需求的客户，这种服务模式最终只会让客户纷纷离开平台。

因此，刘宇对 L 电商公司业务增长点的预测结论为：通过满足不同需求类型的客户来实现业务增长。

综上所述，刘宇对 L 电商公司未来业务发展的预判结论如表 4-7 所示。

表 4-7 刘宇对 L 电商公司未来业务发展的预判结论

序号	方向	业务预判结论
1	生鲜电商行业发展趋势	当下生鲜电商行业处于成长期，将走向成熟期
2	L 电商公司的发展方向	为了在本行业建立起竞争壁垒，L 电商公司极大可能会向供给侧发展
3	L 电商公司的业务增长点	通过满足不同需求类型的客户来实现业务增长

根据表 4-7 的内容就能对 L 电商公司未来业务所需的信息化系统的发展进行预判，如表 4-8 所示。

表 4-8 L 电商公司未来业务所需的信息化系统发展的预判结论

序号	业务预判结论	信息化系统发展的预判结论
1	当下生鲜电商行业处于成长期，将走向成熟期	整个系统功能增加与迭代即将进入高峰期，在入手时对刚上线不久的新功能慎重对待，不轻易将其作为中台化目标
2	为了在本行业建立起竞争壁垒，L 电商公司极大可能会向供给侧发展	供给侧主要涉及采销系统，采销系统现有的平台采购流程极可能不支持业务发展，需要改造，因此在将供应链侧的系统纳入中台化范畴时需慎重考虑
3	通过满足不同需求类型的客户来实现业务增长	品质导向和价格导向与选品系统、采购系统、履约系统等均有强关联，供应链侧的系统未来可能有较大调整

可以看到，刘宇对信息化系统的预判主要是对中台边界的预判，也就是对中台需要覆盖企业业务的哪些场景有一个初步认知。

刘宇得出的结论是：L 电商公司供应链侧系统的迭代方向，在未来还存在不确定性，因此中台建设将先从非供应链侧入手。

当然，这样的预判还不够充分，接下来刘宇还需要收集更多的企业信息，以此来进一步预判。

实战案例

▶ **中台产品经理**
数字化转型复杂产品架构案例实战

在第 4 章中 L 电商公司中台建设的进度日志如表 4-9 所示。

表 4-9　在第 4 章中 L 电商公司中台建设的进度日志

任务	完成工作项
1	完成对 L 电商公司所处产业的分析
2	完成对 L 电商公司行业价值链的分析
3	完成对 L 电商公司企业增长内核的分析
4	完成对 L 电商公司企业发展方向的预判
总结	中台建设完成进度：20%

本章小结

1．市场宏观认知的完整执行路径

（1）企业外部调研：对企业所属行业的现状与未来发展趋势进行分析；

（2）企业内部调研：对企业自身商业模式与运营现状进行分析。

2．企业外部调研

（1）企业所属行业研究：了解企业所处的外部环境；

（2）目标市场分析：定位企业近期的发展趋势。

第 5 章

企业内部调研：企业现状概览

5.1 目标：企业级产品构建

在完成了企业外部调研后，接下来我们就需要进入企业内部调研阶段，从企业视角进行企业业务全局分析。

那么，这样做的目的是什么呢？

在中台战略中，中台系统是一个企业级产品，因此一定不能根据业务线产品的设计思路来设计中台，而应该根据企业级产品的设计思路来进行中台设计，否则建设出的中台将从"屠龙少年"变为企业内新的"恶龙"。

也就是说，在中台开发中，切忌陷入业务线产品的开发模式。例如，快速走访各业务线，不假思索地设计一个极其复杂的流程逻辑，像将垃圾放进垃圾桶一样将各业务中同一业务活动的不同流程原封不动地装入，这样做不仅让中台变得极其臃肿，也让中台变为企业的外包团队，并成为所有业务迭代的瓶颈。原因也很简单，此时各项业务均依赖中台，所有业务线的功能迭代都需要中台来实现。

那么什么是企业级产品的设计思路呢？下面我将对业务线产品的设计思路和企业级产品的设计思路做一个完整的介绍。

中台产品经理
数字化转型复杂产品架构案例实战

【知识点 9】两种产品设计思路

（1）业务线产品的设计思路。

业务线产品的研发实质上是面向单体业务的研发，过程通常是这样的：产品研发人员在单一业务线中，根据当前的业务场景展开业务流程分析，完成产品需求文档的撰写，之后进入开发环节。在这个过程中，对业务需求的获取与确认是唯一的，即该产品对应业务线的使用人员或者对应细分业务的目标客户，在产品设计中不需要思考产品的扩展性与兼容性。本质就是将当前所面对的业务流程线上化，如果一家企业内部拥有多条不同的业务线，这样建设后企业内部就会有一个个竖井式的产品产生。

（2）企业级产品的设计思路。

中台产品的设计与研发是面向企业整体的，要求产品研发团队从全局式研发出发，对企业内不同事业部下多条业务线的业务进行通盘思考，并对企业的整体发展趋势进行关注，在这个基础上抽象出整个企业通用的能力，将通用性部分交由中台团队进行研发，而将特异性部分交由各业务线产品研发团队进行研发，由各业务线负责应对具体业务客户的特殊化方案，从而有的放矢地开展中台建设。

例如，业务线提出在加购商品时跳过登录环节，在接收到该需求后，产品研发团队立即进入开发阶段。但根据企业级产品的设计思路，产品研发团队就需要考虑多条业务线的诉求，从企业全局思考是否能跳过登录环节。

在了解了两种不同的设计思路后，要想以企业级产品的设计思路进行中台设计，首先要做的就是关注并掌握整个企业内部运作的现状，这也是进行企业内部调研的核心目的。

企业内部调研的行动点包括：

（1）企业商业动机梳理；

（2）中台客户访谈；

（3）现有 IT 系统的现状梳理。

5.2 工具：商业动机模型（BMM）

在第 4 章中，有一个某电商企业建设中台失败的案例：因为中台建设周期长，企业负责人未实时跟踪企业业务发展，最终导致中台项目在建设完成后迟迟无法上马。

如果再次审视这个案例，我们可以发现上述问题的本质就是该企业的中台负责人对中台的研发没有采用企业级产品的设计思路。

所以，正确的做法应该是由中台负责人去实时追踪企业商业模式的演变，及时更新中台内部服务中心的优先级，以保证中台在建设完成时与企业战略相匹配。

而追踪企业商业模式的演变，除了需要研判行业动向，还需要关注企业内部变化，如部门调整、人事变动等。

在关注企业内部变化时我们要关注两个维度。

（1）发现变化：找到企业内部发生变化的业务活动。

（2）识别动机：对这些发生变化的业务活动进行商业思考（关键）。

因为对于一家处在高速发展阶段的企业，每天都可能有无数个新的业务活动落地，如果我们只关注这些已经落地的业务活动（如新成立某事业部、某业务线，裁减某部门人员等），由于企业内部的活动存在传导链条，那么到我们知道时已经木已成舟。这就需要我们透过这些业务活动看到其背后的商业决策动机，从而提前预判业务变化，避免出现中台与前台不匹配的现象。

也只有这样，中台设计才不会沦为打补丁式的中台设计。

那么，我们要如何跟踪更宏观的战略决策，以及如何对变化快速做出决策呢？

这就涉及一个工具——商业动机模型（BMM）。

【知识点 10】商业动机模型（BMM）

商业动机模型（Business Motivation Model，BMM）是指通过自下而上的方式，根据已发生的业务活动，推导其背后的商业战略决策，从而实现对企业商业决策演进方向进行分析的工具。该模型的完整结构如图 5-1 所示。

（1）End（企业成果）。

该模块定义了企业最终希望达成的结果，也就是企业目标。

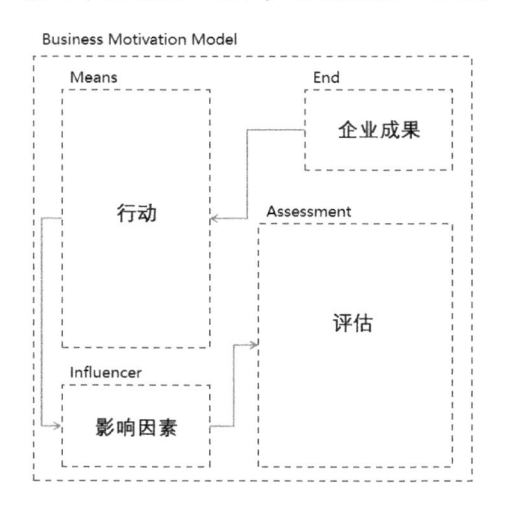

图 5-1　商业动机模型的完整结构

（2）Means（行动）。

该模块定义了一个企业需要做什么来实现它的目标。

（3）Influencer（影响因素）。

该模块定义了企业发展中可能影响其决定与决策的事物。

（4）Assessment（评估）。

当影响因素引起重大变化时，企业对其产生的影响进行评估，识别风险和潜在回报。可能会有多个评估，评估可能来自不同的利益相关者。根据商业动机模型中记录的相关早期评估结果，判断推导出的企业战略/经营方针是否可信。

以上四个部分共同组成了商业动机模型。

根据商业动机模型，我们就可以在发现一个新增的商业活动后，推测其背后的决策内因。

例如，当一家电商企业开始开发 OEM 定制品时，对于这一业务活动背后的业务目的（What）与决策的原因（Why），通过商业动机模型可以得出如下结论。

　　♪ 目的（What）：当前企业业务毛利润开始下滑，需要降低采购成本。

　　♪ 原因（Why）：在降低采购成本上，OEM 定制品拥有双重效果，丰富了客户的购物选择，低廉的价格迫使同类商品的供应商降价。

这里的目的（What）与原因（Why）就是决策内因。

新增的商业活动的决策内因就是进行中台系统功能迭代方向的合理预测。搞清楚了这些，我们就能理解企业不同发展阶段有不同系统功能需求的原因——企业在不断地进行业务方向调整。

而在日常的企业商业模式跟踪中，我们通过商业动机模型，将企业当前的业务信息填充至模型中，从而实现对各重大决策的结果及其对运营业务的影响的整理。例如，对业务流程和组织责任的变更，并提供从影响者到运营变更的可追溯性。

有了商业动机模型，在中台建设中就可以实时把握企业的演进主线，并避免其在中台建设完毕后与企业业务重心不一致的尴尬局面。

在 L 电商公司中，刘宇是如何做的呢？

5.3　案例 4：L 电商公司的商业模式分析

通过前面的行业分析，刘宇大致对公司内部信息系统在未来可能的走向有了一个预判。对于可能在短期内有较大迭代的系统，刘宇在中台化时将会慎重考虑。

但是通过前面的预判，中台的需求边界还是比较模糊，接下来刘宇需要进一步对企业进行拆解。

此时刘宇需要将视角从行业中的企业个体转入企业内部，如图 5-2 所示。

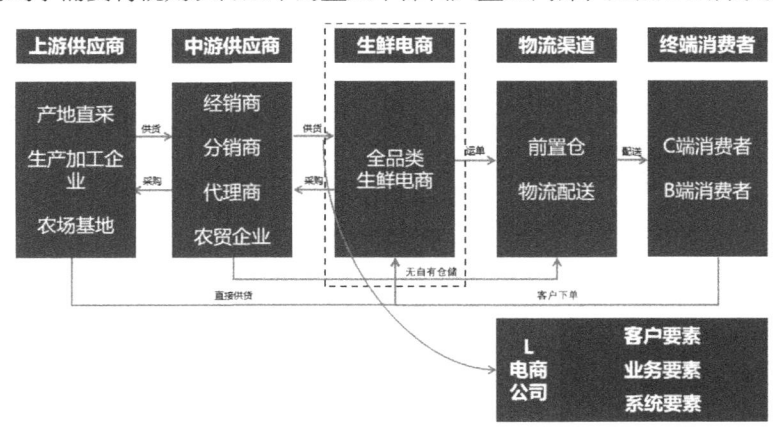

图 5-2　企业内部调研维度

> **中台产品经理**
> 数字化转型复杂产品架构案例实战

实战案例

对任一企业来说，本质上由三个要素构成：客户、业务、系统，因此内部调研的完整历程就围绕这三个要素展开。刘宇制订的内部调研计划如表 5-1 所示。

表 5-1　内部调研计划

阶　　段	要　　素	调研产出内容
内部调研	客户要素	客户旅程图
	业务要素	《商业动机跟踪报告 1.0》
		业务结构化报告
	系统要素	现有 IT 系统清单

制订完了内部调研计划，刘宇开始对 L 电商公司的客户要素进行调研。

5.3.1　客户旅程图

对客户要素进行分析，应重点分析客户的需求是如何被传递至业务的，以及如何获得需求解决方案。这里要用到一个工具——客户旅程图。

【知识点 11】客户旅程图

客户旅程是指客户在企业商业活动中是如何参与的，以及达成交易需要完成的环节，直观地展现了客户在企业业务中的关键触点。客户旅程图指的是一个有方向的信息流，描述了客户与企业各个接触点的联系，描述了在不同业务单元的推动下最终实现的客户转化。客户旅程图的框架如图 5-3 所示。

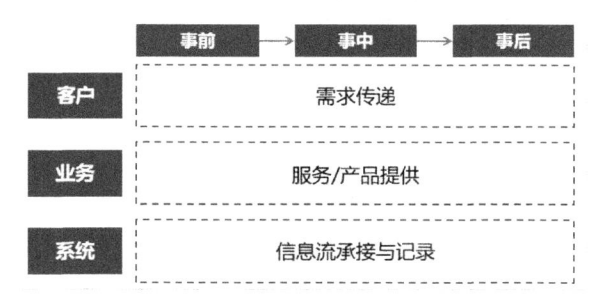

图 5-3　客户旅程图的框架

为了增强对 L 电商公司的业务理解，刘宇决定绘制客户旅程图，从客户的视角来描述整个业务。

具体工作就是将前面的关键信息流节点模型进行放大，详细梳理每项业务中的客户行为。在经过一番调研后，刘宇得到了 L 电商公司两项业务的客户旅程图。

5.3.2 产出：两项业务的客户旅程图

ToC 终端消费者电商业务的客户旅程图如图 5-4 所示。

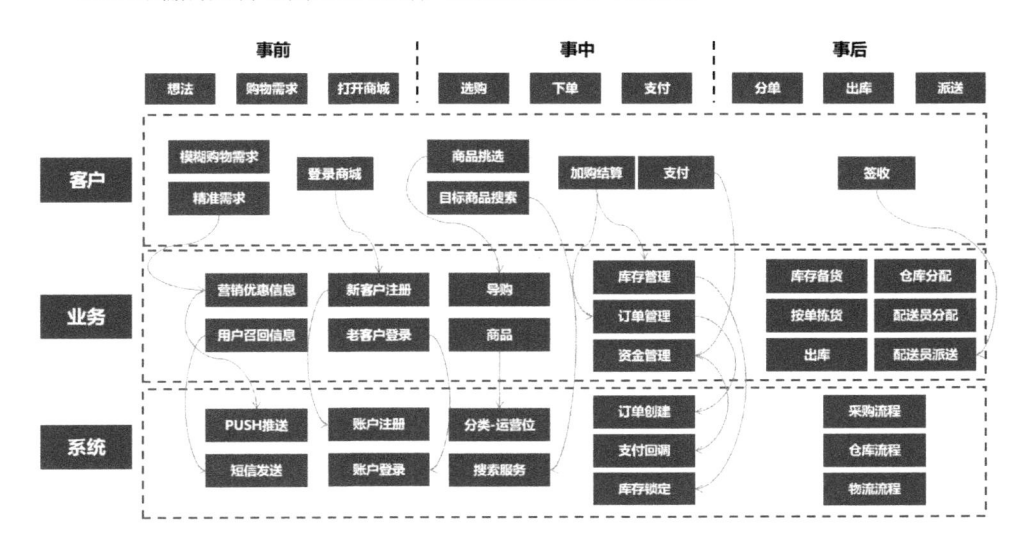

图 5-4 ToC 终端消费者电商业务的客户旅程图

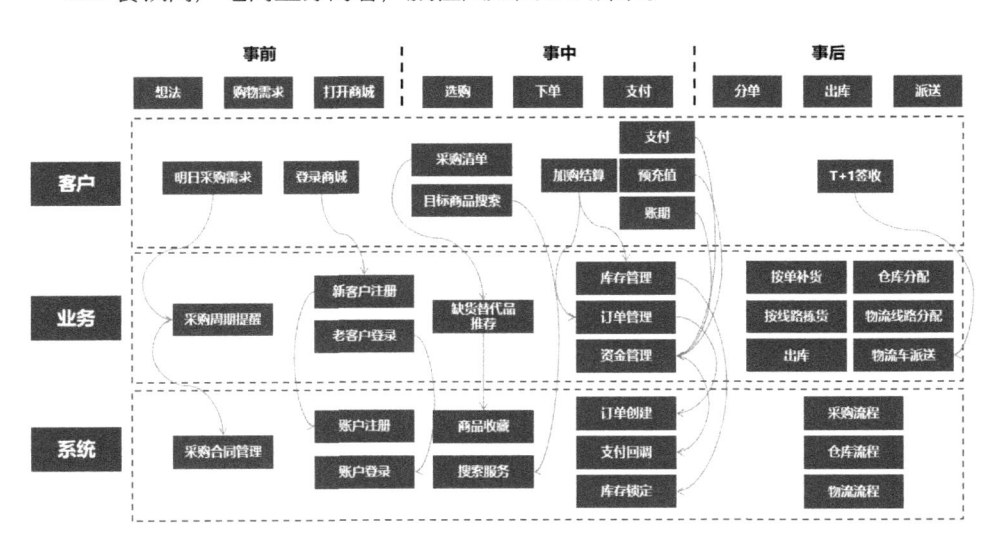

ToB 餐饮商户电商业务的客户旅程图如图 5-5 所示。

图 5-5 ToB 餐饮商户电商业务的客户旅程图

5.4 案例 5：L 电商公司的中台客户访谈

在完成对客户要素的调研分析后，下一步就要进入对业务要素与系统要素的分析环节。在对业务要素的分析中刘宇需要对两个维度进行分析：第一个是企业的战略及企业所有活动背后的商业动机；第二个是具体业务运作的完整细节摸查。这里先进行第一个维度的分析。对系统要素的分析首先需要知道整个公司内部现有的 IT 架构情况。

从这一步开始，并不是简单地和某个业务人员沟通就能得出结果的，因为此处需要一个准确且全面的认知，此处的业务要素分析需要制订一套完整的对中台客户群体的访谈计划。

5.4.1 产出：中台客户清单

根据《中台产品经理宝典》一书所描述的，中台客户访谈计划应该至少划分为三个层级的访谈路径。

刘宇根据 L 电商公司的组织结构层级，自上而下地设计了访谈路径，并且为不同层级的访谈都制定了对应的目标。

（1）高管人员访谈：确定并对齐中台建设目标与预期。针对高管人员的访谈表如表 5-2 所示。

表 5-2　L 电商公司高管人员访谈表

部门—职位	人　员	访 谈 日 期
CTO	李晨德	2 月 25 日
ToC 终端消费者电商业务—VP	孙娜琪	2 月 27 日
ToB 餐饮商户电商业务—VP	王超	3 月 1 日

（2）事业部业务人员访谈：了解一线业务的运作情况。针对事业部业务人员的访谈表如表 5-3 所示。

表 5-3　事业部业务人员访谈表

业　　务	事　业　部	部门—职位	人　员	访 谈 日 期
ToC 终端消费者电商业务	菜优选事业部	运营部—运营经理	郑晓	3 月 7 日
		采购部—采购主管	李琪	3 月 8 日
		用户增长部—增长经理	马早早	3 月 9 日
		……	……	……

第 5 章
企业内部调研：企业现状概览

续表

业　务	事 业 部	部门—职位	人　员	访 谈 日 期
ToB 餐饮商户电商业务	菜省心事业部	采购部—采购主管	罗帅	3 月 19 日
		运营部—运营经理	王悦	3 月 22 日
		销售部—销售主管	吴盟智	3 月 24 日
		……	……	……

（3）事业部产品研发人员访谈：了解当前业务系统的研发情况，从而确定中台化需求大纲。

在对不同层级人员进行访谈后，刘宇撰写了两份调研报告。

5.4.2　产出：商业动机跟踪报告 1.0

对商业模式进行分析，根本目的就是避免出现中台建设与企业实时发展需求不匹配的问题。刘宇希望能实时跟踪 L 电商公司的动向，以此来动态调整中台规划的优先级。

因此，刘宇在对高管人员的访谈中，需要搞清楚 L 电商公司当前的商业动机模型，并根据该模型对 L 电商公司的商业活动进行拆解与管理。

经过访谈刘宇得到了 L 电商公司商业动机模型的各组成部分。

《商业动机跟踪报告 1.0》

访谈对象：高管人员。

访谈内容：L 电商公司的中台建设能在未来支撑企业的业务探索与新业务产生。

访谈结论：动态追踪 L 电商公司的商业动机变化。

访谈时间：2 月～3 月。

访谈详情：

L 电商公司的商业动机模型 1.0 如图 5-6 所示。

1）End（企业成果）

本模块下的子模块如下。

75

> 中台产品经理
>
> 数字化转型复杂产品架构案例实战

（1）愿景（Vision）：对企业要承担的社会责任的精练总结。所有细分目标都应支持愿景（或至少不与愿景相矛盾）。

```
Business Motivation Model
┌─────────────────────────────┐  ┌─────────────────────────────┐
│ Means                        │  │ End                         │
│  ┌──────────────┐            │  │  ┌──────────────┐           │
│  │ 使命          │            │  │  │ 愿景          │           │
│  │ (Mission)    │            │  │  │ (Vision)     │           │
│  │ 让客户能随时随地买到 │      │  │  │ 成为生鲜领域高效率的生 │   │
│  │ 新鲜的商品    │            │  │  │ 鲜供给解决方案提供商 │    │
│  └──────────────┘            │  │  └──────────────┘           │
│                              │  │  ┌──────────────┐           │
│  ┌──────────────┐            │  │  │ 预期结果      │           │
│  │ 行动方针      │            │  │  │ (Desired Result)│        │
│  │ (Course of Action)│       │  │  └──────────────┘           │
│  │ 建立高效的生鲜选品体系│     │  └─────────────────────────────┘
│  │ 建立不同客户的触达渠道│     │  ┌─────────────────────────────┐
│  └──────────────┘            │  │ Assessment                  │
│                              │  │  ┌──────────────┐           │
│  ┌──────────────┐            │  │  │ 威胁          │           │
│  │ 指令          │            │  │  │ 在两类细分市场中均存在竞争者│
│  │ (Directive)  │            │  │  └──────────────┘           │
│  └──────────────┘            │  │                             │
│  场景选品                    │  │  ┌──────────────┐           │
│  建立OEM商品团队              │  │  │ 机会          │           │
│                              │  │  │ 生鲜行业目前未出现垄断现象，│
│ Influencer                   │  │  │ 生鲜电商市场尚不成熟，各家电│
│  ┌──────────────┐            │  │  │ 商企业均在探索行业玩法与竞争│
│  │ 内部影响因素  │            │  │  │ 门槛，L电商公司当前与各巨头在│
│  └──────────────┘            │  │  │ 同一起跑线上                │
│  ┌──────────────┐            │  │  └──────────────┘           │
│  │ 外部影响因素  │            │  └─────────────────────────────┘
│  └──────────────┘            │
└─────────────────────────────┘
```

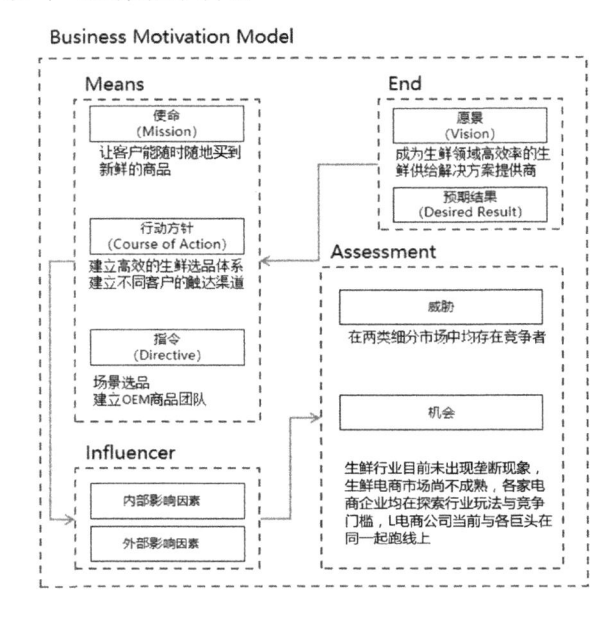

图 5-6　L 电商公司的商业动机模型 1.0

L 电商公司的愿景是成为生鲜领域高效率的生鲜供给解决方案提供商。

（2）预期结果（Desired Result）。

① 抽象目标（Goal）：要在中长期内维持或达到的企业目标，如"成为市场上（按营业额）排名前三的供应商之一"。

② 具象目标（Objective）：朝着一个或多个方向制定的可衡量的、有具体时间节点的行动目标，如"在当前财政年度将营业额同比增加 2%"。

L 电商公司的现状如下。

抽象目标：成为生鲜电商行业最大的生鲜供应公司。

具象目标：本年度 ToC 终端消费者电商业务的销售额破 400 亿元，ToB 餐饮商户电商业务在南京的市场份额达 60%以上。

2）Means（行动）

本模块下的子模块如下。

（1）使命（Mission）：企业的主要活动。它的执行方式在行动过程中进行了定义。

（2）行动方针（Course of Action）：定义企业将做什么以支持其一个或多个战略目标。

① 战略：完成使命的计划的主要部分，通常是长期的，对企业的运营方式有重大影响，如"提升平台留存率"。

② 战术：支持一个或多个战略目标的具体行动方针，如"根据 RFM 分层发放召回券"。

战略和战术之间没有硬性区别，它们会因企业不同而不同。商业动机模型中的条目提供对行动过程的描述，以及对运营业务细节的引用——业务流程、分配给组织角色的职责、资产和资源的部署等。

（3）指令（Directive）：规定应该采取哪些行动方针，以及应该如何实现。

① 商业行动：（在商业规则中）需要进一步解释并付诸实践的广泛指令，如"追求高复购率"。

② 行动规则：参考运营业务中的规则，如"单位月中订单量老客占比至少高于 40%"。行动规则使业务策略切实可行，并指导业务流程。

L 电商公司的现状如下。

（1）使命：让用户能随时随地买到新鲜的商品。

（2）行动方针。

战略：

① 建立高效的生鲜选品体系；

② 建立不同客户的触达渠道。

战略①的战术拆解：

- 深度开发生鲜场景，从场景出发进行选品，如火锅场景、早餐场景；
- 与现有的生鲜商品生产企业合作，创立贴牌商品，如定制包子。

战略②的战术拆解：

- 进军 ToC 终端市场，触达直接生鲜商品消费者；
- 进军 ToB 餐饮商户市场，触达间接生鲜商品消费者。

（3）指令。

① 商业行动：场景选品；建立 OEM 商品团队。

② 行动规则：场景选品复购率要达到该分类商品的前 20%，并且库存周转率高于普通同类商品的均值 5%；贴牌商品的毛利要高于普通商品 5%。

3）Influencer（影响因素）

本模块下的子模块如下。

（1）内部影响因素：来自企业内部（如资源质量、基础设施、习惯）。

（2）外部影响因素：来自企业外部（如客户、法规、竞争）。

L 电商公司的现状如下。

（1）内部影响因素：销售团队。

（2）外部影响因素。

ToC 市场：当前市场中存在强势竞争者。

ToB 市场：当前市场中存在强势竞争者。

4）Assessment（评估）

L 电商公司的现状如下。

（1）威胁：在两类细分市场中均存在竞争者。

（2）机会：生鲜行业目前未出现垄断现象，生鲜电商市场尚不成熟，各家电商企业均在探索行业玩法与竞争门槛，L 电商公司当前与各巨头在同一起跑线上。

通过分析上述四个部分的内容，刘宇确定了 L 电商公司本年度的商业动机模型，这就是商业动机模型 1.0。

对比不同时期的商业动机模型，可以完成以下两项重要工作：

（1）详细跟踪并评估企业的任何商业决策（从目标到行动方案及当时预测的风险）；

（2）从任一重大决策倒推企业战略是什么（从行动方案推导企业战略的变化）。

在完成了第一次对商业动机模型的梳理后，刘宇先把现阶段的结果放在一边，将视角转回到各事业部内部，来看看各事业部内部的系统组成是什么。

5.4.3 产出：现有 IT 系统清单

通过前面的梳理，刘宇已经知道 L 电商公司内部存在两项业务：ToC 终端消费者电商业务与 ToB 餐饮商户电商业务。这一步要做的就是分别对这两项业务的 IT 系统

第 5 章
企业内部调研：企业现状概览

现状进行拆解，看看各事业部内部的 IT 架构是如何构成的。

刘宇将公司内部的电商业务按照侧重点划分了三个层级，如图 5-7 所示。

交易管理	商品分类计划	主数据管理	定价管理	促销管理
运营管理	市场营销	多渠道支持	多渠道销售	客户服务
履约管理	分销网络计划	预测及补货	分配	供应商关系管理	供应链分析
	采购和订单管理	库存管理	仓储管理	运输管理	进口采购

图 5-7　电商业务层级划分

在此基础上，刘宇对 L 电商公司两个事业部的产品经理进行了访谈，得出《L 电商公司的 IT 系统现状：全景功能地图》。

《L 电商公司的 IT 系统现状：全景功能地图》

访谈对象：产品经理

访谈内容：各业务的信息化系统情况

访谈详情：ToC 终端消费者电商业务的 IT 架构如图 5-8 所示。

图 5-8　ToC 终端消费者电商业务的 IT 架构

ToC 终端消费者电商业务共拥有 10 个独立业务系统。

ToB 餐饮商户电商业务的 IT 架构如图 5-9 所示。

图 5-9　ToB 餐饮商户电商业务的 IT 架构

中台产品经理

数字化转型复杂产品架构案例实战

ToB 餐饮商户电商业务共拥有 7 个独立业务系统，其中运营后台与 CRM 均是从 ToC 业务中复制代码并独立部署而建设的。

将这两类业务的系统进行一次抽象，可以得到 L 电商公司内部的 IT 架构，其与业务领域相对应，也分为三类，如图 5-10 所示。

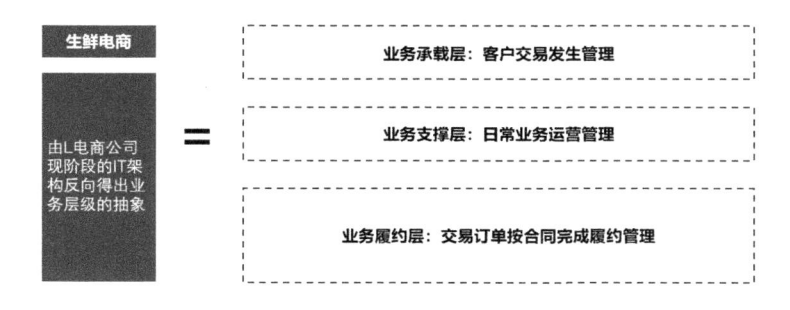

```
           生鲜电商
由L电商公司                    业务承载层：客户交易发生管理
现阶段的IT架
构反向得出业  =              业务支撑层：日常业务运营管理
务层级的抽象
                             业务履约层：交易订单按合同完成履约管理
```

图 5-10 L 电商公司内部的 IT 架构

♪ 第一类：业务承载层（商城小程序+商城 App+商城 H5 +订货宝 App）。

♪ 第二类：业务支撑层（运营后台+CRM）。

♪ 第三类：业务履约层（WMS+SCM+TMS+MES）。

通过这样的梳理，刘宇完成了对一项业务的认知，清楚地知道了 L 电商公司内部的各项业务是怎么用系统实现闭环的。

注：在公司内部进行系统架构分类时，如果发现无法进行系统聚类，则很有可能是因为当前企业类型不符合 UHM 企业组织结构理论，此时不建议建设中台。如果确实存在需要复用的功能，此时可以缩小中台范畴，只聚焦于某服务中心的中台建设，如客户服务中心、会员服务中心等单一化服务中心的中台建设。

在第 5 章中，L 电商公司中台建设的进度日志如表 5-4 所示。

表 5-4 在第 5 章中 L 电商公司中台建设的进度日志

任 务	完成工作项
1	客户旅程图：对两项业务中客户需求的传递进行分析
2	中台客户访谈
3	商业动机跟踪：确定 L 电商公司的商业战略
4	现有 IT 系统的现状分析
总结	中台建设完成进度：28%

本章小结

1. 中台客户访谈的作用

（1）高管人员访谈：了解高管人员进行中台建设的目标，并正确管理其预期。

（2）事业部业务人员访谈：了解一线业务的运作情况。

（3）事业部产品研发人员访谈：梳理各业务系统的层级结构，并抽象各系统层级的承载范围，以此了解系统层面的业务闭环。

2. 企业内部调研

（1）内部组织结构与业务组成分析：了解企业内部有哪几项业务。

（2）价值链分析：了解企业的基本活动，并定义一套统一的衡量体系。

（3）各项业务的 IT 架构现状：了解企业内部各业务的 IT 架构。

第 6 章

企业内部调研：企业各项业务拆解

6.1 目标：业务结构化

在第 5 章中，我们完成了对一家企业应对市场变化的商业战略的分析，接下来需要做更进一步的细化分析，对企业内部的各项业务进行调研。

中台产品经理不能再像以往那样只是点对点地对某一业务的干系人进行分析，随后就立即着手设计中台系统。

我们需要设计和搭建的中台系统是面向整个公司内不同业务的全局最优解，因此要想设计好中台系统，必须对公司内各个业务系统有一个完整的认知。

这个完整的认知包括两个维度。

- 完整流程认知：中台产品经理是全流程级别的产品经理，并非只专注于某个特定的业务，因此需要掌握企业内一条河流的上、中、下全流域，并非只关注某个单一河段；
- 衔接关系认知：中台产品经理不但要熟悉各个系统中各项业务间的关系，还要熟悉周边相关系统间的相互依赖关系，甚至去设计外部系统直接的整合方案（我们经常将周边相关系统称为上位系统和下位系统）。

例如，中台产品经理在对商城领域的服务中心进行抽象时，除了要知道商城内的售卖逻辑，还要知道订单在进入供应链后是怎么转变为物流并最终交付到客户手

第 6 章
企业内部调研：企业各项业务拆解

中的。在这个过程中，供应链系统受商城什么环节的属性所影响，导致流程这样被定义，如准时送达、快速分拣等？

从而中台产品经理清楚地知道商城系统与其关联的下位系统的耦合情况，来综合评估其是否具有抽象出复用能力的基础，以及复用程度。

通常，中台产品经理在进行中台产品设计前，需要对整个公司的业务运转进行分析，并得出一个尽可能全面的业务细节梳理结果。图 6-1 所示是一个跨境电商企业涵盖上、中、下全流域的业务流程。

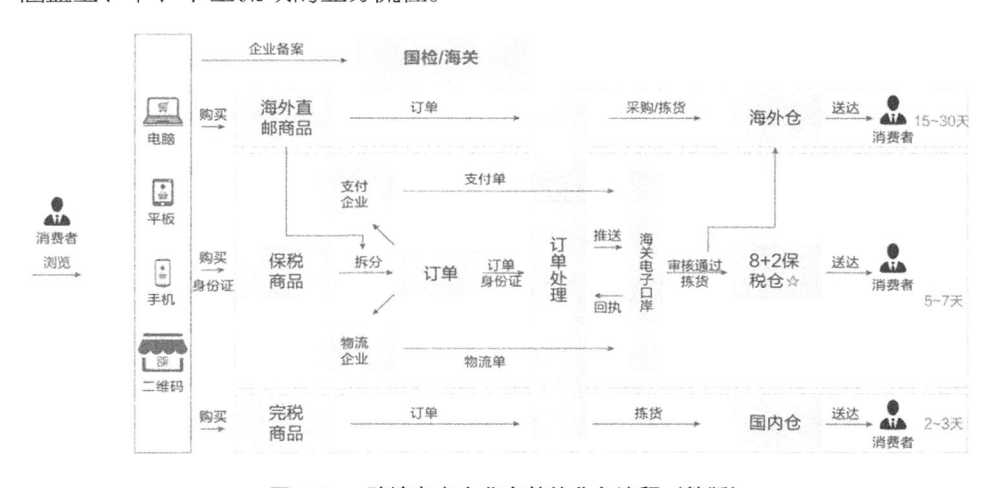

图 6-1　跨境电商企业完整的业务流程（简版）

对中台产品经理来说，在具备了公司级的业务认知能力后，他就可以将着眼点立足于整个公司了。

这样做的原因也很简单，虽然当下接入中台的某条业务线对使用的中台功能没有需求，但是公司的其他业务在同一时段可能有同样的需求，那么中台产品经理在做中台系统设计的时候就需要考虑到这样的额外需求。

概括来说，中台产品经理围绕着中台产品的设计工作，必须反复思考三个问题。

- 当前设计的功能在未来能覆盖多少业务场景？（基于行业发展的判断）
- 如果未来公司涉足新的领域，该功能是否依旧可以支撑？
- 如果不可以，该功能是否可以在做小改动后实现复用？

要实现这样的目标，中台产品经理除了以整个企业为业务对象进行研究，还需要进一步深入各业务去理解其特征，并最终在调研的基础上得出一份完整的业务架构,以此驱动企业进行管理升级,并在此基础上进行中台系统的开发。

所以在本环节,我们的目标就是对企业的业务进行结构化。也就是基于对企业战略的理解,将业务准确的结构描述出来,实现业务的初级抽象。

通过结构化地拆解业务,我们就对整个业务积累了一个完整的演化过程,从而避免在中台需求分析中出现遗漏。

行动点:

(1)探索业务成型的原因;

(2)无遗漏地理解与描述业务。

6.2　工具:1+3 业务描述地图

虽然在前面的内容中多次出现了"业务"这一名词,但是很多读者还是无法清楚地解释什么是业务。

既然要对一家公司的业务结构进行描述,那么就必须理解"业务"这个概念,为此我们需要对"业务"这个概念做一个完整的介绍。

【知识点 12】业务

业务是指一个组织通过向客户提供产品或服务,以获取某种价值,并能够或有潜力自负盈亏的闭环活动集合(协同类业务除外)。其构成元素如图 6-2 所示。

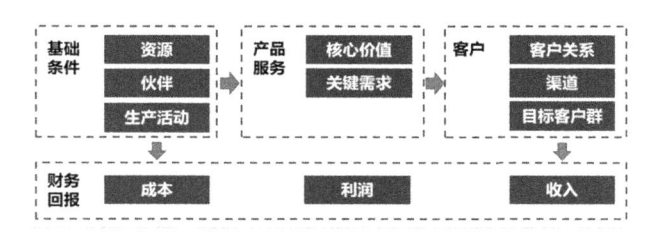

图 6-2　业务的构成元素

我们在对业务结构进行描述的时候,应尽可能全面地描述上述元素在不同环节的具体变化。

但在实际参与中台研发的团队中,并不是每个人都能完整地理解业务,这就要求中台负责人必须肩负起这个责任。

第 6 章
企业内部调研：企业各项业务拆解

因此，为了尽可能地在中台需求分析中无遗漏地理解与描述业务，我们需要使用一种方法让自己的思维与业务人员同频，准确来说，就是与他们拥有相同的"业务嗅觉"。

例如，一家公司从事电商业务，此时大家除了知道该公司的具体业务，还需要理解该公司内部的各项业务是如何配合解决客户需求的。

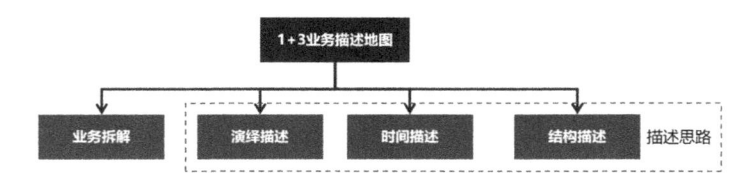

此时就需要使用 1+3 业务描述地图。

所谓 1+3 业务描述地图，是指从 4 个维度实现对业务的描述与理解，如图 6-3 所示。这种工具适用于对复杂业务的拆解。

图 6-3 1+3 业务描述地图

1）1 代表业务拆解

正所谓没有拆解的业务就无法信息化，所以在第一个环节中，我们就要实现业务拆解。业务拆解的基本过程分为两个步骤。

步骤 1：业务宏观认知

在前面我们对企业整体进行了宏观认知分析，而在具体子业务的研究中，我们也需要对业务进行宏观认知分析。此处我们可以使用 3 个基本商业问题来快速定位一个业务的体系结构，对业务建立起整体印象，如表 6-1 所示。

表 6-1 业务宏观认知

序 号	问 题	问题关键点
1	做什么	现在做什么业务是企业的机会 （市场机会→企业有优势）
2	做给谁	细分市场定位 目标人群的喜好分析
3	怎么做	业务落地方式 做好产品、定好价格 铺好渠道、打好促销战

步骤 2：从结构与时间两个维度进行拆解（可选）

对业务具体的流程按照时间与结构进行拆解，方便接下来进行具体的业务过程描述。

2）3 代表描述业务的 3 个维度

完成了对业务的拆解，下一步就需要对业务中的各项业务活动进行描述，这种描述分为 3 个维度的描述。

（1）演绎描述。

目标：通过场景演绎来探索客户需求在未来的演进路线。

方法：此处可以使用 4W 思考法，这也是美国兰德公司提出的分析问题的方法。4W 思考法按照客户的心智发展逻辑来思考某场景下的客户走向，从而深入剖析一个事物的演绎场景。4W 思考法如表 6-2 所示。

表 6-2 4W 思考法

序　　号	问　　题	示　　例
1	目前的场景是什么	6 点/家中
2	需求发生的原因是什么	需要开始准备晚饭
3	需求走向会是什么	吃什么/购买需要的食材/做法
4	如何满足该需求	推荐菜/生鲜电商/菜谱

（2）时间描述。

目标：描述业务发展的完整过程，并按时间记录业务发生的场景。

方法：事物通用三段论（用来划分事物的时间发展历程）

事物通用三段论如图 6-4 所示。

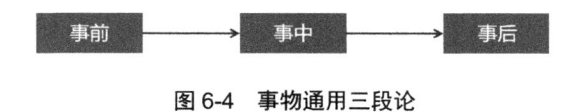

事前 → 事中 → 事后

图 6-4 事物通用三段论

例如，购物这一过程可以按事物通用三段论划分为购物选择（事前）、购物下单（事中）、购物售后（事后）3 个阶段。

（3）结构描述。

目标：将业务发生过程中经过的阶段及各阶段的节点用结构化的语言描述出来。

方法：在结构描述中最常使用的方法为客户行为五阶段理论，如图 6-5 所示。

第 6 章
企业内部调研：企业各项业务拆解

图 6-5　客户行为五阶段理论

例如，将购物中的各个子需求拆解为流程式发展过程的节点。

- 产生需求节点：购物导购。
- 信息收集节点：按类目搜索查询。
- 方案比选节点：商品对比。
- 购买决策节点：下单转化。
- 购后行为节点：商品售后。

大家注意，不管在结构拆解中采用了什么方法，一定要基于 MECE 原则进行不重叠的划分。

在拆解并结构化描述各条业务线后，我们还需要对不同业务进行优先级评价，为后面确定中台服务中心建设的先后顺序提供参考。

此处我们可以依据"顾旧""立新"原则对业务进行优先级排列。

- "顾旧"：原有正常且成熟运行的系统所对应的业务暂时先不改动。
- "立新"：对新建系统所对应的业务采用中台架构进行整合。

这两个原则也好理解，因为新建系统的业务范畴不大，历史包袱小，所以容易在规划时进行快速对接。同时，通过与新建系统对接可以快速发现中台建设存在的问题，从而及时调整。

在了解了 1+3 业务描述地图后，下面我们继续看刘宇是如何通过 1+3 业务描述地图找到 L 电商公司各项业务的核心脉络的。

6.3　案例 6：L 电商公司各项业务的结构化

在完成了对业务要素中的商业动机的跟踪后，刘宇与不同业务线的负责人、各事业部负责人召开了多次会议，试图搞清楚 L 电商公司各个环节的业务运作活动。

但是几番沟通下来，刘宇发现各部门描述的视角不同，术语各异，口径多样，

> **中台产品经理**
> **数字化转型复杂产品架构案例实战**

根本无法完整地了解 L 电商公司的业务运作活动。

因此，刘宇需要为 L 电商公司梳理出一个完整的业务模型，也就是业务架构，用来描述公司的整个业务运作逻辑。

而要产出业务架构，首先要对业务进行结构化梳理。按照 1+3 业务描述地图的路径，刘宇此时要对 L 电商公司内部两项不同业务的总体思路进行结构化分析，也就是分析 L 电商公司的不同业务交易过程。

1）业务拆解

经过前面多天的调研与分析，刘宇认为 L 电商公司的业务本质为，通过对客户的生鲜需求进行收集、规划和控制，保证在正确的时间把生产加工好的生鲜产品送到不同类型的客户手上。L 电商公司成为不同类型客户（个人消费者/生鲜商户）的生鲜供应商，如图 6-6 所示。

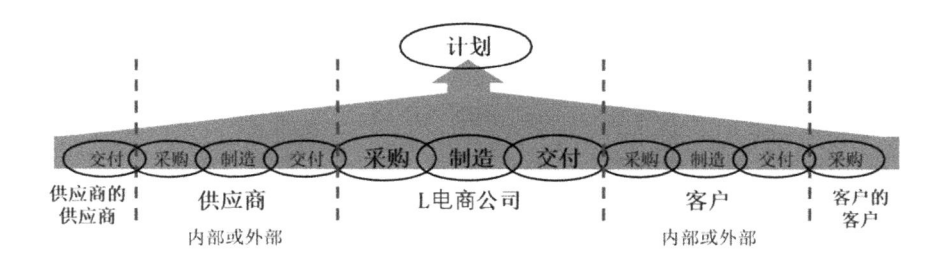

图 6-6 生鲜供应链的业务拆解

公司内部主要进行 3 类供应链的管理。

（1）上游供应链：上游供应链是指供应商之间及供应商与其自身的供应商之间的活动。主要活动是采购（供）。

（2）内部供应链：L 电商公司的内部供应链包括将来自供应商的输入转换成输出的所有流程。主要活动是生产管理、加工、库存控制等（产）。

（3）下游供应链：下游供应链包括从产品投放到产品被送到客户手中的全部活动，主要关注分销、入库、运输和售后服务。主要活动是销售（销）。

由于 L 电商公司内部的两项业务在商业模式上相同，均为平台经济模式，因此刘宇选择了增长飞轮来统一描述与概括它。

第 6 章
企业内部调研：企业各项业务拆解

【知识点 13】增长飞轮

任意业务都存在一个核心循环，企业通过不断推动正循环实现增长。

L 电商公司的整个业务模式可以归为一个增长飞轮，如图 6-7 所示。

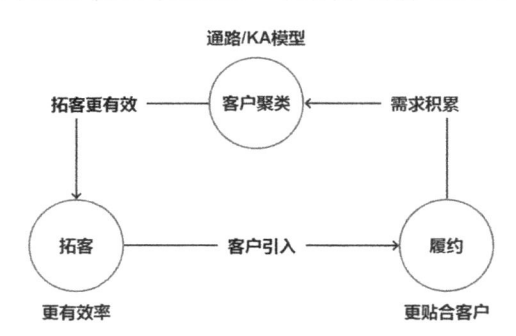

图 6-7 L 电商公司的增长飞轮

从图 6-7 中我们可以看到，L 电商公司两项业务的增长飞轮实际上由 3 个环节组成：环节 1 为追求拓客效率，环节 2 为监控履约，环节 3 为监测拓客质量。

这 3 个环节形成一个完整的交易正循环，基于此循环的产品承载的诉求的细化如表 6-3 所示。

表 6-3 基于交易正循环的产品承载的诉求的细化

序号	阶 段	业 务 诉 求	产 品 诉 求
1	拓客 （拉新—下单）	如何更高效率/质量地拓客，实现拉新（人效）	拓客效率 （1）有效拜访率； （2）高价值客户识别。 拓客质量 （1）识别不健康客户； （2）识别客户全生命周期
2	履约 （运营—采购—配送）	如何更高品质地履约，实现客户留存	运营准确率 （1）新客户成长为老客户； （2）固定型消费商户的需求满足方案（同类品替代）。 履约稳定 （1）不缺货（采集客户需求的准确率）； （2）不错发（发货作业准确率）； （3）不晚点（物流配送及时率）。 售后响应 （1）缺货补救； （2）晚点补救； （3）服务改进反馈记录

续表

序号	阶段	业务诉求	产品诉求
3	客户聚类	通过积累服务经验反哺拓客/履约阶段，使其更有效率/更贴合客户	（1）明确各类客户的品类需求（一站式配齐）； （2）明确同类客户的消费周期； （3）明确不同客户的服务要求 （向上向下触达渠道）

接下来刘宇梳理出来了 L 电商公司的 3 个基本商业问题及答案，如表 6-4 所示。

表 6-4　L 电商公司的 3 个基本商业问题及答案

序号	问题	需要业务侧回答的侧重点	L 电商公司
1	做什么	现在做什么业务是企业机会 （市场机会→企业有优势）	（1）疫情常态化下的就餐问题； （2）24 小时随时获取生鲜产品的诉求
2	做给谁	细分市场定位 目标人群的喜好分析	（1）终端消费者：白领人群； （2）终端消费者：老年人群； （3）餐饮机构：食堂/餐饮商户
3	怎么做	业务落地： 做好产品、定好价格 铺好渠道、打好促销战	（1）ToC 生鲜商城； （2）ToB 生鲜商城

2）从 3 个维度描述业务

（1）演绎描述。

目标：通过场景演绎来探索客户需求在未来的演进路线。

通过 4W 模型思考该场景下的客户走向，刘宇得到了两项业务的演绎结果，如图 6-8 所示。

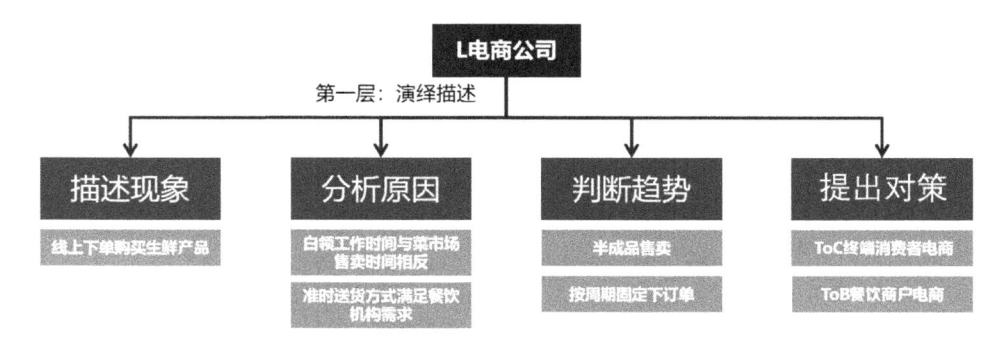

图 6-8　按照 4W 模型得到的两项业务的演绎结果

第 6 章
企业内部调研：企业各项业务拆解

（2）时间描述。

刘宇继续按照事物的实际发展过程对线上下单购买生鲜产品这一业务活动进行描述，此处他使用事物通用三段论分析法，对事物的发展过程进行划分，得到的结果如图 6-9 所示。

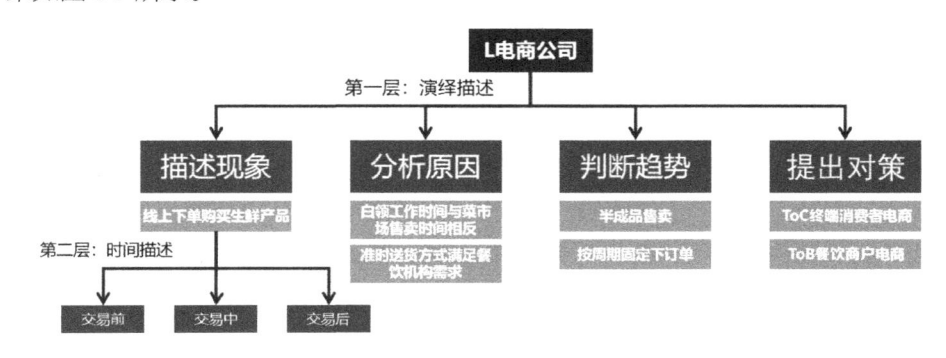

图 6-9 使用事物通用三段论分析法的结果

（3）结构描述。

以 ToC 终端消费者电商业务为例，在使用 5W1H 拆解后，得到的结果如表 6-5 所示。

表 6-5 使用 5W1H 拆解 ToC 终端消费者电商业务

5W1H	现状	示例
对象（What）	对象是谁	白领人群
目的（Why）	什么目的	购买食材做饭
场景（Where）	在什么场景	居家就餐
时间（When）	什么时间开始	18:00～23:00
人（Who）	谁来满足对象	线上生鲜电商
方法（How）	如何满足	线上订单+前置仓送货

继续按照事物的实际发展过程对 ToC 终端消费者电商业务进行描述，可以得到如图 6-10 所示的结果。

再对上述结果使用 KANO 模型，将业务的不同方案进行优先级划分。

- ♪ ToC 终端消费者电商业务：搜索/推荐/加购/下单/第三方支付/配送；
- ♪ ToB 餐饮商户电商业务：常购清单/加购/下单/账期、第三方支付/配送/消费统计。

最终得到完整的 L 电商公司的业务拆解，如图 6-11 所示。

> **中台产品经理**
> 数字化转型复杂产品架构案例实战

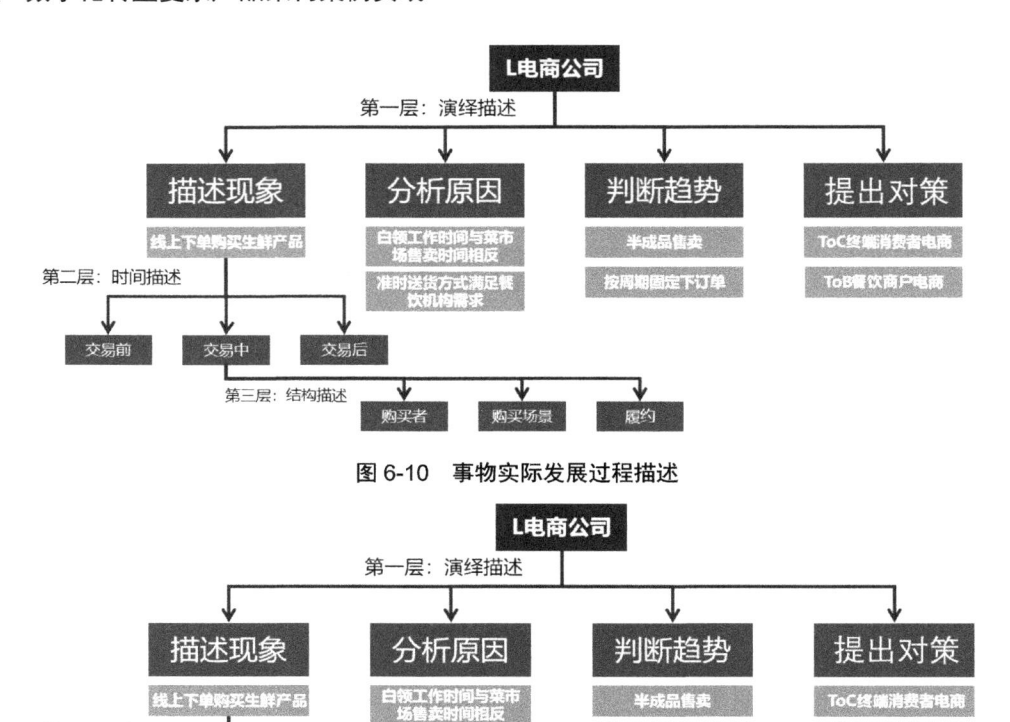

图 6-10　事物实际发展过程描述

图 6-11　L 电商公司的业务拆解

至此，刘宇带领着整个中台产品部门完成了 L 电商公司两个不同业务的线上下单过程的结构化示例，完整阐述了 L 电商公司的核心定位是为线上客户选购生鲜产品的服务商，明确了基于该定位的两项业务的发展逻辑。

下面刘宇要深入各业务线进行具体业务的结构化，从运营的视角进行业务拆解，结构化地描述当前整个业务的运作步骤与解决方案。

换句话说，就是将抽象的业务活动进行具象化，将采购下单、新品提报等抽象业务活动从作业流、实物流、财务票据流三个维度详细地进行拆解。

6.3.1　产出：ToC 终端消费者电商业务的结构化报告

本报告撰写者：刘宇。

报告正文如表 6-6 所示。

表 6-6 ToC 终端消费者电商业务的结构化报告

环节	时间点	作业流	实物流	财务票据流
1. 新品提报环节		1.1 节点 运营人员：运营人员根据市场需求开发商品	1.2 节点 采购人员：确定新品提报的流程、标准和时效； 运营人员：按照约定的新品上架节奏，提报新品表，上架商品	
		1.3 节点 运营人员：收集市场需求，将商品信息反馈至采购人员，进行寻源		供应商对账在周一和周四进行，其他时间不予以对账，付款时间为周二和周五
2. 采购下单环节		2.1 节点 运营人员：节日级活动需提前与采购人员沟通，确认活动方案（提前 7 天）	2.2 节点 采购人员：根据库存点进行提前备货，生鲜备货库存的周转天数≤2 天	支付以对公打款方式完成 供应商开票金额=对账金额-（对账金额-退货金额）×合同扣点-退货金额 付款方式：预付款；日结；周结；月结
3. 供应商到货及前置仓环节	次日 1:00		3.1 节点 供应商：按给到的需求清单进行备货，必须在凌晨 1:00 前送货至城市分选中心（CDC）	入库单需体现发票种类（专票、普票）和税率
	次日 5:00		3.2 节点 生产员：在城市分选中心进行生鲜品生产，并在 5:00 前出库送至各前置仓（FDC）	
	次日 5:30		3.3 节点 前置仓品控人员：对来货进行质检验收，保质保量，完成收货； 前置仓收货组：将缺货信息反馈至采购人员	

续表

环　节	时　间　点	作　业　流	实　物　流	财务票据流
4. 商户下单环节	0:00～23:00	4.1 节点 客户：客户在商城 App 中下单，23:00 截止下单，配送时间 6:00～23:00		已付款和待付款商品未入库，订单系统自动提示
5. 订单生产和分拣环节	6:00～23:00		5.1 节点 前置仓数据员：在系统后台按订单制作分拣明细； 物流数据员：在系统后台自动打印订单小票； 分拣员：按照分拣明细进行分拣	
6. 配送环节	6:00～23:00		6.1 节点 物流数据员：根据实时订单进行配送员线路排线； 配送员：根据线路指引逐单配送	
7. 售后环节	24 小时内	7.1 节点 客服人员：接受客户电话接入，在仅退款的情况下，如果订单状态为"未发货"，客服人员直接同意退款（时效为 30 分钟）；如果订单状态为"已发货"，通知配送员拦截		
	24 小时内	7.2 节点 客服人员：在退货退款的情况下，客服人员记录取货地址，并联系配送员进行取回，取回后执行退款		

6.3.2　产出：ToB 餐饮商户电商业务的结构化报告

本报告撰写者：刘宇。

报告正文如表 6-7 所示。

表 6-7　ToB 餐饮商户电商业务的结构化报告

环节	时间点	作业流	实物流	财务票据流
1. 新品提报环节			1.1 节点 采购人员：确定新品提报的流程、标准和时效； 按照约定的新品上架节奏，提报新品表，上架商品	
		1.2 节点 运营人员：收集 BD 处的商户需求，将商品信息反馈至采购人员		供应商对账在周一和周四进行，其他时间不予以对账，付款时间为周二和周五
2. 采购下单环节		2.1 节点 运营人员：与采购人员沟通并确认活动方案（提前一天）	2.2 节点 采购人员：标品下单时间为 9:00~18:00	支付以对公打款方式完成
	23:40		2.3 节点 履约采购：给出截单后最终的采购清单，下采购清单给供应商	供应商开票金额=对账金额-（对账金额-退货金额）×合同扣点-退货金额
3. 供应商备货及到货环节	次日 3:00		3.1 节点 供应商：按给到的采购清单进行备货、加工、生产，必须在凌晨 3:00 前送货至仓库	账期方式：预付款；日结；周结；月结
	次日 3:00		3.2 节点 履约采购：在供应商送货不准时的情况下，及时沟通联系	预付款结算方式：采购订单+付款申请单（付款申请单必须和采购订单有关联）； 账期结算方式：付款清单=采购订单+入库单+付款申请单

中台产品经理
数字化转型复杂产品架构案例实战

续表

环　节	时 间 点	作 业 流	实 物 流	财务票据流
3．供应商备货及到货环节	次日 3:30		3.3 节点 品控人员：对来货进行质检验收，保质保量，完成收货； 收货组：将缺货信息反馈至采购人员； 履约采购：根据缺货明细让供应商进行补货（次日 4:30 前送达）	入库单需体现发票种类（专票、普票）和税率
4．商户下单环节	0:00～23:30	4.1 节点 BD：拓展商户，引导商户下单，引导商户填写地址、名称，以及特殊的需求		付款筛选功能及导出
5．订单生成和分拣环节	次日 3:30		5.1 节点 数据员：从系统后台导出订单清单，制作分拣明细； 物流人员：在系统后台自动打印订单小票； 分拣人员：按照分拣明细进行分拣，将缺货明细反馈至采购人员； 履约采购：根据缺货明细进行晨采补货	
	次日 4:30		5.2 节点 履约采购：晨采原料到货，原则上 4:30 前到货； 品控人员：对晨采原料进行质检验收	
	次日 4:30		5.3 节点 生产人员：对晨采原料进行生产； 分拣人员：按照分拣明细进行分拣	
	次日 7:00		5.4 节点 分拣人员：汇总最终缺货的客户订单信息	

第 6 章
企业内部调研：企业各项业务拆解

续表

环 节	时 间 点	作 业 流	实 物 流	财务票据流
5．订单生成和分拣环节	次日 10:00	5.5 节点 客服人员：次日 9:10 将缺货的客户订单信息发至 BD 群中，安排对应的 BD 补货		
6．物流配送环节	次日 5:00		6.1 节点 物流人员：与分拣人员进行订单与实物的复核并签字确认，无误后进行装车	
	次日 7:00		6.2 节点 物流人员：在发车后将《物流配送信息表》发至企业微信"商家到货群"，并在系统后台操作发货	
	次日 6:00～16:00		6.3 节点 物流人员：按照线路配送货物给商户，到货拍照确认	
7．售后服务环节	次日 10:00	7.1 节点 BD：回访商户，收集商户反馈的质量问题和漏送的货物； BD：在次日 10:00 后，针对商户反馈的质量问题和漏送问题，需要当日补货的，由 BD 进行补货		
	24 小时内	7.2 节点 客服人员：在仅退款的情况下，如果订单状态为"未发货"，客服人员直接同意退款（时效：30 分钟内）；如果订单状态为"已发货"，通知 BD 现场确认。 BD：接客服人员通知后与商户核实，并将核实的情况反馈给客服人员		

实战案例

97

中台产品经理
数字化转型复杂产品架构案例实战

续表

环 节	时间点	作业流	实物流	财务票据流
7. 售后服务环节	24小时内	7.3 节点 客服人员：在退货、退款的情况下，客服人员在"销售采购物流反馈群"内反馈BD确认的情况，若BD未在1小时内反馈处理结果，客服人员需要电话联系BD确认情况； BD：需要在1小时内在"销售采购物流反馈群"内反馈退款执行结果		
8. 客服回访环节（独有环节）	17:30	8.1 节点 客服人员：在企业微信群"品质反馈群：生产标准"和"销售采购沟通反馈群"内汇总、反馈，在17:30前将客服日报表发给运营业务流程优化岗		
	17:30	8.2 节点 客服人员：每天对需要送货的商户进行回访，收集正负反馈，并形成当日商户反馈表，发给运营业务流程优化岗		
	次日10:00	8.3 节点 运营流程优化人员：在19:00前将当日汇总的问题发至"销售采购沟通反馈群"，并通知各模块对接人进行确认，在次日10:00前跟进改善结果		

我们可以看到在作业上两个业务有显著的差异，而在财务票据流上两个业务基本是相同的，因此后面要做的就是将两个业务进行共性抽取，从而进行中台化。

通过撰写两个业务的结构化报告，刘宇成功将L电商公司的两个业务用结构化语言表述出来了，并剥离了烦琐的细节，这些都为下一阶段的业务建模打下了良好的基础。

6.3.3 中台建设第二阶段工作总结

至此,刘宇对 L 电商公司完成了如表 6-8 所示的调研。

表 6-8 调研结果

阶　　段	要　　素	调研产出内容
企业外部调研	行业	行业定位与行业周期
	企业	企业发展趋势与系统方向研判
企业内部调研	客户要素	客户旅程图
	业务要素	《商业动机跟踪报告 1.0》
		业务结构化报告
	系统要素	现有 IT 系统清单

在完成了所有工作后再回头审视,这个阶段的核心工作本质上是从多个维度尽可能地收集与企业业务相关的内容,并将此作为规划中台方案前的参考:中台建设的边界在哪?需要覆盖企业内多少场景?中台建设服务中心的优先级是怎样的?

在第 6 章中,L 电商公司中台建设的进度日志如表 6-9 所示。

表 6-9 在第 6 章中 L 电商公司中台建设的进度日志

任　　务	完成工作项
1	L 电商公司的增长飞轮
2	L 电商公司的电商业务拆解
3	《ToC 终端消费者电商业务的结构化报告》
4	《ToB 餐饮商户电商业务的结构化报告》
总结	中台建设完成进度:39%

本章小结

刘宇对 L 电商公司的业务进行拆解的步骤如下。

(1)步骤 1:演绎描述。

4W 思考法:描述现象、分析原因、判断趋势、提出对策。

(2)步骤 2:时间描述。

将满足客户需求的过程按时间进行描述:事前+事中+事后。

(3)步骤3：结构描述。

将客户需求按产生的阶段进行结构化描述：MECE+5W1H。

(4)步骤4：确定优先级（KANO模型）。

对多个需求进行优先级管理：基本/期望/魅力。

第 3 篇

MSS 模型实战：企业标准化（Standard）

在进入本篇内容之前，我想问读者朋友一个问题："在过往的中台建设过程中，你是否遇到过如下三类角色的疑问？"

企业管理者或决策者的疑问：

- 中台为什么迟迟未用起来？
- 业务线接入为什么这么缓慢？
- 中台为什么这么不灵活？
- 中台引发的问题为什么这么多？

业务线 A 研发团队的疑问：

- 我上次要 A、B、D、F 功能，为什么只有一个？
- 上次对的接口里为什么多了这么多无用的字段？

中台产品经理

数字化转型复杂产品架构案例实战

业务线 B 研发团队的疑问：

♪ 我要的 F 功能为什么还没上线？为什么这么慢？

♪ 上次定的接口里字段不够全，我这还要加 99 个，什么时候加好？

在技术手段上我们肯定能找到一种能兼容所有业务的方案，但是真的有必要这样做吗？中台团队是企业内部的公共外包团队吗？

正确做法是将整个业务进行标准化，基于一个标准的业务架构产出中台 IT 架构。本篇我们就来看看通过前面的调研，如何产出一家企业的标准业务架构。

第 7 章

业务架构：业务建模

事实上，信息系统的建设就是一个从现实抽象到信息元素的过程，中台系统也不例外。但中台系统作为一个企业级的系统，在建设时要进行的不是简单的某个业务场景的分析与建模，而是对整个企业进行建模，这就是所谓的业务架构梳理。

具体而言，业务架构梳理过程共分为 4 个步骤，如表 7-1 所示。

表 7-1 业务架构梳理过程

步 骤	抽象层级	步骤作业	目 标
业务结构化	初级抽象	准确理解各个业务的市场逻辑与运营方式，并用结构化的语言描述业务，尽最大可能避免出现业务环节遗漏	建立业务模型
业务信息流化	精准抽象	提取结构化后的业务中流转的信息元素与流转路径，实现业务可系统化	信息流模型
业务节点化	精准抽象	将提取出的信息流进行汇总，得到节点，再将节点按照企业价值链的重要性分为关键节点与一般节点，以此圈定中台建设范畴	业务标准定义 关键业务节点 业务 SOP
业务架构产出	结论抽象	根据上述步骤的产出，得到标准化的业务架构，至此就可根据标准的业务架构进行中台化的 IT 架构设计	中台模型

在第 6 章中我们已经完成了业务结构化的工作，下面将逐一展开剩下的 3 个步骤，最终得到标准化的业务架构。

7.1 目标：业务信息流化

提到"业务建模"，可能很多读者对这个概念感到陌生与难以理解。实际上，业务建模是产品设计中的一个很重要的思路，它的本质是将一些看似没有任何规律的业务运作过程进行一个提炼，得到一些可系统化的参考依据。

业务建模不是计算机行业发明的新概念，事实上在制造业中这一概念早已存在。这里用一个通俗的例子来帮大家理解业务建模。

我们要设计一个机器人手臂，首先要分析完整人体的运作逻辑，里面有大量的元素：神经网络、肌肉组织、血管组织等。而并不是所有的元素都需要在机器人中实现，在此基础上我们只提取有用的元素，如手臂关节、关节曲度等，抽象得到模型即可，于是得到一些只和主体产品相关的核心概念。然后再梳理不同核心概念之间的关系，如关节与肌肉如何合作完成动作，最终得到一份工业化参数，这便是业务建模。

例如，产品经理的工作流程可以划分为以下几步：
（1）客户访谈；（2）分析客户场景；（3）梳理需求优先级；（4）需求版本规划；（5）需求设计；（6）需求评审。

这样的过程本质上就是将繁杂的日常工作抽象成一个不带具体细节的工作流，这也是业务建模。

在中台建设中也是如此，我们基于业务的结构化描述，接下来要做的就是将结构化的业务转化为具体的可系统化的参考依据。

在任何系统中流转的本质都是信息，因此要建设一个业务系统，需要先从业务过程中提炼出传递的具体信息，并得到一条连贯的信息流，整个过程就是所谓的业务建模工作。

行动点：梳理现有业务并完成业务建模。

7.2 工具：建模工具集合

要学习建模的具体方法，需要先理解软件产品的实现过程，如图 7-1 所示。

第 7 章
业务架构：业务建模

```
现实世界的事件
      ↓
梳理传递的信息流
      ↓
管理信息流的要素
```

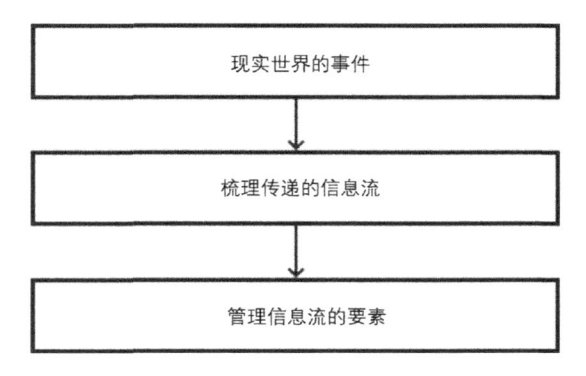

图 7-1　软件产品的实现过程

从图 7-1 中我们可以看到，一项业务活动从落地到开发软件的过程可以分为 3 步：

（1）选择现实世界的事件，如买手机；

（2）梳理完成这个事件需要传递的信息流，如卖家给予的信息流有手机描述信息、价格信息等，买家给予的信息流有购物需求信息、确认信息等；

（3）从这些信息流中拆分出不同要素，如两个角色在交换信息（角色信息），信息类型可以分为输入信息和输出信息。

如果把上述 3 步用进行产品开发的术语来描述，整个软件产品的实现过程可以描述为如图 7-2 所示的结果。

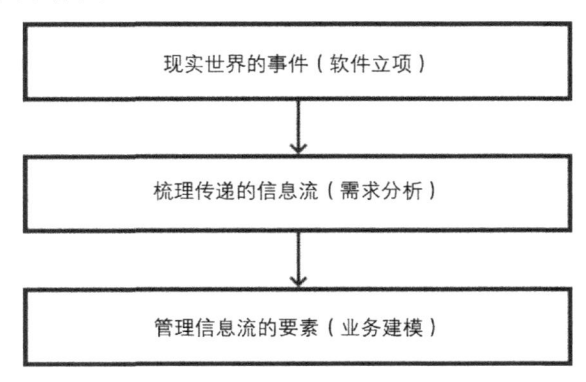

```
现实世界的事件（软件立项）
      ↓
梳理传递的信息流（需求分析）
      ↓
管理信息流的要素（业务建模）
```

图 7-2　软件产品实现过程的术语描述

其中，软件立项就是先立项要做什么软件，需求分析就是搞清楚本软件要管理的信息流的范围，业务建模就是对开发的内容进行详细分析。

有了这些背景知识做铺垫，业务建模的定义就可以被很容易地给出了。

【知识点 14】业务建模

在日常的软件产品开发中，为了将需要管理的事件的信息点进行无遗漏的定位，需要找到所有事件的信息流，并拆解出管理要素，这个过程就是业务建模。

业务建模的最终目标就是得到一条完整的业务信息流，信息流的构成可以分为 3 个层级。

（1）**流程层**：业务活动中存在的参与者及其先后交互关系，如订单审核业务活动的参与者为下单者、审核者。

（2）**约束层**：业务活动中的交互规则，如订单审核业务活动的时间为 9 点至 18 点。

（3）**实体层**：业务活动中各参与者交互的具体数据，如订单审核业务活动交互的数据对象为订单。

常用的业务建模方法可以分为两步，如图 7-3 所示。

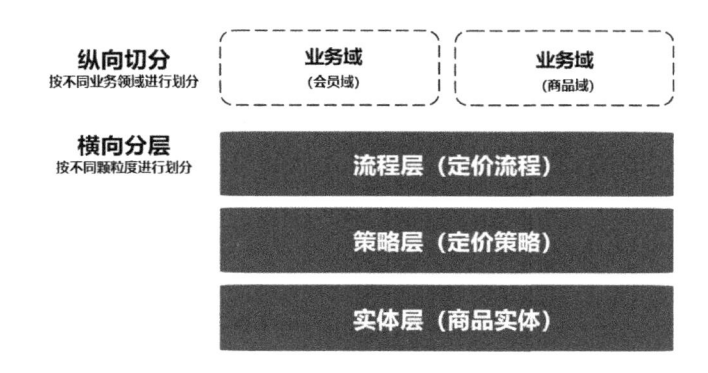

图 7-3 业务建模方法

（1）纵向切分：确定业务领域有哪些，如会员域/商品域等；

（2）横向分层：将业务按照不同颗粒度划分为不同的描述层级。

在将结构化后的业务进行建模时，我们可以从下面两种建模工具中选择一种。

工具 1：流程驱动设计

流程驱动设计（Flow Driven Design，简称 FDD）是指根据实际业务流程，设计产品流程，并以产品流程为驱动，设计产品架构、功能的方式，适用于流程相对独立的业务梳理。

在绝大多数业务线的系统化过程中，我们都是采用流程驱动设计进行信息流建模的。例如，我们接收到业务方的预约功能需求，开始分析现有线下业务流程中存在哪些角色、各角色应采集哪些信息，从而得到一份完整的业务信息流。

工具2：领域驱动设计

领域驱动设计（Domain Driven Design，简称 DDD）是一种分析复杂软件的方法，是指在某个具体的领域中一种面向对象的设计方式，适用于交叉业务梳理。

在领域驱动设计中，一个领域模型的组成元素如表 7-2 所示。

表 7-2　领域模型的组成元素

一级元素	二级元素	元素释义
领域		业务的统称，涵盖当前业务的所有服务与活动，并可以拆分为不同子领域
子域	核心子域	从公司视角来看业务中最重要的子域，核心子域不是一成不变的，随着企业发展而发展
	支撑子域	支撑核心业务运作的子域
	通用子域	支撑多个领域的公共子域
域内描述	限界上下文	确定业务设置的边界，将业务流程包裹起来 作用：不同业务流程中存在名字相同或相近的对象，但是含义完全不同，此时又无法合并，因此需要使用限界上下文进行隔离
	实体	具有唯一性的对象（商品/规格）
	强实体	可独立存在，不依赖其他实体（商品）
	弱实体	不可独立存在，需要依赖其他前置实体而存在（商品—规格） 脱离商品空谈规格，规格变得没有意义
	属性/值对象	属性 = 实体构成项； 值对象 = 属性产生的结果

在实际工作场景中进行领域建模的流程如下：

（1）领域模型—领域划分；

（2）将业务域按当前企业重心划分为核心域与支持域；

（3）领域模型—业务抽象；

（4）寻找实体（具有唯一性的对象）；

（5）寻找聚合根；

（6）寻找属性与值对象。

用一张图来概括领域建模的方法，如图 7-4 所示。

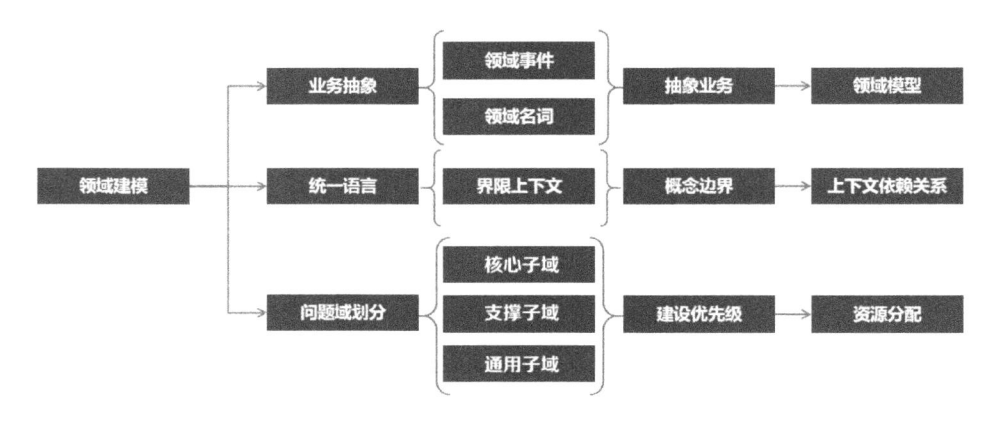

图 7-4　领域建模的方法

整个流程是一个不断细分的过程，先将大业务领域拆分为若干小业务领域，再将每个小业务领域中的信息聚合为一个实体对象，然后去定义各个实体之间的关系。

虽然本书介绍了两种业务建模工具，但是在实际应用中，大家千万不要被这些工具所羁绊，在业务建模中我们应该采用的是结果决定论，不是方法决定论。

也就是说，不管使用什么方法，只要实现以下 3 个目标即可。

（1）将业务结构化：将业务拆分为边缘清晰、能独立闭环的领域；

（2）将业务层级化：区分哪些业务活动是核心的，哪些业务活动是次要的；

（3）将业务抽象化：用准确的元素来反映在业务产生与结果中流转的信息对象。

只要能实现以上 3 个目标，任何方法都可以用于中台的业务建模。实际上无论是 SaaS 还是中台等这些企业级产品，本质上对产品负责人的能力需求都在业务建模这一范畴上，也就是如何理解业务，并将业务运作系统化。

7.3　工具：陌生领域业务建模

在业务建模实战过程中，很多刚接手中台项目的产品经理经常会遇到这样一个问题：一家公司内部存在众多的领域，如采购、仓储、生产、研发、销售等，而作为中台负责人在过往的经验中很难所有领域都涉猎过，当遇到陌生领域时往往不知道该如何下手。

第 7 章
业务架构：业务建模

这也是现阶段在中台落地的业务建模过程中常见的困局。

可以使用《中台产品经理宝典》提到的动作分析法[①]的逆向方法：三步拆解法，如图 7-5 所示。

系统 = 角色 + 事件 + 动作

图 7-5 三步拆解法

这个方法实际上就是通过系统来反向理解当前领域的业务流程。原理其实很好理解，因为在设计当前系统时，该系统的产品负责人从线下实际的业务运作流程中逐一提取抽象，得到不同角色的业务事件，并通过设计系统动作实现整个业务的信息化。

所以，从系统已经覆盖的功能来逆向反推业务，可以帮助我们摒除繁杂的业务分支流程，从而直接理解业务的主流程。

因此，如果想要快速理解一个陌生领域，在该领域已经实现系统化后，完全可以通过系统来达成快速理解业务的目标。

例如，通过一个运营后台，我们可以快速梳理出这样的业务主流程，如图 7-6 所示。

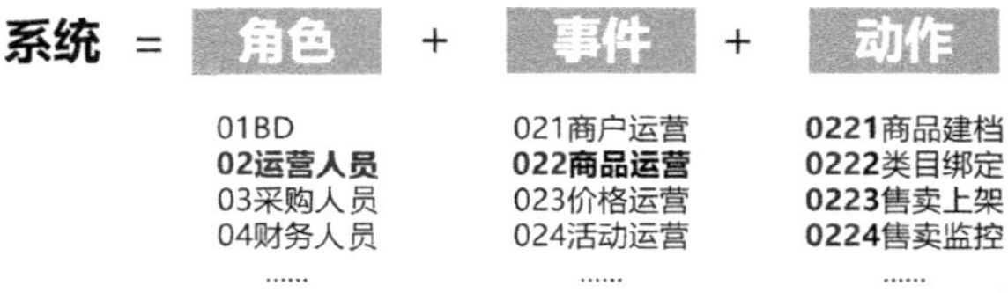

系统 = 角色 + 事件 + 动作

01 BD	021 商户运营	0221 商品建档
02 运营人员	**022 商品运营**	0222 类目绑定
03 采购人员	023 价格运营	0223 售卖上架
04 财务人员	024 活动运营	0224 售卖监控
……	……	……

图 7-6 通过运营后台逆向分析

根据运营后台系统内部的操作角色构成，我们可以看到在这家企业内部存在 4 类角色，分别是 BD、运营人员、采购人员、财务人员。

通过分析运营后台的功能可以得出，运营人员在日常工作中主要在做 4 件事情：商户运营、商品运营、价格运营、活动运营。

以商品运营为例继续拆解系统操作动作，可以分析出商品运营这一事件在系统中具体分为 4 步：商品建档、类目绑定、售卖上架、售卖监控。而这也是日常商品运

[①] 可参看《中台产品经理宝典》中第 9.2 节的内容，以了解完整的动作分析法。

营中最重要的运营活动。

至此，我们就完成了对一个运营角色的商品运营活动的反向认知。这个方法可以帮助大家在对陌生领域建模时，快速消除陌生感。

在讲解了业务建模的工具后，接下来我们来看刘宇是如何进行业务建模的。

7.4 案例 7：L 电商公司的业务建模过程

7.4.1 中台建设蓝图第三阶段启动

截至目前，刘宇已经完成了中台建设蓝图第一阶段与第二阶段的工作，并成功将业务用结构化的语言梳理了出来，下面就要开始第三阶段的工作了，也就是业务架构产出，如图 7-7 所示。

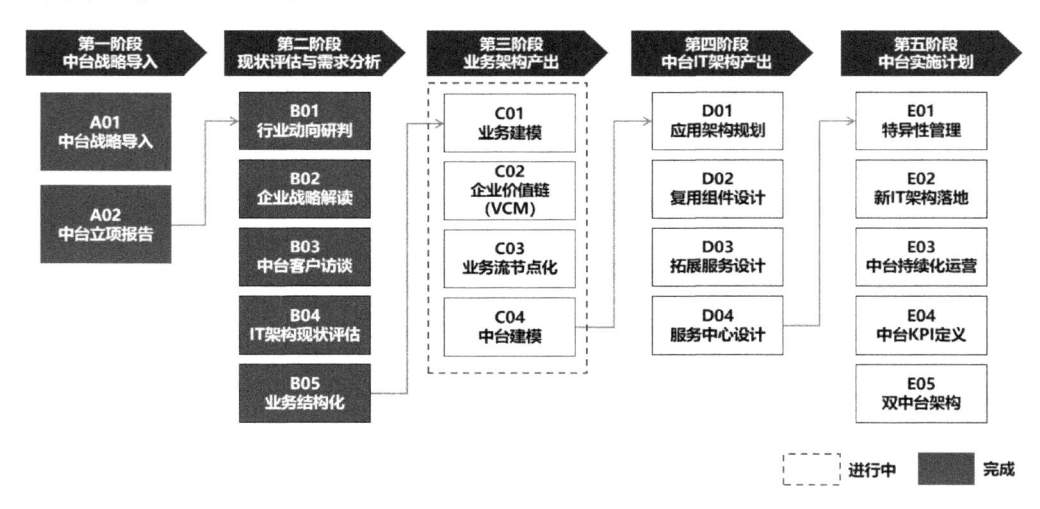

图 7-7 实时中台建设蓝图（二）

7.4.2 产出：L 电商公司的业务领域划分

要想实现业务建模，首先要对企业现有的业务进行领域划分。

刘宇通过前面梳理出的两个业务的客户旅程图进行提取，可以很准确地划分出一个业务内部的领域。我们以 ToC 终端消费者电商业务的客户旅程图为例，ToC 终端消费者电商业务的领域划分如图 7-8 所示。

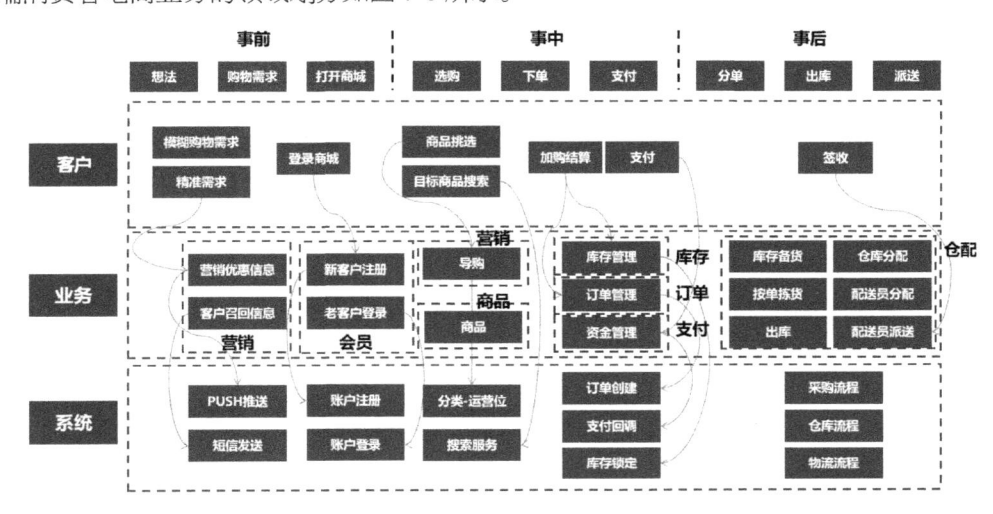

图 7-8 ToC 终端消费者电商业务的领域划分

继续将得到的领域进行划分，根据当前业务的重心梳理核心领域，可以得到 L 电商公司内部两个业务的完整领域，划分结果如表 7-3、表 7-4 所示。

表 7-3 ToB 餐饮商户电商业务的领域划分

业　　务	领 域 类 型	域
ToB 餐饮商户电商业务	核心域	交易
		商品
		仓配
		库存
	支撑域	会员
		渠道
		订单
		支付
		营销
	通用域	客服

表 7-4 ToC 终端消费者电商业务的领域划分

业　　务	领 域 类 型	域
ToC 终端消费者电商业务	核心域	交易
		商品
		营销

续表

事业部	领域类型	域
ToC 终端消费者电商业务	支撑域	会员
		库存
		订单
		支付
		仓配
	通用域	客服

在完成了领域的划分后，下一步要梳理核心域之间的关系。刘宇以交易域为例为大家进行梳理，结果如图 7-9 所示。

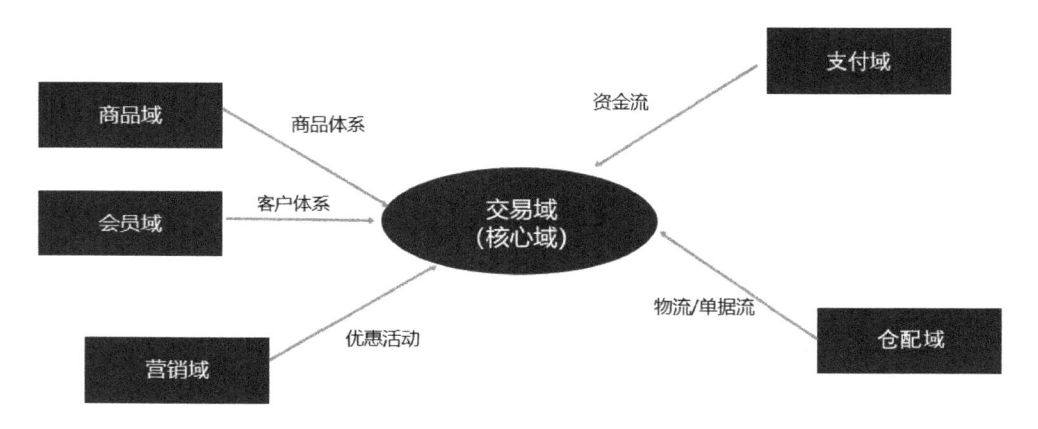

图 7-9 交易域

对领域的划分，为后面的代码编写打好了设计基础，从而实现隔离不同类型的业务，不产生业务干扰，不出现模块耦合。

7.5 案例 8：L 电商公司的业务建模 2.0

在前面刘宇的工作主要是拆解出业务子域，而在实际的设计中，刘宇还需要继续拆解，得到具体的业务活动，并将业务活动通用化。

也就是说，将业务子域内部的业务活动进行拆解，最终得到三层级的业务模型。完整的业务建模层级结构示例如图 7-10 所示。

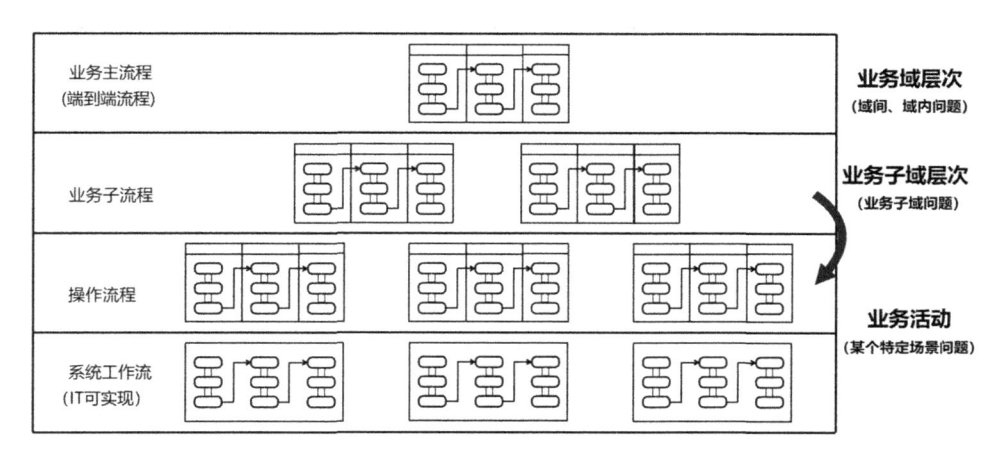

图 7-10 完整的业务建模层级结构示例

7.5.1 L 电商公司的业务建模示例

刘宇以售后管理业务子域为例，进行了一次建模示例。

1）梳理不同业务在该业务子域的作业流程

在 L 电商公司两个业务的售后管理中，售后客服作业流程如表 7-5、表 7-6 所示。

表 7-5 ToC 终端消费者电商业务的售后客服作业流程

步骤	步骤详细内容
1	客服代表接听电话
2	接收客户反馈的意见
3	人工判责
4	拒绝或补偿客户：优惠券/退款/退货
5	客户反馈处理记录

表 7-6 ToB 餐饮商户电商业务的售后客服作业流程

步骤	步骤详细内容
1	区域负责人接收客户意见（微信/电话）
2	接收客户反馈的意见
3	线下 BD 拜访客户，调研问题
4	根据客户合约进行问题研判
5	拒绝或补偿客户：退款/退货/赔款
6	客户反馈处理记录

▶ **中台产品经理**
数字化转型复杂产品架构案例实战

在完成作业流程梳理后，要怎么处理这些流程呢？这里得到的业务活动太过于具象，不能直接按照此流程进行系统建设，此处需要进行一次加工，也就是进行活动合并，得到一个通用的可扩展活动。

2）划分不同阶段

将不同业务的售后客服作业流程划分为事前、事中、事后三个大阶段，如图 7-11 所示。

阶段1：事前	(1) 客服代表接听电话
阶段2：事中	(2) 接收客户反馈的意见 (3) 人工判责 (4) 拒绝或补偿客户：优惠券/退款/退货
阶段3：事后	(5) 客户反馈处理记录
阶段1：事前	(1) 区域负责人接收客户意见（微信/电话）
阶段2：事中	(2) 接收客户反馈的意见 (3) 线下BD拜访客户，调研问题 (4) 根据客户合约进行问题研判 (5) 拒绝或补偿客户：退款/退货/赔款
阶段3：事后	(6) 客户反馈处理记录

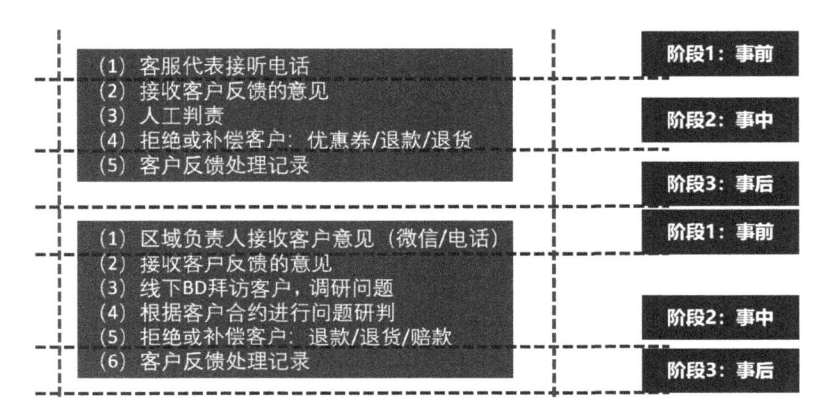

图 7-11 业务阶段

3）细分各阶段为子阶段（可选）

在每个大阶段下，将两个业务中相同的部分进行整合，如将两个业务中的客服代表接听电话与区域负责人接收客户意见进行整合，剥离具体的业务元素，可抽象为以下内容。

活动：客服角色（客服代表/区域负责人）接收客户反馈；

反馈途径：电话/微信；

此活动如同接收快递一样，只是将客户反馈的信息接入进来，因此此活动可以被定义为"进件"，如图 7-12 所示。

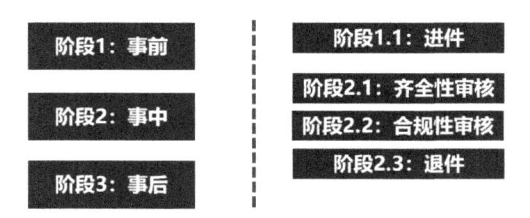

阶段1：事前	阶段1.1：进件
阶段2：事中	阶段2.1：齐全性审核
	阶段2.2：合规性审核
阶段3：事后	阶段2.3：退件

图 7-12 向上整合定义子阶段活动

第 7 章
业务架构：业务建模

按照这样的思路，整个业务建模聚合的完整过程如图 7-13 所示。

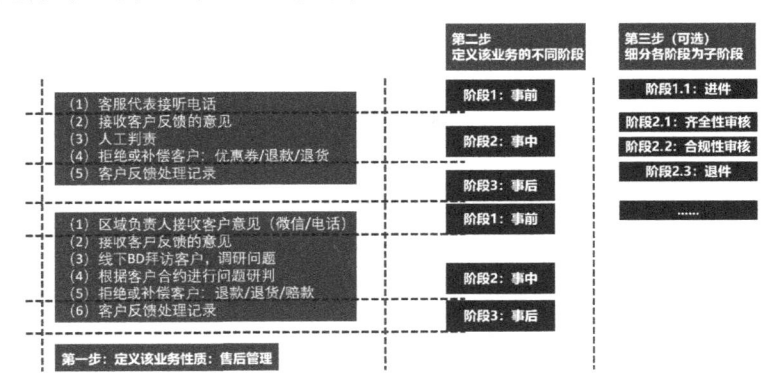

图 7-13　整个业务建模聚合的完整过程

最终得到的售后管理模型如图 7-14 所示。

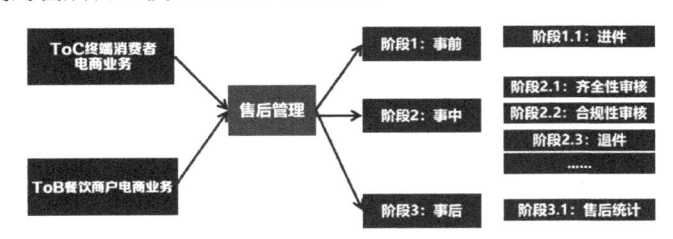

图 7-14　售后管理模型

至此，刘宇成功为两个不同的业务建立起统一的承载模型，这个模型可支持在不同阶段持续扩充。完整的多层级业务建模体系如图 7-15 所示。

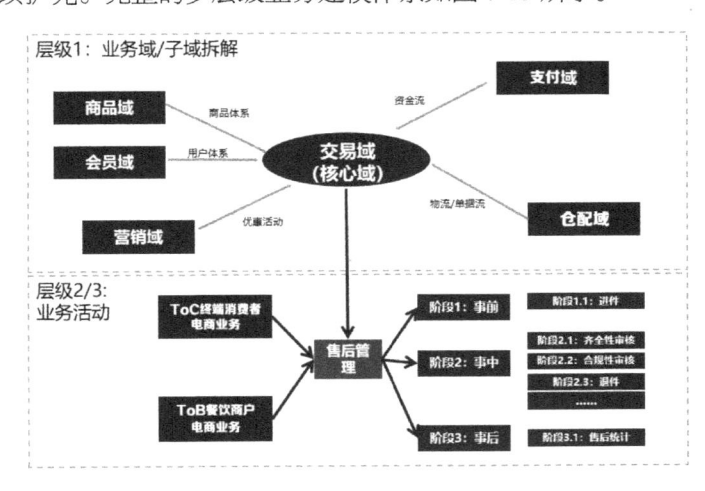

图 7-15　多层级业务建模体系

在完成这个示例后，刘宇将之前得到的公司业务建模给了自己部门的同事，让他们去完成剩余模块的模型抽象。

7.5.2　L 电商公司的业务信息流提取

任意一个软件系统从本质上来看，其实就是信息流管理的产物。也就是说，只能管理信息的输入与输出，软件系统本身无法产生任何实物的变化。例如，想要用代码编写出一个能造苹果的软件（注意这里说的只是软件，不借助外部设备）是不可能的。

中台系统也是一个软件系统，因此也必然是信息流管理的产物。所以只要能梳理清楚需要管理的信息流，就算完成了业务建模，那么中台系统建设自然不在话下。

刘宇接下来要按照划分好的领域，依据两份业务结构化报告，对 L 电商公司现有的业务进行建模，找到完整的业务信息流。

如果将业务建模的过程划分层级，可以得到如图 7-16 所示的 7 个层级，其中信息流的梳理颗粒度逐层变细。

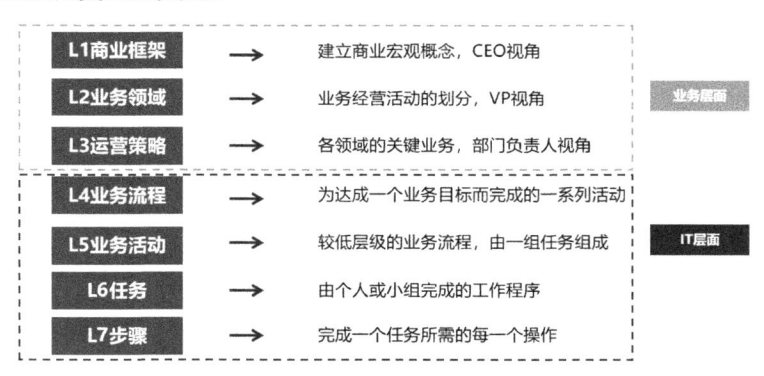

L1商业框架	→	建立商业宏观概念，CEO视角	业务层面
L2业务领域	→	业务经营活动的划分，VP视角	
L3运营策略	→	各领域的关键业务，部门负责人视角	
L4业务流程	→	为达成一个业务目标而完成的一系列活动	IT层面
L5业务活动	→	较低层级的业务流程，由一组任务组成	
L6任务	→	由个人或小组完成的工作程序	
L7步骤	→	完成一个任务所需的每一个操作	

图 7-16　L1~L7 业务建模层级

在前面的工作中，刘宇通过市场宏观认知完成了对 L1~L3 的分析，随后通过领域划分与活动抽象合并完成了 L4~L5 的梳理工作，而在本环节要将得到的每一个业务活动拆解为具体的信息流（L6~L7）。

如何着手开展 L6~L7 的业务信息流梳理工作呢？刘宇给出了一个信息流梳理步骤。

第 7 章
业务架构：业务建模

【知识点 15】信息流梳理步骤

（1）信息流范围定义；（2）信息输入；（3）信息输出；（4）信息处理公式；（5）信息参与角色。

其中，（2）（3）（5）项也是在产品工作中经常被提到的"场景"。

刘宇向自己部门的同事们演示了对商品在途库存的业务建模，结果如表 7-7 所示。

表 7-7 商品在途库存的业务建模

业务模型项	拆 解 内 容
信息输入	在途库存数
信息输出	商城可售库存数
信息处理公式	商城可售库存数=在途库存数+实物库存数
信息参与角色	采购人员、运营人员

在让整个部门理解了业务建模的概念后，刘宇接下来对商品库存的成本计算组件进行建模，该模块多条业务线都需要使用，需要被合并至中台中。

所谓库存成本模块，就是指商品自身在企业内部的实际成本，目的是计算出当前商品的实际货值。

例如，每天仓库都因为上位系统的请求发起很多的进货、发货、退货、换货，电商平台的商品运营人员与采购人员需要知道当前仓库的实际货量是多少，只有这样才能给出合理定价。

1）信息流分析

具体分析结果如表 7-8 所示。

表 7-8 信息流分析

一级信息流	拆 解 内 容
账务流	供应链流转的账本
二级信息流	**拆 解 内 容**
库存数信息	整个仓库的库存变化，详细记录了每一次库存数的变化及原因
资金数信息	记录库存商品花费的资金的变化

2）信息流拆分

信息流拆分如表 7-9 所示。

表 7-9　信息流拆分

二级信息流	类型	角色	拆解内容
库存数信息	信息输入	运营人员	（1）客需订单数（如可乐 240 瓶） （2）箱规（1 箱=12 瓶）
	信息处理公式	系统	订单数/箱规=采购数 240/12=20（箱）
	信息输出	采购人员	建议采购数量（20 箱）
	信息输入	采购人员	实际采购数量（30 箱） （可乐畅销，所以多买点以备不时之需）
资金数信息	信息输入	采购人员	（1）实际采购数量（30 箱） （2）采购单价（1 箱 50 元）
	信息处理公式	系统	实际采购数量×采购单价=采购价 30×50=1500（元）
	信息输出	财务人员	（1）应付账款（1500 元） （2）仓库新增货值（1500 元） （3）成本均价（50 元/箱）

通过这样的业务建模，刘宇将商品成本均价的关键转化逻辑表述出来了，而且没有遗漏。表 7-9 中的信息输入就是需要业务人员进行输入的内容，信息处理公式就是系统进行计算的逻辑，而信息输出就是业务人员的实际需求。

在有了表 7-9 后，我们可以极其方便地进行后面的原型图绘制与程序编写，可以一目了然地看到业务全貌。

在第 7 章中，L 电商公司中台建设的进度日志如表 7-10 所示。

表 7-10　在第 7 章中 L 电商公司中台建设的进度日志

任务	完成工作项
1	L 电商公司的业务领域划分
2	领域内业务活动通用化
3	业务信息流提取
总结	中台建设完成进度：45%

本章小结

1. 业务建模的定义

在日常的软件产品开发中，为了将需要管理的事件的信息点进行无遗漏的定位，需要找到所有事件的信息流，并拆解出管理要素，这个过程就是业务建模。

2．信息流梳理步骤

（1）信息流范围定义；（2）信息输入；（3）信息输出；（4）信息处理公式；（5）信息参与角色。

其中，（2）（3）（5）项就是大家在日常工作中说的"场景"，（2）（3）项为梳理出的数据模型，（1）（4）项为梳理出的流程模型。

第 8 章

业务架构：企业统一价值链

8.1 目标：找寻企业业务主线

回顾前面的内容，我们已经完成了对企业外部市场环境、内部现状的分析，并完成了业务建模。

在完成了这些基础的分析工作之后，距离进行中台建设还有一个很重要的问题没有解决，就是要识别各个业务中的功能是否属于需要中台化的范畴。

例如，某个业务的会员线新推出了付费会员体系，此时我们是否要把这一模块进行通用化并实现中台化呢？

可能此时你会说付费会员体系属于商业化常见的基础功能，肯定要进行中台化，这里先不讨论是否正确，仅从决策速度上来看，这是由于举的这个例子比较直观，所以我们能快速地进行判断。

但是在实际中台建设的过程中，看到一些不是很直观的模块：标签体系、订单分单等，你还能很快地判断出是否需要中台化吗？而此时我们需要分别进行独立论证。

所以在本章中，我们需要探讨使用什么工具来圈定中台的需求范围。这在中台的建设历程中又被称为中台业务边界的划定。

要回答这个问题，本质上有两个核心难点。

（1）核心环节识别：需要中台负责人判断出该环节是不是公司的核心业务环节，也就是80%的业务都会触达这个环节；

（2）延续性识别：在企业的下一步战略中，判断之前识别出的核心环节是否继续为整个企业的核心环节。

作为承载着企业效率提升的中台，如果设计出的模块并没有被各条业务线复用，那么这个中台的设计一定是失败的。另外，中台模块复用的次数越少，整个中台的设计成本越高。

因此，我们在中台建设之初就必须弄清楚一个基本原理：凡是被划归到中台内部开发的模块，都必须是企业中各条业务线上高频的业务服务。只有这样，当它被沉淀到中台时，才会为各条业务线的研发带来效率提升。

但是当一家企业逐渐壮大时，其内部往往会存在多条业务线并行发展，此时就需要我们站在企业的高度去审视各条业务线，去寻找各条业务线的核心活动。

具体来说，需要我们锁定一家企业的业务主线，并以此为准绳来圈定中台建设的边界，然后将前一步得到的各业务线的信息流代入，得到唯一的信息流模型。

如何确定一家企业的业务主线呢？我们需要用企业价值链来确定。

行动点：

（1）梳理出企业价值链；

（2）完成企业业务主线的梳理。

8.2 工具：企业价值链分析（VCM）

价值链是由一系列能够满足客户需求的价值创造活动组成的，这些价值创造活动通过信息流、物流或资金流联系在一起。

价值链从概念上划分为行业价值链和企业价值链两类。

（1）行业价值链：由6个基本角色构成，即供应商、制造商、运货商、经销商、零售商和客户。每个组织承担其中的一个或多个角色，也可能只承担某个角色的部分活动。

（2）企业价值链：企业价值链是企业内从原材料到形成最终产品或服务过程中

所进行的一系列活动,其中,增值活动主要有 5 种:运入物流、内部运作、运出物流、销售和营销、售后服务。

此处我们主要分析企业价值链,将用到一个工具——由美国哈佛商学院著名战略学家迈克尔·波特提出的企业价值链分析法。

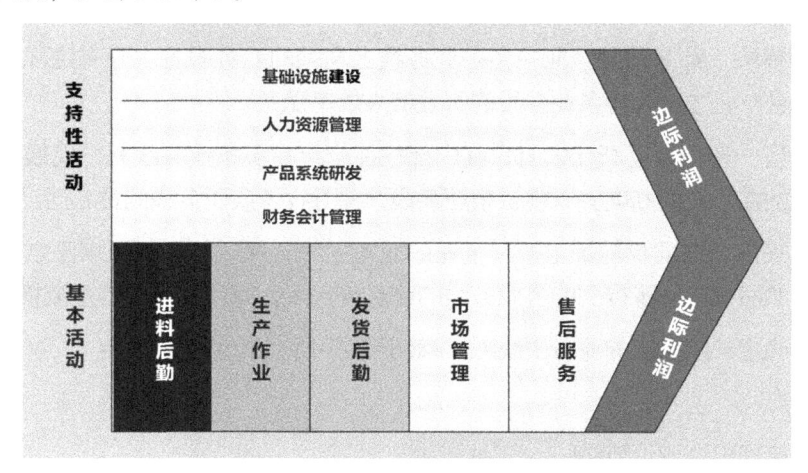

【知识点 16】企业价值链分析法

企业价值链分析法是指将一家企业内外价值增加的活动分为基本活动和支持性活动两大类,如图 8-1 所示。

图 8-1 企业价值链分析法

(1)基本活动:指涉及产品的物质创造及其销售、转移买方和售后服务的能为企业带来价值的各种业务活动。基本活动常见的类型有生产作业、市场管理、进料后勤、发货后勤、售后服务等。

(2)支持性活动:指辅助企业运作的基本活动,本身不产生价值,通过提供资金、技术、人力资源及各种企业范围内的职能支持基本活动。支持性活动常见的类型有基础设施建设、人力资源管理、财务会计管理、产品系统研发等。

基本活动和支持性活动共同构成了一个企业完整的价值链。

通过使用这个工具,我们就能锁定每个业务中能创造价值的基本活动,从而将之纳入中台建设的范畴。也就是说,每一项基本活动都对应着中台的一个核心业务节点。下面我们继续来看案例中的刘宇是如何进行 L 电商公司的企业价值链分析的。

8.3 案例 9：L 电商公司的企业价值链分析

在梳理出每个业务的各个领域，以及对各个领域的信息流完成了拆解后，下一步要做的就是将两个业务中的领域进行合并，得到中台需要建设的公共领域。

由于 L 电商公司的两个业务都是电商类业务，刘宇很容易就得到了 L 电商公司的企业价值链，如图 8-2 所示。

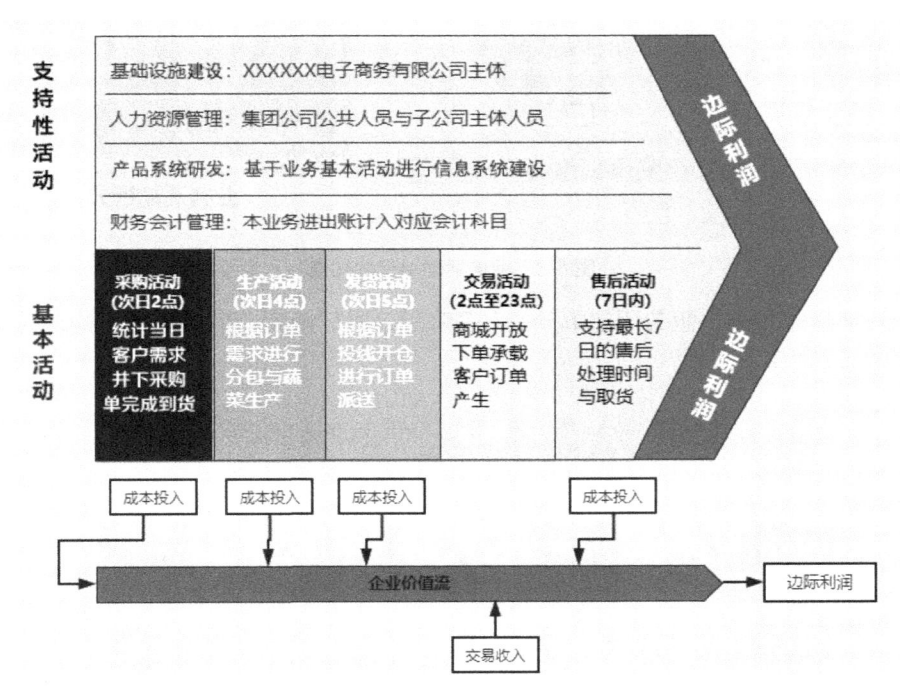

图 8-2　L 电商公司的企业价值链

通过分析 L 电商公司的企业价值链，我们可以得到 3 个结论。

（1）L 电商公司的业务活动也可以划分为基本活动和支持性活动两类，基本活动是 L 电商公司创造价值的整个过程。

（2）在 L 电商公司的订单履约过程中，共存在 5 项基本活动，分别为采购活动、生产活动、发货活动、交易活动、售后活动。

（3）在整个电商业务的价值链中，只在交易活动中获得收入，而在采购活动中产生数量大、频次高的财务应付款项，在其余 3 项活动中均为成本投入，这二者之差就是边际利润。

中台产品经理

数字化转型复杂产品架构案例实战

接下来刘宇需要根据企业价值链来拆分业务活动单元。一个业务活动单元的构成如图 8-3 所示。

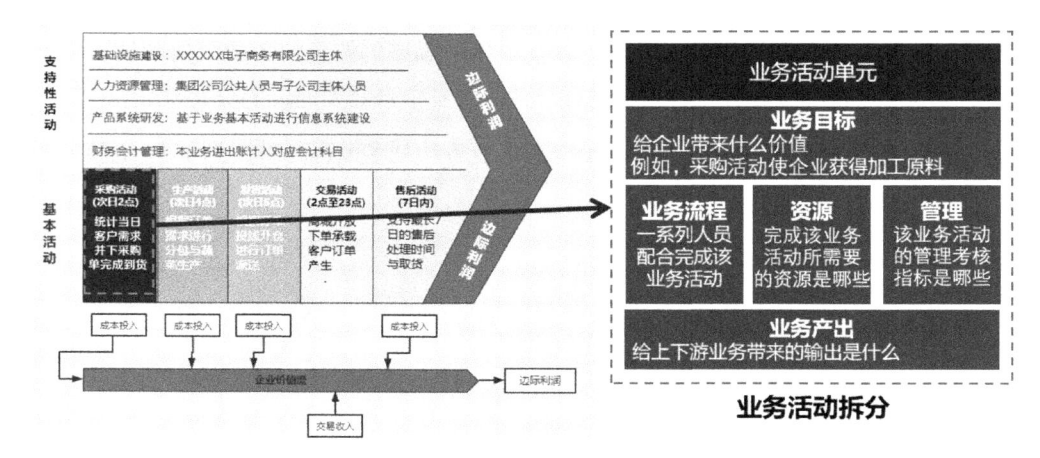

图 8-3 业务活动单元的构成

刘宇具体对一个业务活动单元——采购活动进行拆解，拆解中需要梳理的颗粒度如图 8-4 所示。

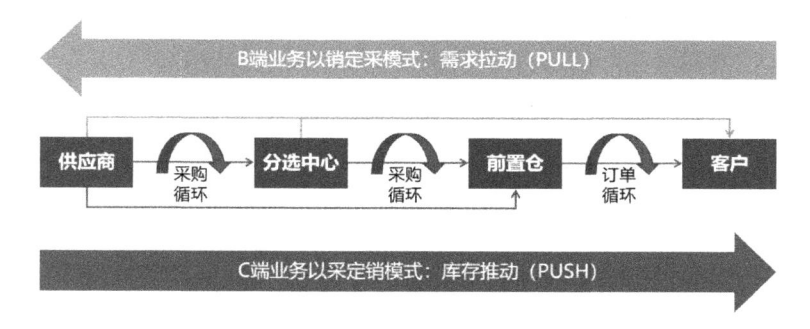

图 8-4 拆解采购活动需要梳理的颗粒度

采购活动分为两类。

（1）ToC 业务的采购：根据近期的商品销量预测未来需要采购的商品的数量，提前备货。

（2）ToB 业务的采购：根据当天产生的订单量向供应商采购，保持零库存状态。

实际上此处需要梳理的业务活动单元，就是上一阶段已经梳理出的业务建模，只不过在此处将业务建模按照企业价值链规定的框架进行逐一代入。

第 8 章
业务架构：企业统一价值链

从企业价值链的视角来审视 L 电商公司的业务，可以将整个 L 电商公司内的业务重新整理为如图 8-5 所示的内容。

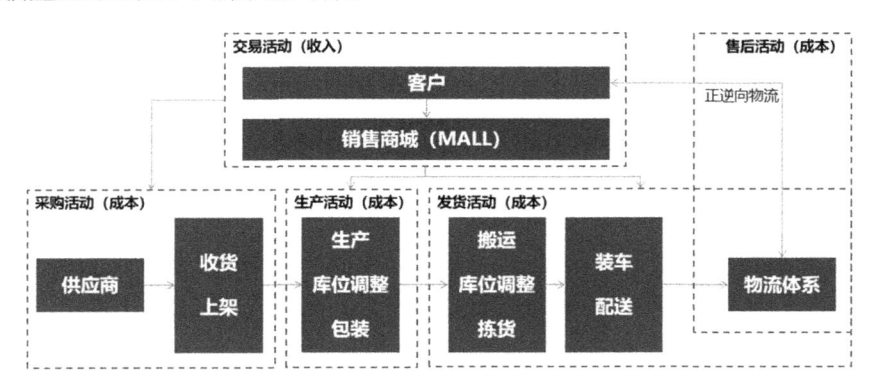

图 8-5 生鲜供应链业务

L 电商公司的业务本质为不同类型的客户通过销售商城下单，随后由两个业务各自的仓储与物流团队去执行并完成订单履约。

所谓履约，就是指在客户下单后组织产品，并按时将客户所订产品配送到其手里。履约的依据是契约，在电商平台中契约就是订单，订单上的所有内容是电商平台要履约的完整内容，订单上的信息包括：发票（增票或者普票）、运费、时效、预约、优惠等。

因为两个业务存在不同之处，L 电商公司的内部物流共分为供应物流（供应商发货管理）、销售物流（订单发货管理）、逆向物流（退货/换货/补货）三类物流模式。

综上所述，L 电商公司的业务主线可以抽象为如表 8-1 所示的业务活动。

表 8-1 L 电商公司的业务主线

任 务	业 务 主 线	合 并 活 动
1	交易活动（收入获得型）	商城活动
2	售后活动（成本支出型）	
3	采购活动（成本支出型）	采购活动
4	生产活动（成本支出型）	供应链活动
5	发货活动（成本支出型）	

将前面得到的两个业务中的核心域与此处的活动进行一一对应，就能得到 L 电商公司内部符合业务主线的公共业务领域，如表 8-2 所示。

表 8-2 L 电商公司的公共业务领域

合并活动	ToC 终端消费者电商业务的核心域	ToB 餐饮商户电商业务的核心域	是否公共业务领域
商城活动	商品	商品	是
	交易	交易	是
	营销		否
采购活动		库存	否
供应链活动		仓配	否

理论上属于业务主线内的领域都是可以沉淀到中台的范畴内的，因为这些领域代表着企业的核心能力，对任意创新业务的探索肯定是基于核心能力孵化出来的，所以这些领域只有提前沉淀至中台，才能支持企业未来的业务创新。

当下中台建设的 1.0 范畴以两个业务共同存在的业务领域为核心范畴。中台建设将首先完成商城活动中商品域与交易域的能力建设，随后再逐步完成剩余业务域内的能力沉淀。

现阶段 L 电商公司正处在生鲜行业的成长阶段，当前公司的核心目标为扩大市场占有份额，建立起规模壁垒。交易活动是当下唯一能给公司带来收入的业务活动，并且已经被大规模的客户交易所验证，因此交易域是 L 电商公司当下最重要的领域，也是中台化的首要领域。

刘宇从产品视角分析业务价值流的现状，得出了 L 电商公司的业务主线，并将企业价值链作为中台建设的优先级与范畴预估的重要参考。

在第 8 章中，L 电商公司中台建设的进度日志如表 8-3 所示。

表 8-3 在第 8 章中 L 电商公司中台建设的进度日志

任务	完成工作项
1	L 电商公司的企业价值链梳理
2	定义 L 电商公司的公共业务领域
总结	中台建设完成进度：48%

本章小结

1. 企业价值链

企业价值链是企业内从原材料到形成最终产品或服务过程中所进行的一系列活

动。其中，增值活动主要有5种：运入物流、内部运作、运出物流、销售和营销、售后服务。

2．公共业务领域的梳理方法

根据企业价值链分析企业内部业务主线上的业务活动，再将这些业务活动与各业务的核心领域进行一一比对，从而得到企业内部符合业务主线的公共业务领域。

第 9 章

业务标准化：业务流节点化

9.1 目标：业务标准化

在得到企业价值链后，下一步我们要进行的工作就是完成企业业务标准化的建设。

所谓业务标准化，就是将不同业务线内部人员的运作模式进行统一，从而实现内部效率最优化。

我想问下正在阅读的你，你所在的公司是否已经在内部开始建设中台了？如果开始建设了，建设路径是什么？

之所以问这个问题，我是想引出一个话题：中台建设中最大的一个误区就是未对业务流程进行规范，就直接上手开发。

已经启动中台建设的公司经常遇到的一个问题就是，在内部团队费尽九牛二虎之力将中台建设完成后，各个业务线的团队却不愿意对接，说中台不符合自己的业务需求。

而中台负责人也很委屈，说自己已经尽最大可能做到兼容了，但是每个业务在任意环节的需求都不同，大家尽量克服一下。

这种做法其实从一开始就错了：中台建设不应该直接建设系统，而应该先规范各业务线的作业流程，再开始建设。

只有这样，我们才能让中台建设的流程是企业内的主流程，这也是中台建设被

第 9 章
业务标准化：业务流节点化

称为"一把手工程"的原因。我们要先改造业务，将原来各个业务线上的作业流程进行标准化。

具体来说，核心任务就是要完成两项工作：（1）梳理企业业务的核心节点；（2）定义各业务的运营流程。

对一家想要实施中台战略的企业来说，其本身的业务体量一定是非常大的，在中台建设前，其需要思考的一个最基本的问题就是，需要把哪些业务环节放入中台，以及怎么放入中台。放入中台的业务环节就是业务的核心节点。

需要注意，不是所有的核心节点都要进行统一，否则业务就没有自身的特性了，失去了面对具体场景的能力。

因此，本环节我们要做的就是把当前企业中的不同业务领域按照业务核心程度进行分级，找到业务的核心节点，并从中选择关键节点进行统一。

从这个角度来看，业务标准化其实就是在进行关键节点的标准化建设。

【知识点 17】流程（Process）

流程就是一组共同给客户创造价值的相互关联的业务活动，是企业价值创造的最小机制。这里用一张图来介绍流程的概念，如图 9-1 所示。

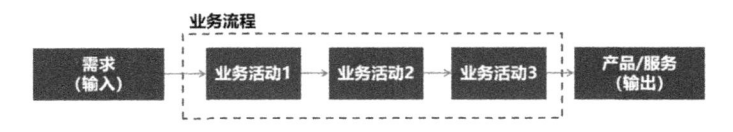

图 9-1 流程的概念

流程最重要的特点就是多个业务活动组合，共同给客户创造价值，又因其跨越了多个职能部门，所以流程是一组相互关联的业务活动。

美国麻省理工学院博士、著名管理学家、"企业再造之父"、被《商业周刊》誉为"20 世纪 90 年代四位最杰出的管理思想家之一"的迈克尔·哈默（Michael Hammer），曾提出著名观点："创造价值的是流程，而不是部门。"

将核心节点中的关键节点进行标准化管理，我们就成功地完成了业务的标准化。

行动点：

（1）企业业务领域分级；

（2）梳理各业务的核心节点；

（3）识别业务核心节点中的关键节点。

9.2 工具：节点模型

我们首先介绍使用的第一个工具——节点模型。

【知识点 18】节点模型

对企业的信息流进行抽象，从已经梳理出的信息流中提取出信息节点，凡是需要纳入中台建设的节点均称为核心节点。核心节点依据不同的重要程度分为关键节点与非关键节点。

☊ 关键节点：定义了需要标准化的节点，以及对应的节点流程。

☊ 非关键节点：定义了无法标准化但仍要放入中台的节点。

在完成了对业务内部节点的定义后，我们可能会得到很多业务节点，难道这些业务节点都要进行中台化吗？

答案是否定的，我们只对核心节点进行中台化。前面我已经提过要区分核心节点，找出关键节点，之所以要这样做，最重要的原因就是我们不能把所有要放入中台的业务线内部的流程都僵化地统一。

业务线的存在就是因为目标市场不同、客户群体不同，而硬性地统一将会使业务无法开展，所以我们必须挑选出和业务相关的关键节点进行统一。

关键节点要怎么判断呢？此处就是要判断该节点是否和企业价值链相符。

首先我们需要上升一个维度，进入公司级的抽象，利用第 8 章中的企业价值链去评估哪些节点是符合公司战略走向的，并依据企业价值链判断该业务活动是否为基本业务活动，也就是是否为公司提供价值的业务活动。

具体来说，评估维度的整体范围如表 9-1 所示。

表 9-1 评估维度的整体范围

层　级	维　　度	
商业层	企业商业模式	
经营层	成本优先	技术优先
管理层	组织结构	业务形态
	内部流程	绩效激励

对层级进行分析，我们重点要完成两项工作：（1）找到企业的问题域；（2）定义解决能力。

在通过企业价值链判断出业务活动后，这些内容就要被放入中台的核心节点，接下来要判断关键节点。判断关键节点的方法就是寻找业务各阶段的 KPI，考核 KPI 的节点必然为业务的关键节点。举例来说，考核缺货率可以锁定关键节点为采购节点，考核晚点率可以锁定关键节点为物流节点。

下面再举一个例子来帮助大家理解关键节点的判断过程。例如，你所在的电商公司正在进行中台建设，你发现当前业务线中存在直播销售场景，但是直播本身只是一种新的销售形式。

这个时候我们是否需要把直播这个业务场景定义为关键节点，去进行标准化呢？

实际上这样做没有太大的意义，因为直播业务和一家电商公司的价值主线是不同的。电商公司的价值主线主要关注订单流与资金流，而一个销售场景明显不属于关键节点。

所以没有必要去强制消费场景也进行流程的统一，要求直播线也按照制定的销售流程进行。

最后再次强调，在梳理节点模型时，重点要做的就是准确区分各业务线的特性，找出哪些部分是业务线为了应对当下市场而定义的"业务护城河"。对于被定义为"业务护城河"的部分，切记不能进行合并，更不能把它们强行融入中台，否则就变成了中台系统在制约业务发展的问题。

9.3 工具：业务 SOP

在完成了节点划分后，紧接着我们要做的就是对关键节点的流程进行梳理，将其进行业务流程标准化。这里也有一个专有名词，即业务 SOP，也就是我们要去梳理企业的业务 SOP。

在梳理前，让我们先搞懂 SOP 是什么。

【知识点 19】SOP

SOP 的全称是 Standard Operating Procedure，即标准作业程序，指用统一的格式描述出来的某一事件的标准操作步骤和要求，用于指导和规范日常的工作。

通俗地讲，SOP 就是对某一业务活动中的关键控制点进行细化和量化。从管理学的角度来看，标准作业程序能够缩短新进人员面对不熟练且复杂的事务所花的学习时间，新进人员只要按照步骤指示就能避免失误与疏忽。

在每个公司中，每个固定环节都会有一些 SOP，最经典的就是在日常拉新中有标准的活动制定规范。

中台负责人要做的就是将整个公司内**关键节点**的 SOP 梳理出来，注意只对关键节点进行梳理，而非所有核心节点。

要怎么制定 SOP 呢？要制定 SOP，就不得不先谈两个概念：工作流和信息流。

- 每个业务线中的现有日常流程称为**工作流**；
- 服务/产品的作业流程中产生的信息流转称为**信息流**。

也就是说，在实际工作中我们可以这样去梳理 SOP：

$$SOP = 工作流 + 信息流$$

很多公司内部都成立了所谓的流程优化组，目的就是规划各个部门对同一业务活动的运作流程。例如，图 9-2 所示为某公司在配合中台落地时下发 SOP 文件的邮件截图。

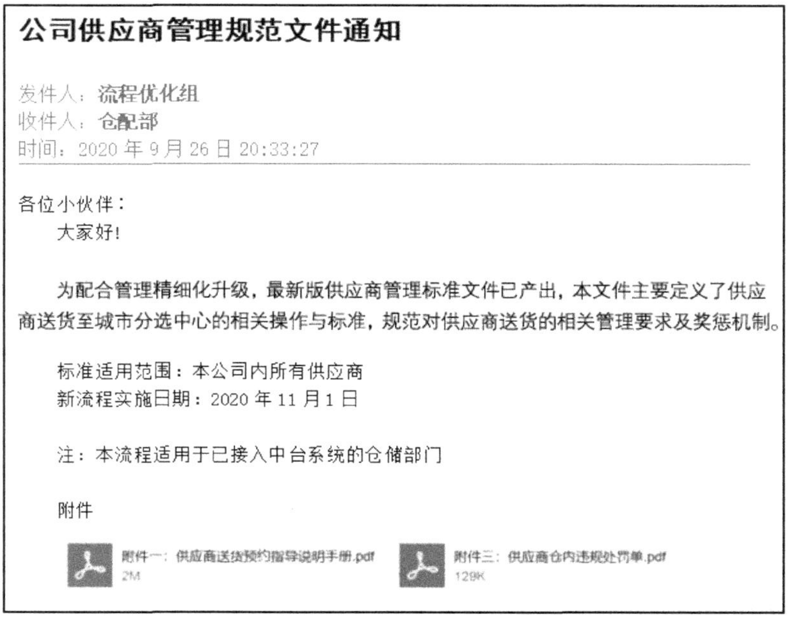

公司供应商管理规范文件通知

发件人：**流程优化组**
收件人：**仓配部**
时间：2020 年 9 月 26 日 20:33:27

各位小伙伴：
　　大家好！

　　为配合管理精细化升级，最新版供应商管理标准文件已产出，本文件主要定义了供应商送货至城市分选中心的相关操作与标准，规范对供应商送货的相关管理要求及奖惩机制。

标准适用范围：本公司内所有供应商
新流程实施日期：2020 年 11 月 1 日

注：本流程适用于已接入中台系统的仓储部门

附件

　　附件一：供应商送货预约指导说明手册.pdf　　附件三：供应商仓内违规处罚单.pdf
　　2M　　　　　　　　　　　　　　　　　　　　　　129K

图 9-2　某公司在配合中台落地时下发 SOP 文件的邮件截图

第 9 章
业务标准化：业务流节点化

前面我们提到中台建设不能仅建设系统，还需要对管理进行升级，本质就是通过 SOP 实现用标准的流程来运作业务。企业管理升级示意如图 9-3 所示。

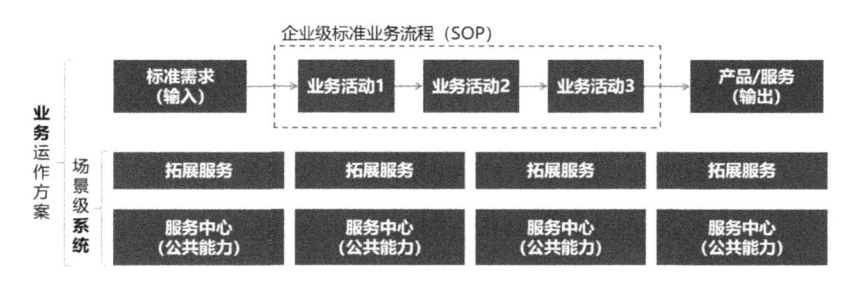

图 9-3　企业管理升级示意

中台提供的是具体场景（商品管理/会员管理）的完整解决方案，如果要想直接复用这些解决方案，业务运作必须有 SOP。让归入中台的关键节点都按照一个标准来进行业务运作，才能起到能力的最大化复用。当然我在后面也会介绍无法设置 SOP 的业务要如何管理与中台化。

下面我们继续来看在 L 电商公司中刘宇是怎样梳理出节点模型与业务 SOP 的。

9.4　案例 10：L 电商公司的节点梳理

在确定了公司内部的业务主线与相关领域后，刘宇接下来开始对 L 电商公司进行节点梳理，主要按照"两步走"策略进行工作：

（1）将业务活动拆解为节点；

（2）将节点按优先级进行划分。

9.4.1　产出：节点墙

业务信息流提取是将业务结构化表中的所有环节都进行信息流提取，得到每个业务全量的信息流，而在此处是将全量的信息流进行整合，得到一个个业务节点。

首先刘宇对 ToC 终端消费者电商业务的信息流进行提炼。

依据在价值链挖掘中将业务拆解成采购活动、商城活动、供应链活动 3 大类活动，刘宇得到一个框架，如图 9-4 所示。

> 中台产品经理

实战案例

数字化转型复杂产品架构案例实战

图 9-4 ToC 终端消费者电商业务的框架

每类活动又可以拆分为多个节点,如采购活动可以拆分为如图 9-5 所示的 3 个节点:(1)供应商节点;(2)采购节点;(3)结算节点。

图 9-5 采购活动的节点

继续拆分节点,每个节点又可以拆分为多个任务。例如,供应商节点可以拆分为以下 3 个任务,如图 9-6 所示。

(1)选供应商:根据商品需求在市场上寻找对应的供应商,录入供应商池;

(2)结算事项谈判:与供应商商议结算周期(如月结/季度结)和结算方式(如先付款后供货等);

(3)供货合同签订:根据商议结果签订品类供货合同。

图 9-6 供应商节点的任务拆分

如法炮制,拆分采购活动的其他节点,可以完成采购活动的全部节点与任务的梳理。

继续梳理商城活动、供应链活动的节点与任务,可以得到全公司的节点与任务，据此也就可以得到 ToC 终端消费者电商业务的节点墙，如图 9-7 所示。

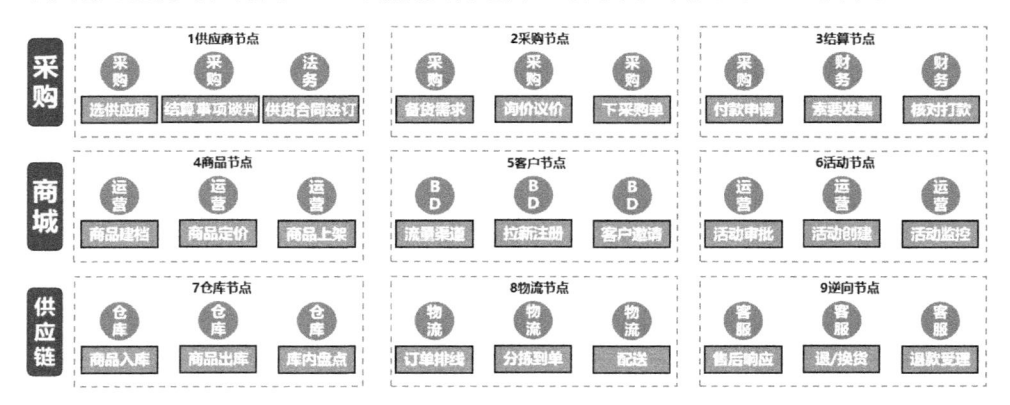

图 9-7　ToC 终端消费者电商业务的节点墙

同理，刘宇也得出了 ToB 餐饮商户电商业务的节点墙，如图 9-8 所示。

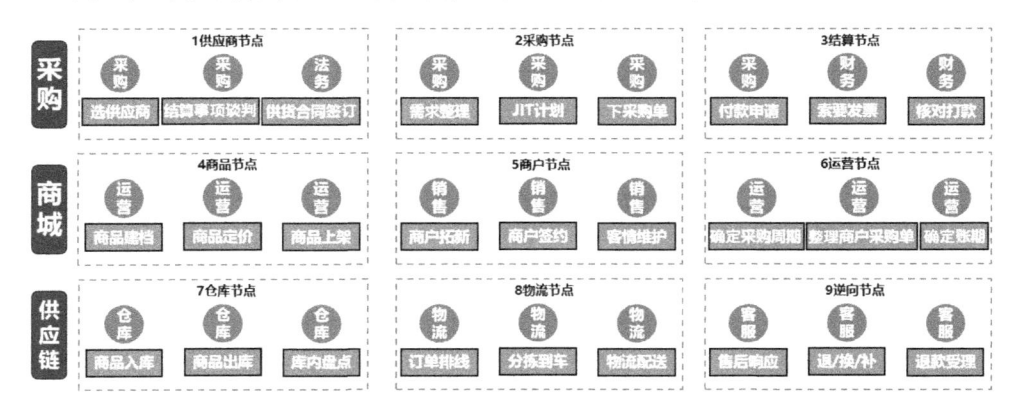

图 9-8　ToB 餐饮商户电商业务的节点墙

注：为了行文方便，此处只梳理了一级节点与任务，在实际工作中还可以将这些任务提炼为独立节点进行分析。

9.4.2　产出：核心节点

在完成节点的梳理后，下一步要去寻找两个不同业务中的核心节点。依据前面的企业价值链分析，所有属于业务主线的节点均为核心节点。

通过企业价值链，刘宇圈定了这两个业务中的核心节点，如表 9-2 所示。

表 9-2　L 电商公司两个业务中的核心节点

节点号	ToC 终端消费者电商业务	类型	节点号	ToB 餐饮商户电商业务	类型
	商城活动			商城活动	
1	商品节点	可标准化节点	1	商品节点	可标准化节点
2	客户节点	个性化节点	2	商户节点	个性化节点
3	订单节点	个性化节点	3	订单节点	个性化节点
4	活动节点	个性化节点	4	运营节点	个性化节点
	供应链活动			供应链活动	
5	仓库节点	可标准化节点	5	仓库节点	可标准化节点
6	物流节点	个性化节点	6	物流节点	个性化节点
7	逆向节点	个性化节点	7	逆向节点	个性化节点
	采购活动			采购活动	
8	供应商节点	可标准化节点	8	供应商节点	可标准化节点
9	采购节点	个性化节点	9	采购节点	个性化节点
10	结算节点	可标准化节点	10	结算节点	可标准化节点

在核心节点中，属于在价值链分析中得到的公共领域节点的，称为关键节点。

关键节点的作用，就是帮助中台团队将核心业务与非核心业务进行区分，从而使主流程与辅流程分离，使稳定部分与易变部分分离，最终在中台系统中实现核心业务精简且稳定，非核心业务的迭代试错不会影响核心业务运作的目标。

至此，刘宇成功将 L 电商公司内部两个业务的运作模式表示出来了。

9.5　案例 11：L 电商公司的 SOP 梳理

在上一步中刘宇得到了日常业务运作中的重要阶段，也就是业务的核心节点、关键节点。

刘宇接下来要做的，就是将 L 电商公司内部可标准化的节点进行整理，并与各业务方沟通得到一个标准的 SOP。

以商城活动中的商品节点为例，在 L 电商公司内部，两个业务的商品建档流程分别如图 9-9、图 9-10 所示。

通过对比这两个业务的商品建档流程，可以看到它们最大的差异就在于商品创建是由采购人员进行的还是由运营人员进行的。

第 9 章 业务标准化：业务流节点化

商品建档的起始点不同，导致后面的审核和对应的其他商品信息的创建流程均不相同，最终导致两个业务的流程产生巨大差异。

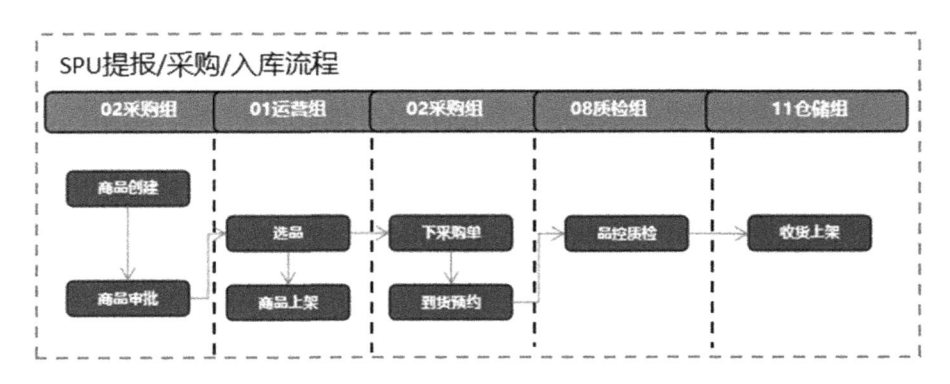

图 9-9　ToC 终端消费者电商业务的商品建档流程

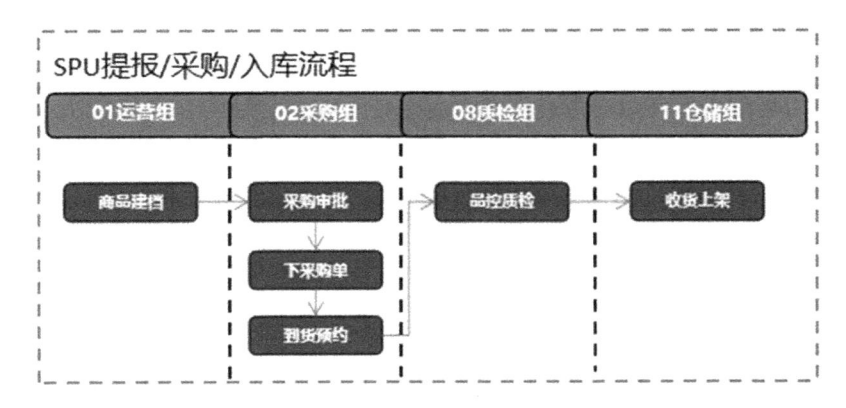

图 9-10　ToB 餐饮商户电商业务的商品建档流程

此时刘宇面前有两个选择：

（1）设计一个非常厉害的 IT 架构，能把这两套流程都装到商品建档这个节点里来，从而让中台建设支持两套流程；

（2）把这两套流程在业务上进行统一，再在统一后的结果上进行标准流程开发。

如果选择第一个选项，伴随着中台化的节点越来越多，就会发现整个系统需要抽象的部分，或者需要兼容的部分越来越多，整个中台代码的复杂度就会变得非常高，后期的维护成本也会非常高。

所以相比之下，刘宇选择了第二个选项——标准流程开发。

> **中台产品经理**
> 数字化转型复杂产品架构案例实战

刘宇需要做的前置事项,就是在业务流程上进行统一,本质上就是梳理一个SOP。

这样做了之后,就不会出现因为流程不同带来中台化需求不同的问题。

此处刘宇选择从两个抓手进行梳理。

- 抓手1:工作流(业务线各人员的工作流程)。
- 抓手2:信息流(业务线工作中流转的信息)。

刘宇首先做的是梳理工作流,也就是具体分析链路里或者流程里业务人员的日常工作是怎样的。

注意,此处需要搞清楚节点中所有参与角色的动作及其背后目的。例如,为什么商品建档需要有质检组参与?其目的是什么?质检组为了填写质检标准,需要把工作流程规范。

在梳理工作流时,刘宇梳理了一个业务工作制定规范。

【知识点20】业务工作制定规范

设计一个业务活动的工作通常可以划分为3类。

类型1:事前控制类工作(预防性控制)

- 设计具体工作流程。
- 对工作岗位及工作职能授权。

类型2:事中控制类工作(过程控制)

- 适当的职责分离。
- 适当的信息记录和严格的审批级次。
- 利用审批实现日常运作控制和例外业务的处理。
- 审批人记录。

类型3:事后控制类工作(检测性控制)

- 严密有效的业务分析。
- 循环和定时、不定时的检查和审查。
- 对单据及各种报表进行稽核,监督人员稽查各种制度的执行状况。

任意一个业务活动都可以通过这3类工作实现业务闭环,在梳理具体的工作流

第 9 章
业务标准化：业务流节点化

时，就可以根据这 3 类工作进行自查，看看是否有遗漏点。

其次，刘宇基于前面拆解出的信息流，定位到工作流中需要传递的具体信息要素。

此时只要准确地把这些信息要素都传递出来，哪怕换个流程也是可以的。

因此，刘宇将两个业务中商品的负责人聚在了一起开会，讨论能不能把大家关于线下商品管理的流程进行统一。

具体来说，就是在商品建档时，两个业务是否可以统一为相同角色进行建档。如果不可以统一，又是什么原因导致不能统一？有什么具体的难点，或者还有什么更好的建议？

最终在一番讨论后，刘宇与两位商品的负责人得出了标准的商品管理工作流与商品管理信息流。

商品管理工作流如图 9-11 所示。

创建审批 → 采购商品 → 商品入库 → 商品定价 → 商品上架

图 9-11　商品管理工作流

商品管理信息流如图 9-12 所示。

SPU(商城) → 下采购单(SCM) → 商品入库(WMS) → 商品定价(商城) → 商品上架(商城)

图 9-12　商品管理信息流

在统一了工作流与信息流后，商品管理 SOP V1.0 就得到了，也就是把整个的商品建档统一交由商品运营人员去进行。

至此，刘宇完成了第一个 SOP 的梳理，如图 9-13 所示。

标准作业程序 (Standard Operating Procedure, SOP) =
- 工作流：创建审批 → 采购商品 → 商品入库 → 商品定价 → 商品上架
- 信息流：SPU(商城) → 下采购单(SCM) → 商品入库(WMS) → 商品定价(商城) → 商品上架(商城)

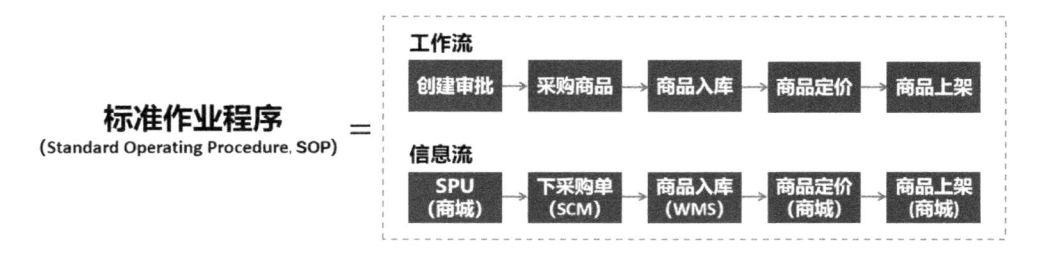

图 9-13　商品管理 SOP V1.0

中台产品经理
数字化转型复杂产品架构案例实战

而整个商品管理不仅仅只有商品建档与上架两个维度,在商品管理 SOP V1.0 的基础上,刘宇梳理出了完整的商品全生命周期管理 SOP,如图 9-14 所示。

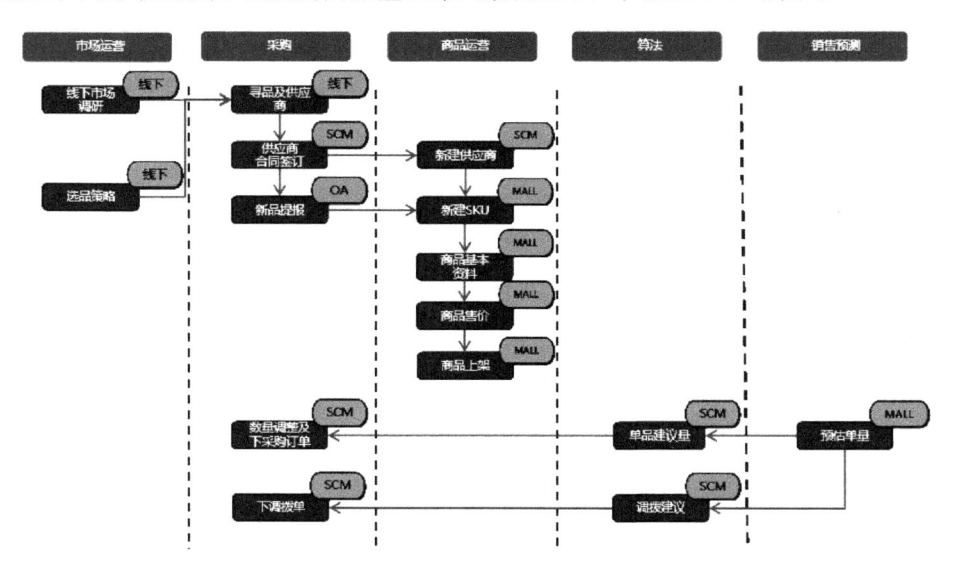

图 9-14 商品全生命周期管理 SOP

在图 9-14 中,刘宇将抽象的业务活动变为标准的信息流程,从计算机的视角描述了业务线是如何实现商品管理的。

在中台开发时,如果基于此进行开发,就可以大大减少各个业务方的个性化需求和上线后的切换推进难度。

这样做还有一个额外的好处,就是如果 L 电商公司在未来又产生了一个新业务,不需要中台系统去迁就它,再去为它专门建设一套商品管理体系,而是从该业务产生时就直接用已有的商品管理标准流程进行业务开展。

在这样的情况下,后面的业务发展就会非常标准化。

但是在制定 SOP 时,也要考虑业务现状,最优的 SOP 不一定是正确的选择。很多企业的 SOP 执行不下去的一个重要原因,就是制定的 SOP 与企业信息化程度不配套。

例如,大家需要制定某业务管理流程,虽然在 SOP 中定义更多的管理点或工作点能够使流程更细致化,但是这无疑增加了线下业务的工作量,因此制定 SOP 应该有的放矢地进行。

再如,对于业务中的业务操作人员信息化能力差、配套数据采集设备少的情况,应该采用先用纸质单据流转、再录入系统的方式;对于业务操作人员信息化能力强、配套数据采集设备多的情况,可采用颗粒度更细的管理方式或自动化管理方式。

在第 9 章中,L 电商公司中台建设的进度日志如表 9-3 所示。

表 9-3　在第 9 章中 L 电商公司中台建设的进度日志

任　务	完成工作项
1	L 电商公司的节点墙梳理
2	L 电商公司的 SOP 梳理
总结	中台建设完成进度:52%

本章小结

1. 业务标准化过程

(1)梳理节点模型:将业务流程的交汇合并为节点;

(2)梳理关键节点:从节点模型中定义关键节点;

(3)梳理 SOP:合并不同业务的关键节点,得到 SOP。

2. SOP

SOP 的全称是 Standard Operating Procedure,即标准作业程序,指用统一的格式描述出来的某一事件的标准操作步骤和要求,用于指导和规范日常的工作。

第 10 章

业务标准化：业务架构产出

10.1 目标：业务架构产出

经过前面一系列的业务分析工作后，我们终于来到了业务预建的最后一步——业务架构产出（业务架构在中台建设中又被称为中台模型），而业务架构是我们向 IT 模型过渡的一个重要里程碑。

具体来说，此处的工作就是基于前面梳理出的企业价值链，将企业内部关键的业务节点进行归并，得到一个企业标准，并根据该企业标准产出唯一的中台模型。只有得出了唯一的中台模型，我们才能有的放矢地进行中台建设。

行动点：
（1）业务架构梳理；
（2）产出业务架构。

10.2 工具：业务架构

我们要对业务架构做一个解释，我们在此处输出的业务架构不是业务视角下的业务架构，业务视角下的业务架构是对企业内部业务的分类。例如，某公司内部按场景划分业务，得到的业务架构如表 10-1 所示。

表 10-1　业务视角下的业务架构

场景分类	业务架构
餐饮	（1）点评事业部 （2）外卖事业部
到家服务	（1）家政 （2）美业
酒旅	（1）机票 （2）酒店 （3）短租

那么，什么是中台建设需要的业务架构呢？在中台系统中，业务架构一共由 3 个部分组成。

（1）实体（Object）：当前参与整个流转的对象；

（2）流程（Process）：该对象的不同流程；

（3）属性（Attribute）：不同流程中定义的业务规则。

我们可以得到唯一的业务架构。例如，假设我们要分析商品领域，该领域的业务架构如表 10-2 所示。

表 10-2　商品领域的业务架构

	领　　域	示　　例
实体（Object）	商品	青菜 500g/份
流程（Process）	（1）建档流程 （2）上架流程 （3）调价流程 （4）汰换流程	流程详情……
属性（Attribute）	商品上架属性	定时上下架/风控下架……

此处我们要做的就是将前面梳理出的各业务线的 SOP 进行归并，得出统一的业务架构。

10.3　案例 12：L 电商公司的业务架构

10.3.1　业务架构启动

在梳理完 SOP 后，对信息流的加工就正式结束了，可以看到前面的一系列工作其实完成了两件事情：第一件事是统一了各业务线的作业规范；第二件事是让拟规划的中台数据变成了各业务线都能接受的通用化数据（因为通过前面的梳理已经完成了业务的标准化）。

接下来就是将前面的工作结果进行汇总，提炼出中台建设所需要的业务架构。

10.3.2 主数据模型产出

现阶段 L 电商公司的一个典型问题是主数据不统一，具体表现为同一个物理单位存在多个业务 ID。例如，商品在多个业务中存在多个 SKU ID，仓库在多个业务中存在多个 ID，互相不重复，不唯一，导致系统之间对同一物理单位无法互认，如行政采购、流程权限、账号管理、跨业务内部交易等。

此时就需要采用主数据管理的思维进行改造，将数据沉淀至中台中，由中台进行统一创建并管理，实现公司级主数据。

【知识点 21】主数据管理

企业主数据是指企业内一致并共享的业务主体，以及各个系统间一致并共享的数据。主数据管理（Master Data Management，MDM）是在企业主数据的概念之上，通过以整个企业为管理单位，保证企业的主数据始终唯一且统一，并支持不同业务任意取用的管理方式。

由多个供应商提供多个系统解决方案的公司会专门采购主数据系统。例如，一家公司买了多个系统，但系统间无法互通，此时的解决方案是再买一套系统管理主数据。

主数据管理可以帮助企业创建并维护整个企业内主数据的单一视图（Single View），保证单一视图的准确性、一致性及完整性。

在梳理主数据时可以遵循这样的原则：描述核心业务实体的数据都可以归为主数据，核心业务实体包括客户、供应商、账户、组织单位、员工、合作伙伴等。也就是说，主数据是企业内能够跨业务重复使用的高价值的数据，而单个业务系统中的交易数据、账单数据等被称为业务数据，用于记录业务事件，即用于描述在某一个时间点业务系统发生的行为。

在一口气念完这些概念后，刘宇给大家提供了一个简单的判断数据是否为主数据的方法：

（1）该数据对象是否在多个业务线都存在；

（2）该数据对象是否同时指向一个实体；

（3）该实体是否被下游公共系统（SSO/FMS/OA 等）所使用。

对于满足上述三个条件的数据对象，我们就可以将之从业务线中提取出来，进行唯一化。举个例子：

（1）仓库数据对象在 A/B 业务线中均存在，并有各自的 ID 体系；

（2）A/B 业务线中的仓库数据对象共同指向本公司所拥有的仓库；

（3）此时下游系统 FMS 在计算仓储成本时，需要接入两套仓库 ID，而且 A/B 业务线在公用或转移仓库时需要进行复杂的 ID 转换与映射。

我们应该将仓库数据对象从业务线中剥离出来，建设为仓库主数据对象。

根据该原则进行梳理，刘宇得到了 L 电商公司的主数据明细，如表 10-3 所示。

表 10-3　L 电商公司的主数据明细

序号	主数据对象	对象示例	涉及系统
1	商品	SKU008-250ml 雪碧	商城前台/运营后台/OMS/WMS/TMS
2	会员/商户	张三	商城前台/ToB 签约平台/运营后台/CRM/OMS/TMS
3	仓库	上海市-浦东新区-A 仓	OMS/TMS/WMS
4	供应商	张三有限责任公司	运营后台

L 电商公司中台建设中的主数据管理可以分为两个维度。

（1）ID 统一：在对数据对象的管理中只保证其 ID 统一，其他部分不做管理，由各业务线进行管理；

（2）属性统一：数据对象的所有属性字段与存储格式均保持统一。

L 电商公司的主数据管理方式如表 10-4 所示。

表 10-4　L 电商公司的主数据管理方式

数据对象	ID 统一	属性统一
商品对象	√	
会员/商户对象	√	
仓库对象	√	√
供应商对象	√	√

通过中台化管理，上述数据对象成为公司级的主数据，而整个主数据的读写在中台建设完成后将变为如图 10-1 所示的体系结构。

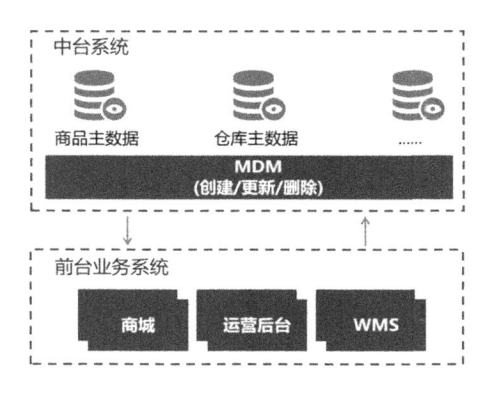

图 10-1　主数据读写体系结构

后续所有业务系统均由中台进行统一创建与维护，各系统在使用时再读取中台内的主数据，实现主数据唯一化的创建与维护更新，从而保证主数据的统一。

10.3.3　业务架构产出

在信息流提取、梳理节点墙、梳理 SOP 这几项工作完成后，刘宇最终得到了 L 电商公司的标准化业务架构，如图 10-2 所示。

这里刘宇向大家就对象与属性的概念做了一个解释。

对象就是实体，代表存在的具体实物。

属性是每个对象的关联项，在此处往往并非指独立实体，而是实体中被人们关注的一个维度，属性是不能脱离实体而存在的。

以商品对象为例，我们先谈到键盘这一商品，再谈颜色、型号这些属性才有意义，脱离商品去谈属性毫无意义。

在搞清楚基础概念后，再来审视 L 电商公司的标准化业务架构，可以将其分为如下部分。

（1）业务环节：对应前面梳理的 IT 架构，即采购、商城、供应链。

（2）业务对象与业务属性：对应前面梳理出的 SOP，告诉我们具体要处理哪些对象的信息流转，以及每个对象的信息流是什么。业务对象与业务属性也就是最终得到的实体（Object）与属性（Attribute）。

第 10 章
业务标准化：业务架构产出

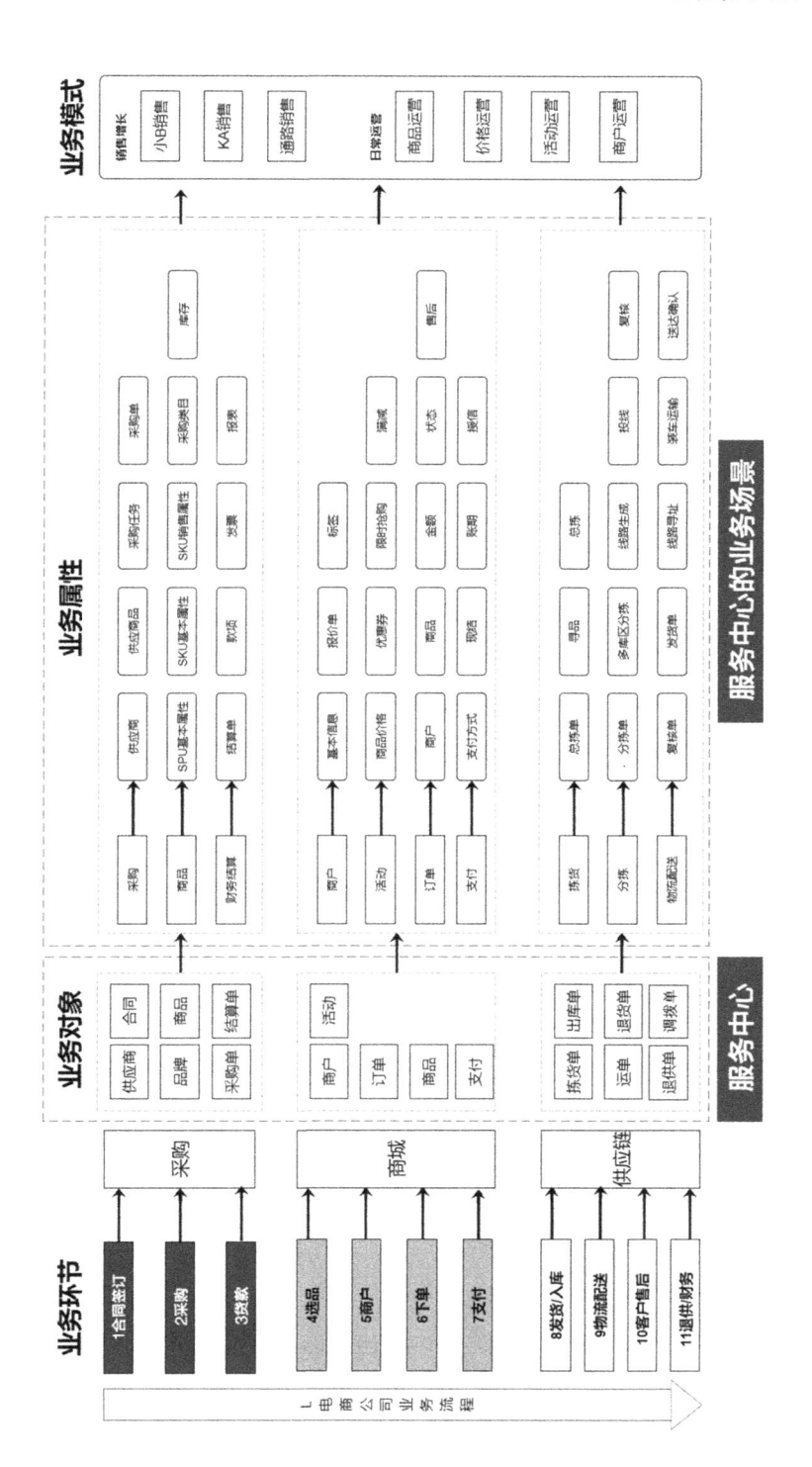

图 10-2 L 电商公司的标准化业务架构

实战案例

▶ **中台产品经理**

数字化转型复杂产品架构案例实战

业务对象是中台内部未来需要落地的服务中心，业务属性是服务中心内的关键业务场景。

在梳理完成中台模型后，还没完成整个中台业务架构的梳理，因为一个系统的实现是业务流程的实现，所以要基于中台模型中的两类元素得到完整的系统流程。

这里梳理的流程，就是基于业务对象与业务属性定义出的在信息系统中需要实现的系统流程。

通常来说，系统流程可以分为 4 个层级，如图 10-3 所示。

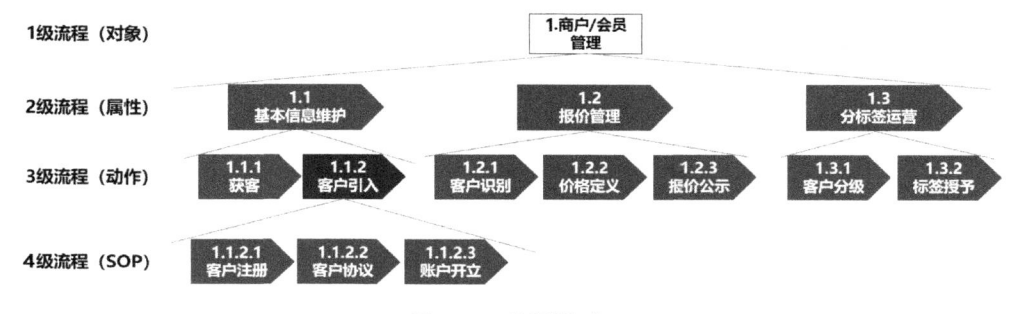

图 10-3 流程模型

业务流程的 1 级流程对应前面梳理出来的业务对象，也就是要针对每个业务对象梳理出一套流程；2 级流程对应的是业务属性；3 级流程对应具体的业务动作；4 级流程对应 SOP。

这就是所谓的中台建设的本质——进行管理升级，因为中台建设就是在将现有的业务流程升级与标准化。

通过一系列的步骤，刘宇很清晰地将一个生鲜业务翻译成了中台需要实现的详细需求模型。

当然在中台建设中，流程模型还需要不断迭代，根据中台上线后业务方给出的反馈来动态调整，如图 10-4 所示。

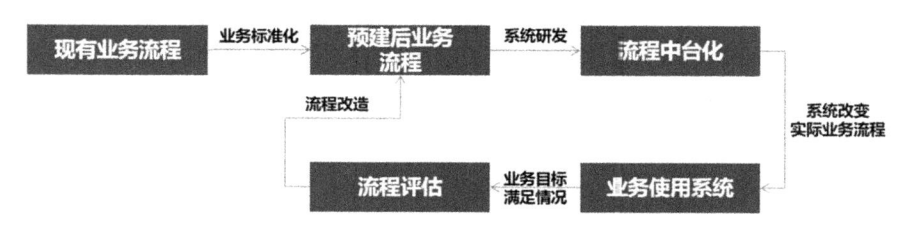

图 10-4 流程模型迭代

第 10 章
业务标准化：业务架构产出

刘宇对着部门同事解释道："之所以对流程模型迭代，是因为对业务方来说，其无法像信息系统建设者那样拥有专业的建模能力，他们感知到的只是流程变化了。而业务方在提出对流程的修改建议时，要能从流程中识别是否有实体变化和属性增加。"

至此，整个中台建设预建阶段的工作完成了，接下来只需要按照统一的业务架构进入中台的开发环节即可。

根据企业价值链确定的公共范畴，中台建设将首先围绕商品与交易展开。

10.3.4 中台建设第三阶段的工作总结

至此，刘宇基于 MSS 模型完成了 L 电商公司业务架构的设计。

（1）市场宏观认知（Market）：公司方向与战略解读。

第 1 篇：了解企业的商业模式与战略，理解业务并引入中台战略。

市场宏观认知的工作如表 10-5 所示。

表 10-5 市场宏观认知的工作

工 作 项	工 作 内 容
1	了解行业与企业的商业模式，对中台边界进行基本划分与预判

产出：生鲜电商行业三分模型。

（2）企业标准化（Standard）：逐层抽象地设计过程。

第 2 篇：收集企业信息，并过滤无效信息，将抽象的企业信息用结构化形式表述出来。

第 2 篇中企业标准化的工作如表 10-6 所示。

表 10-6 企业标准化的工作

工 作 项	工 作 内 容
1	客户旅程图：业务运作描述
2	业务结构化：将业务过程提炼出来

第 3 篇：在企业结构化的基础上合并企业信息，得到业务建模，产出业务架构。

第 3 篇中企业标准化的工作如表 10-7 所示。

表 10-7　企业标准化工作

工 作 项	工 作 内 容
1	业务建模：将 B 端和 C 端的业务按照各自的实际情况划分为领域，并得到每个领域内的完整信息流
2	价值链：合并 B 端和 C 端的领域，得到公司级领域，即中台化领域
3	节点墙：将中台化领域中 B 端和 C 端业务的信息流提炼成节点，并合并得到 SOP
4	业务架构：基于 SOP 梳理出实体/流程/属性

产出：L 电商公司两个业务中的核心节点和 SOP。

经过这些的梳理，刘宇得出了 L 电商公司的完整业务架构，并在此基础上进行了中台系统的定义。

在完成了所有工作后再回头审视，这个阶段的核心工作是，通过将第二阶段业务调研的内容提炼出节点，定义了中台系统要开发的范畴，实现了对从业务到中台系统要开发多少内容、覆盖哪些领域的边界确定。

在第 10 章中，L 电商公司中台建设的进度日志如表 10-8 所示。

表 10-8　在第 10 章中 L 电商公司中台建设的进度日志

任　务	完成工作项
1	L 电商公司的业务架构产出
总结	中台建设完成进度：55%

本章小结

1. 中台模型

中台模型是基于业务预建得出的新业务架构。中台模型圈定了中台建设的范畴，用于指导后续的 IT 架构的设计。

2. 主数据管理

主数据管理（Master Data Management，MDM）是一种具有连通性、灵活性和可扩展性的管理思想，可有效管理主数据，并为业务关键数据提供单点事实。它通过确认、链接并整合产品、客户、商店/地点、员工、供应商、数字资产等信息来支持不同业务。

第 4 篇

MSS 模型实战：解决方案设计（Solution）

在产出了标准的业务架构后，我们只完成了将业务以信息流的方式表述出来，下一步急需要做的工作，就是用一个系统框架将业务架构中的信息流装进去，这个用于承载信息流的系统框架叫作应用架构。

从本篇开始我们就要正式进行中台方案的设计了。值得注意的是，此处的中台方案不仅仅是中台系统的应用架构设计，还包括为整个企业设计的基于中台的新应用架构。

我们需要分两步来设计应用架构。

（1）数据架构：弄清各信息流的字段是什么、数据结构是什么；

（2）技术架构：弄清选取什么技术实现，以及技术架构承载多大体量的业务。

第 11 章

中台方案：应用架构设计

11.1 目标：基于中台的新应用架构产出

到了应用架构设计这个环节，一些工作时间不长的产品经理可能要开始犯怵了，不知道要从何处下手进行设计。

我们先对比业务架构与应用架构，分析这两者的关系。事实上业务架构主要梳理信息流转与处理公式，而应用架构是承载业务架构的系统架构。

【知识点22】应用架构

应用架构是一种对软件体系结构进行描述的工具，描述了为了解决使用对象（企业/组织/个人）在某个业务领域的问题，软件体系结构应由哪些系统构成，以及各个系统之间有怎样的依赖关系。

我举一个日常工作中的例子，大家就好理解了。在每年年底很多产品经理都会去做一份产品年度规划，而在这份规划中，最重要的一环就是设计出自己所负责的产品在明年需要增加的功能。

图 11-1 所示就是一家电商企业中营销线的产品年度规划。

第 11 章
中台方案：应用架构设计

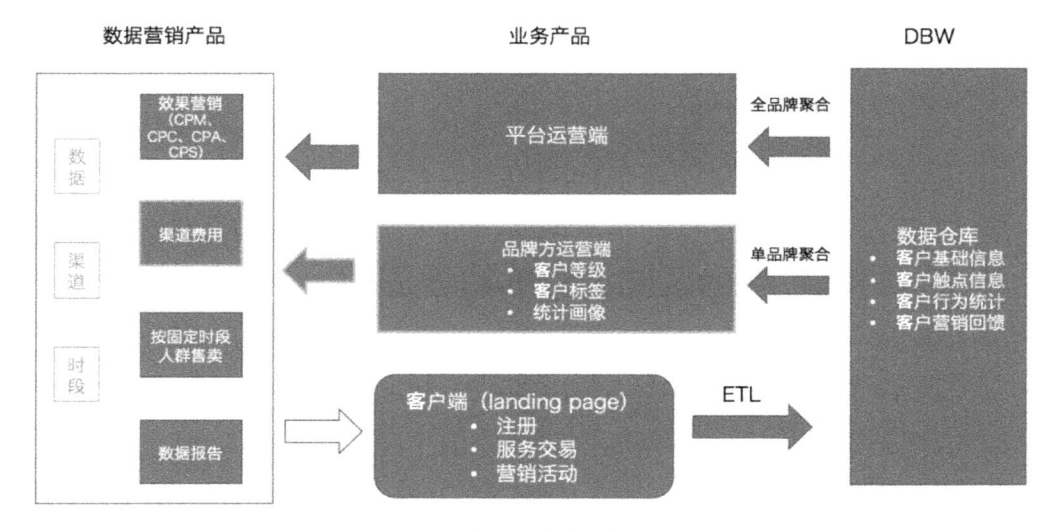

图 11-1 营销线的产品年度规划

我们设计的产品年度规划，就等同于产品架构。事实上当企业中只有一款产品时，应用架构也就是产品架构。所以应用架构的梳理可以被理解为企业内多个产品的产品架构的梳理。

在搞清楚了应用架构的定义后，接下来我们需要考虑如何着手去做。

我们把产出应用架构这个抽象的目标进行分解，就会非常容易下手了。产出应用架构具体可以分为两个子目标。

1）中台能力范围圈定

在产出中台方案前，首先需要划分中台系统的范围，也就是确定一家企业需要把哪些能力下沉到中台并使之成为企业的通用能力。

企业通用能力的具体承载是服务中心，因此本阶段的具体行动目标就是确定企业中台要包含哪些服务中心，并给出具体的规划蓝图，完成后便得到中台产品架构（独立于中台系统的应用架构）。

2）中台系统与其他系统的关系梳理

在圈定中台的能力范围后，下一步我们需要考虑中台系统与其他系统的关系。因此我们要设计拥有中台系统后企业的 IT 系统之间的依赖关系。此处完成的是整个企业内所有系统之间的关系的整理，以及中台系统如何融入现有系统群中，完成企业的新应用架构设计。

综上所述，行动点为：

（1）中台系统的产品架构设计；

（2）加入中台系统后的新应用架构设计。

11.2　误区：中台蓝图设计的错误思路

在进入中台方案的实际设计过程时，我们要避免的最大的误区就是将服务中心与中台系统画等号。

在前面我们已经多次提到"服务中心"这个概念，中台系统是由一个个的服务中心构成的，两者的关系如图 11-2 所示。

图 11-2　服务中心与中台系统的关系

服务中心的作用是解决一个完整的领域内的问题，落地产物就是服务中心。

【知识点 23】服务中心

服务中心是指将某一项在公司不同事业部内相同业务线上，具有相同或类似需求的软件服务抽取出来后建设的公共服务。

如果将服务中心的概念仔细拆解，可以得到服务中心的标准构成：服务中心 = 组件（业务 + 数据）服务 + 拓展服务。

- 组件服务为中台技术属性的落地产物，提供技术复用。
- 拓展服务为中台业务属性的落地产物，提供场景化复用。

在很多中台建设中，产品经理犯的一个典型的错误，就是把只能算是服务中心的一项项通用服务称为中台。

例如，在一家电商企业内部，存在着多个电商模式，其对基础的订单、商品、会员这 3 项服务都有共性的需求，无论它的业务是海淘电商，还是自营电商、拼团电商等。因此，这家企业有了 3 个服务中心，分别是商品中心、订单中心及会员中心，如图 11-3 所示。

| 商品中心 | 订单中心 | 会员中心 | **服务中心** 以功能模块为对象提供服务 |

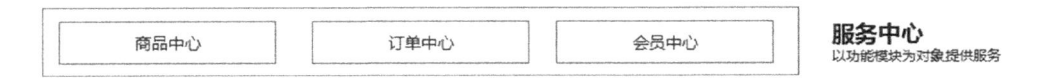

图 11-3　服务中心集合

不同的服务中心朝上聚合便组成了业务中台。业务中台就是将验证过的具有复用性的业务组件抽取出来组成的一个业务公共服务解决方案聚合中心。

也就是说，一家公司内部只会有一个业务中台，业务中台内部分布着各种不同的基础服务。任意一种基础服务都是业务中台的一个服务单元，负责解决不同的业务问题。

接下来我们看看在 L 电商公司中刘宇是如何为整个企业进行应用架构设计的。

11.3　案例 13：L 电商公司基于中台的应用架构定义

11.3.1　中台建设蓝图第四阶段启动

在完成了前面三个阶段的准备工作后，刘宇已经成功将中台从一个抽象的企业战略落地为具体的业务架构，至此中台建设正式进入第四阶段。第四阶段主要的工作如图 11-4 所示。

在本阶段中，刘宇将根据前面产出的业务架构，指导完成 IT 架构的设计工作，从而建立起能支撑多个业务形态的企业级复用能力中心——中台体系。

> **中台产品经理**
> 数字化转型复杂产品架构案例实战

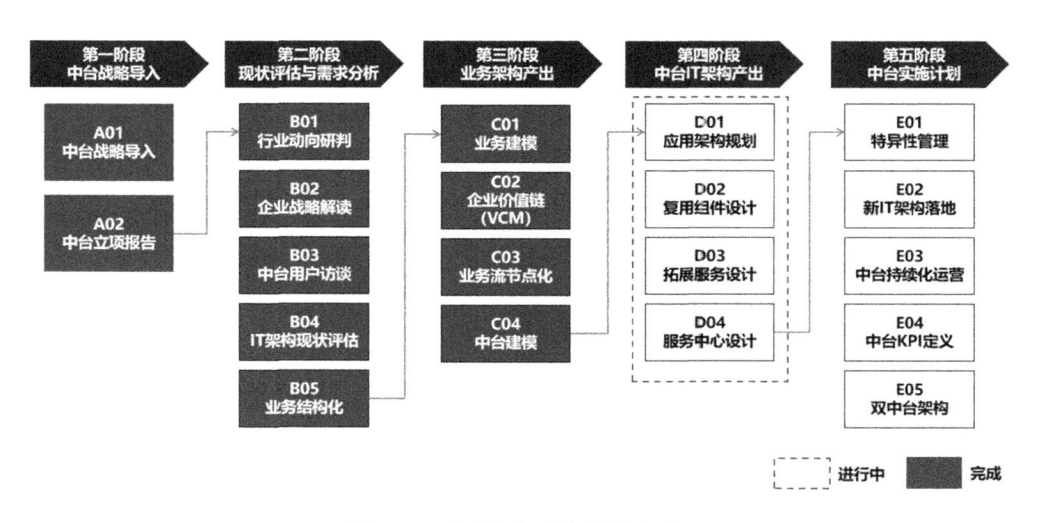

图 11-4　实时中台建设蓝图（三）

11.3.2　产出：中台产品架构

设计 IT 架构的一个重要部分，就是厘清企业内部各服务中心之间的关系，从而得出新应用架构。

在设计 L 电商公司的整体应用架构之前，刘宇要完成对中台的产品架构设计。

于是在完成业务标准化后，刘宇便开始着手设计 L 电商公司的中台解决方案，依据前面定义好的标准业务模型，绘制中台产品架构图，并通过产品架构图梳理各服务中心之间的关系。

刘宇使用了一个通用的产品架构图公式。

【知识点 24】通用的产品架构图公式

产品架构图 = 层级定义 + 领域解决方案定义 + 关系定义

（1）层级定义：产品划分为哪几个层级？各层级解决什么维度的业务问题？

（2）领域解决方案定义：在每个层级中填充各业务领域的解决方案，并得到各业务领域具体承载的功能集合的纵向结构。

（3）关系定义：虽然每个层级与服务中心各自独立，解决不同维度与不同领域的问题，但是各服务中心与领域之间一定存在联系，这种联系可能是依赖关系，也可能是关联关系，此处需要将这些元素之间的关系表示出来。

第 11 章
中台方案：应用架构设计

在搞清楚了通用的产品架构图公式之后，刘宇开始绘制中台产品架构图。绘制的步骤为：元素收集、系统聚合、层级划分、关系定义。

步骤 1：元素收集

根据标准业务模型定义组件清单，拓展服务清单。

刘宇根据标准业务模型，进行组件清单的梳理。组件清单如表 11-1 所示（由于篇幅有限，此表只列出了基于企业业务主线的商品领域、交易领域的分析结果）。

表 11-1　组件清单

服务中心	组件	组件描述
商品中心	SPU 管理	根据业务线标识创建 SPU，并分配唯一的 SPU ID（主数据）
	SKU 管理	根据业务线标识创建 SKU，并分配唯一的 SKU ID（主数据）
	商品状态标识	根据业务线标识管理 SKU 的状态
	销售属性管理	SKU 为方便销售而定义的属性：分渠道售价、分渠道商品详情、分渠道名称
	基础属性管理	SKU 自身物理属性：货品出厂名称、产地、品牌、生产商
	供应链属性管理	SKU 为方便供应链管理而定义的属性：库存管理箱规、收货箱规、是否需要生产、委托生产加工方
	类目管理	根据业务线标识管理 SKU 类目（供应链类目）
	实物库存管理	查询当前 SKU 在仓内的实物库存数
	商品成本价格查询	由商品服务中心唯一对接供应链，采用移动成本平均价方式统一计算所有 SKU 成本均价，业务线可直接查询对应的 SKU 成本均价
交易—订单中心	客户订单管理	支持客户端订单创建、取消、下发供应链
	代下单	支持导入外部渠道的订单并生成新订单
	批量代下单	支持外部渠道订单批量导入并生成新订单
	补单	针对线下完成的订单，以补单形式录入系统并进行系统记账
	批量补单	针对线下完成的订单，以批量补单形式录入系统并进行系统记账
营销中心	限时抢购	支持不同业务线创建限时抢购活动，需配置 SKU ID、活动价、时间，支持配置活动预告
	优惠券	支持不同业务线创建优惠券并发送
	组合商品	支持创建商品包并设置组合售卖价
	积分	支持不同业务线在中台生成积分池，由中台统一计算积分消耗与获得情况

拓展服务清单如表 11-2 所示。

数字化转型复杂产品架构案例实战

表 11-2 拓展服务清单

服务中心	拓展服务	拓展服务描述
营销中心	营销效果计算	支持限时抢购/优惠券等活动后计算总营销费用与活动 GMV
	营销风控	支持对异常客户标记并拒绝异常订单生成

注：由于 ToB 业务发展迅速，在多个城市均开始开展，此时对商户也产生了营销需求，因此刘宇只能动态调整中台建设规划，将营销中心加入企业业务主线范畴，并纳入一期中台建设范畴，以此响应业务的动态变化。

步骤 2：系统聚合

系统聚合是指将同一业务领域的业务组件、拓展服务进行聚合，得到领域级的系统解决方案。在中台中该解决方案的落地产物就是服务中心。

因此，接下来刘宇需要将上面的不同组件，按照中台模型中划分出的领域进行堆叠，得到了如图 11-5 所示的服务中心集合。

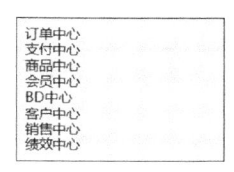

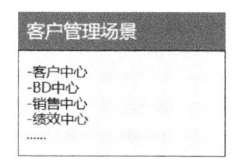

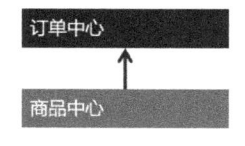

图 11-5 L 电商公司的服务中心集合

步骤 3：层级划分

在中台产品架构设计中，刘宇根据中台内部服务中心的可支撑范围，将中台服务中心划分为两个层级。

【知识点 25】中台服务中心层级

（1）领域级公用能力层级：针对既定的业务领域，如商品/交易/会员。

（2）企业级公用能力层级：不聚焦于任一业务领域，在企业内可独立接入与使用，如权限/审批流。

在按照中台服务中心层级完成能力划分后，刘宇便得到了一个层级清晰的中台架构图，如图 11-6 所示。

图 11-6 中台架构图 V1.0

接下来刘宇需要把前面得到的服务中心放置到中台架构图中，得到的结果如图 11-7 与图 11-8 所示。

第 11 章
中台方案：应用架构设计

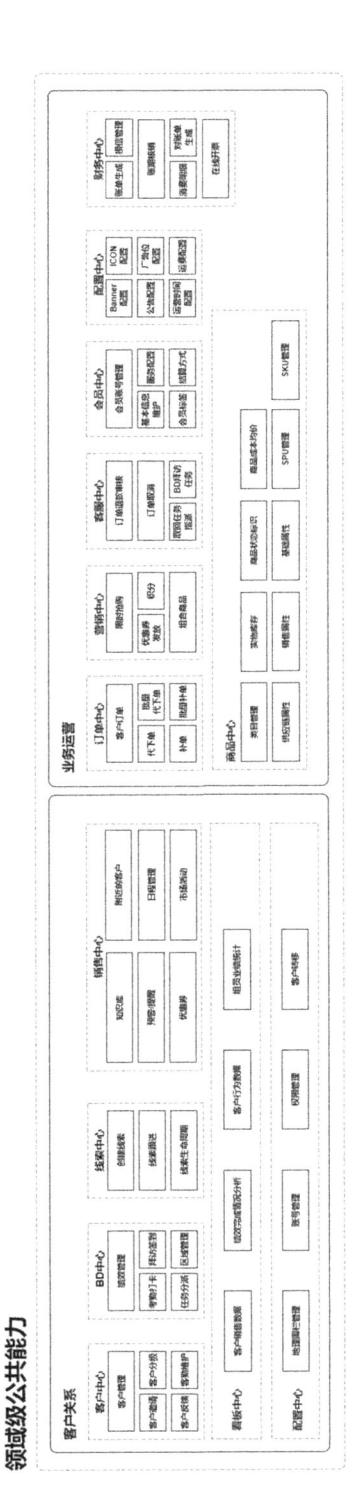

领域级公共能力

图 11-7 中台架构图 V2.0（领域级）

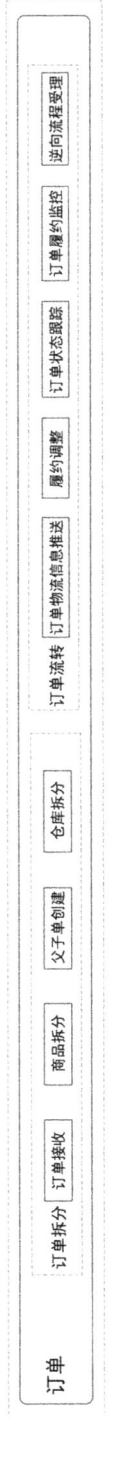

企业级公共能力

图 11-8 中台架构图 V2.0（企业级）

实战案例

▶ **中台产品经理**

数字化转型复杂产品架构案例实战

最后，刘宇根据各层级的覆盖范围，将各服务中心由大到小，自下而上地进行排列，得到一个层级明晰的中台架构图，如图11-9所示。

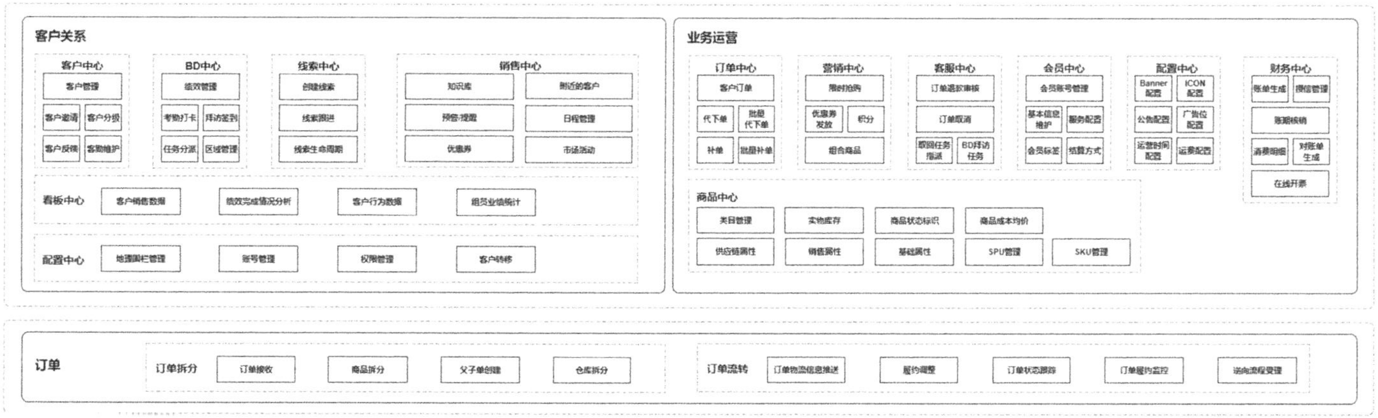

图 11-9　中台架构图 V3.0

步骤4：关系定义

在完成了中台架构图的绘制之后，刘宇需要定义不同元素之间的关系，具体来说分为两步：（1）层级元素关系梳理；（2）服务中心元素关系梳理。

在关系定义中，各元素之间的关系可以分为两类。

- 并列关系：元素为同一级别，但元素之间相互独立，无任何联系。
- 依赖关系：元素之间存在关系链，在关系链中分为前置元素与后置元素，后置元素依赖前置元素提供的结果。例如，商品是订单的基础，因此商品属于前置元素，订单属于后置元素。

例如，一个订单要想生成，需要包含商品、会员等信息，因此在服务中心中可以得到这样的关系：订单中心依赖于商品中心。

1）层级元素关系

刘宇将不同层级之间的依赖关系进行了标注，用箭头将相互依赖的层级做了示意，对之间是并列关系的层级不加任何描述，据此完成了中台架构图层级间的关系描述。

2）服务中心元素关系

梳理完了层级关系，刘宇还需要将层级内部各服务中心之间的关系进行梳理。与梳理层级元素关系一样，刘宇先梳理依赖关系，并标注依赖关系的名称与方向，再找到并列关系。

在上述两步完成后，刘宇得到了最终版的中台架构图，如图11-10所示。

实战案例

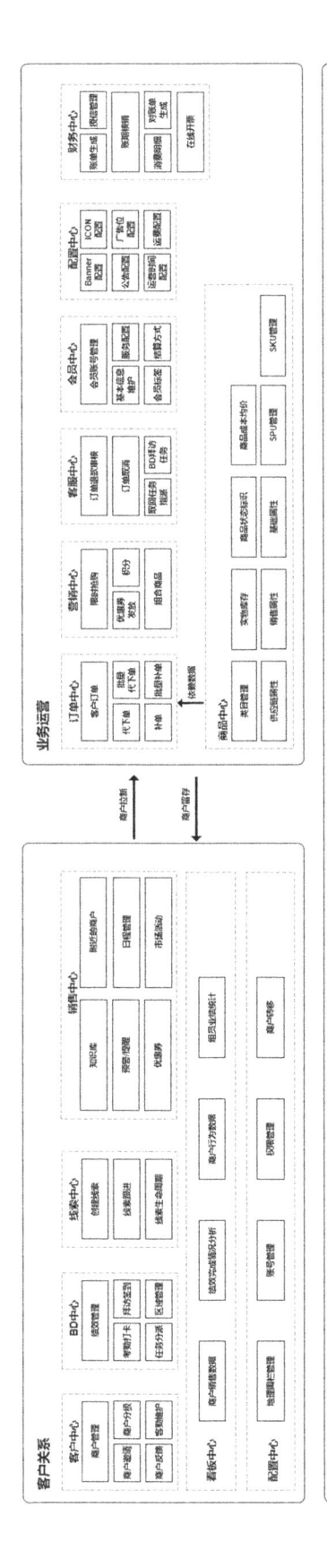

图 11-10 中台架构图 V4.0

11.3.3 产出：新应用架构

在设计完中台的产品架构后，刘宇开始着手设计整个 L 电商公司的应用架构，也就是设计中台系统如何融入 L 电商公司现有的系统群中，并产出基于中台的 L 电商公司的新应用架构。

应用架构的设计需要考虑整个 L 电商公司的系统群，并从全局视角定义各系统承载的具体业务领域，从而给出系统群的最优解。

应用架构图绘制与产品架构图绘制在思路上是一致的，应用架构图只是将产品架构图中的服务中心替换成了具体系统，关注视角也从企业公共领域上升为企业全局领域。

因此，在这里还是可以利用通用的产品架构图公式，只需将领域解决方案中的服务中心替换为系统。

刘宇首先将 L 电商公司的若干系统分层，再将业务线系统定义为业务应用，并将系统使用角色分为客户使用系统——客户端和业务使用系统——业务端。

根据该分类刘宇得出了 L 电商公司的业务应用清单，如表 11-3 所示。

表 11-3　L 电商公司的业务应用清单

业　　务	业务应用（客户端）	业务应用（业务系统）
ToC 终端消费者电商业务	商城	运营后台
		采购系统（SRM）
		仓储系统（WMS）
		物流系统（TMS）
ToB 餐饮商户电商业务	ToB 签约平台	运营后台
		销售系统（CRM）
		采购系统（SRM）
		仓储系统（WMS）
		物流系统（TMS）

通过该清单刘宇完成了元素收集，可以如法炮制去进行系统聚合、层级划分、关系定义。

刘宇接下来要做的就是回答下面两个问题。

（1）中台与原后台各系统间的调用关系是怎样的？

（2）各业务前台与中台的调用关系是怎样的？

最终刘宇得到了 L 电商公司的应用架构图，如图 11-11 所示。

实战案例

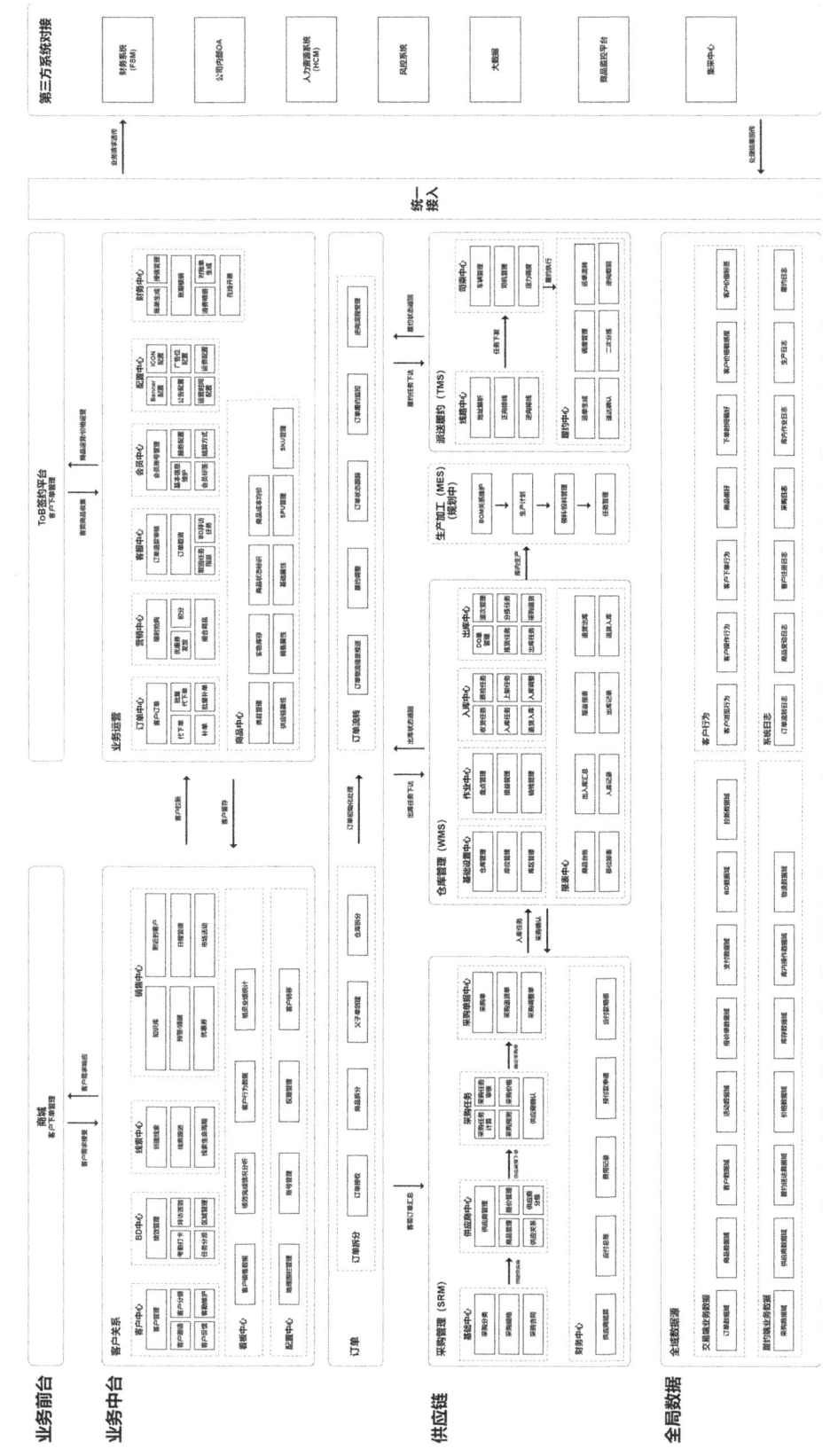

图 11-11 L 电商公司的应用架构图

在完成了应用架构图之后，清晰的中台建设范畴与边界就被定义出来了。接下来的工作就是按照规划好的应用架构和企业业务主线的优先级，逐一去设计服务中心。

在第 11 章中，L 电商公司中台建设的进度日志如表 11-4 所示。

表 11-4　在第 11 章中 L 电商公司中台建设的进度日志

任　　务	完成工作项
1	中台产品架构设计完成
2	基于中台的新应用架构设计完成
总结	中台建设完成进度：59%

本章小结

1．应用架构

应用架构是一种对软件体系结构进行描述的工具，描述了为了解决使用对象（企业/组织/个人）在某个业务领域的问题，软件体系结构应由哪些系统构成，以及各个系统之间有怎样的依赖关系。

2．通用的产品架构图公式

产品架构图 = 层级定义 + 领域解决方案定义 + 关系定义

3．基于中台的应用架构设计

（1）设计中台系统的产品架构；（2）设计将中台系统加入公司系统群后的新应用架构。

4．应用架构的设计思路

（1）垂直拆分设计：将业务域划分为商品领域、交易领域。

（2）水平拆分设计：将业务域划分为不同层级，结果有企业级服务中心和领域级服务中心。

常见的企业级服务中心有认证中心、流程中心和消息中心。

常见的领域级服务中心有商品中心、会员中心和订单中心。

第 12 章

中台方案：复用组件设计

12.1 目标：可复用模式改造

在日常的工作中，我们经常会做一些抽象提取类工作。例如，在描述一个电商系统时，会介绍商品、订单、支付、物流、会员这五大模块，并且认为这五大模块共同组成了一个完整的电商系统。

我们将一个完整的电商系统拆分成五大模块的过程就是一个抽象提取的过程。

当然，这里的抽象提取只是在一个业务内单一系统层面的划分。但在中台实现过程中，我们需要思考如何将不同业务下的相同部分剥离出来，从而形成各业务线都可以复用的资产。

在具体行动上，我们需要将多个业务系统的同一功能划分成若干小的组件与模块，以此将现有业务系统中相同的模块进行聚合，形成中台内部的组件。

前面介绍的服务中心实际上就是由若干组件组成的，组件指的是中台的最小复用单元。

行动点：依据前面提炼出的业务共性进行组件设计。

12.2 工具：两种典型组件

组件代表着固定流程，我们在设计组件时一定要避免陷入业务线产品的设计思路。例如，一家公司内存在 A 业务线与 B 业务线，面对两者我们不是简单地将之融合，而是通过规范业务运营，形成一套业务标准，在此基础上方可向前台提供复用。

【知识点 26】中台组件

中台组件包含两种典型的组件。

（1）业务组件：业务组件将已经规范后的同一领域下的不同场景合并在一起，承接该领域的全部需求。

（2）数据组件：数据组件规范数据存储方式与结构，构建相同业务下标准化的数据实体。

在组件设计中，一定要面向已经规范的业务，否则将导致组件无法复用。

组件设计没有固定的公式，需要根据业务领域进行定制化设计，只要设计出的组件能满足当前抽象出的中台模型并可进行扩展即可。

下面我们继续以 L 电商公司为例来给大家示范一下如何进行组件提取。

12.3 案例 14：L 电商公司的业务组件提取

在得到了新应用架构后，下一步刘宇需要进行组件设计。设计组件的方法就是根据业务架构，选取对应的领域进行逐一拆解，如图 12-1 所示。

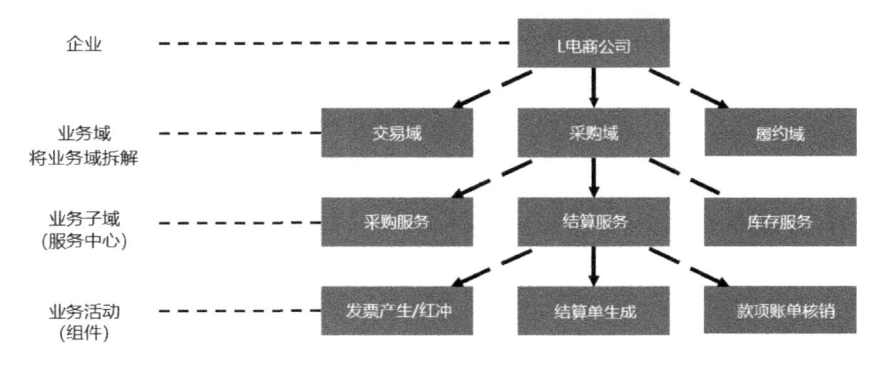

图 12-1 组件设计

中台产品经理

数字化转型复杂产品架构案例实战

在图 12-1 中，采购域被逐一拆解为采购服务、结算服务、库存服务 3 个业务子域，其中结算服务按照业务架构中的属性被拆解为发票产生/红冲（对应发票属性）、结算单生成（对应结算单属性）、款项账单核销（对应款项、报表属性）3 个组件。

在明白组件的提取方式后，刘宇按照核心领域的优先级，开始着手对现有各业务中的商品管理进行可复用化改造，提取商品业务的组件。

首先刘宇要梳理出 L 电商公司内部关于商品业务的范畴，他发现在 L 电商公司中为客户提供的商品服务本质上是在对 3 个商品对象进行管理，如图 12-2 所示。

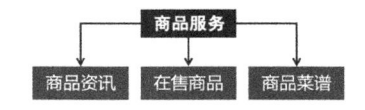

图 12-2　L 电商公司的商品服务

（1）商品资讯：实时推送的最新商品优惠/介绍。

（2）在售商品：平台在架商品出售管理。

（3）商品菜谱：商品（SKU）可配置多个关于该商品的菜谱。

以上 3 个商品对象可以聚合为一个完整的商品领域，因此此处应该以一个整体的思维来进行产品设计。

在传统业务线中，面对这样的需求，很可能采用的思路是直接将上面的 3 个商品对象视为 3 个完全不同的模块，进行独立的信息架构与页面结构设计，最终产出 3 个相互独立的功能，这些功能在每条业务线中都存在一个副本。

例如，在设计商品资讯时，业务线的产品设计路径如图 12-3 所示。

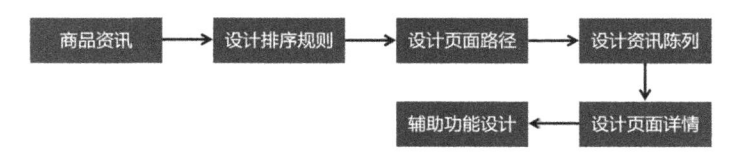

图 12-3　设计商品资讯时业务线的产品设计路径

由于 L 电商公司内部存在两条业务线，因此此处存在多组相互独立的商品服务。

但是在中台设计中，就不能为这些商品服务进行逐个设计了，此时需要使用组件化的思维来进行统一设计。

刘宇站在数据的视角进行审查，将这3个商品对象视为3个数据集。需要设计的部分就是为这些数据去寻找可以承载的组件。

换句话说，只要能分析出这些数据有哪些使用场景，就可以得出这些数据的载体组件。

首先要分析不同类型的数据使用者有哪些场景需求，以及在采用什么样的数据获取策略。

在信息架构理论中，定义了使用信息系统时存在的4种信息需求。

（1）已知条目搜索（known-item seeking）：解决对已知搜索目标并需要找到准确结果的信息需求；

（2）探索式搜索（exploratory seeking）：希望在无明确目标的浏览过程中获取信息诉求，并不期待得到"正确"答案；

（3）无遗漏式研究（exhaustive research）：搜索某一主题下的全量信息需求；

（4）历史搜索（historical seeking）：对已获取的历史信息的再次浏览需求。

根据信息架构理论，刘宇将数据总结为如下3类承载需求。

- 信息分类选择的需求：划分不同功能入口。
- 集合类展示的需求：列表展示多个对象个体以供选择。
- 个体类展示的需求：展示详情。

这样刘宇就从3个看似毫无关联的商品对象中提取出了一个标准的页面组织架构，可以承载不同的商品数据，如图12-4所示。

图12-4 标准的页面组织架构

- 入口中心：承载数据对象的导航，如商品分类导航。
- 信息列表：承载数据对象实例的陈列，如商品饮料分类列表。
- 信息详情：承载数据对象详情的展示，如商品可乐详情页。

定义了页面组织架构，下一步按照组件化的设计结构，刘宇还需要规范这3类数据，将其定义为数据组织，如表12-1所示。

中台产品经理
数字化转型复杂产品架构案例实战

表 12-1 数据组织

数据类别	含义	示例	页面组织架构
集合类数据	数据集合，汇聚同类型的数据	商品集合/资讯集合/菜谱集合	列表页填充
对象实例数据	数据具体详情，展示每条信息的具体内容	商品详情/资讯详情/菜谱详情	详情页填充

从表 12-1 可知刘宇将商品的 3 类数据统一定义为了两大类：集合类数据与对象实例数据。

根据这样的数据结构，刘宇得出一个商品领域的组件模型，如图 12-5 所示。

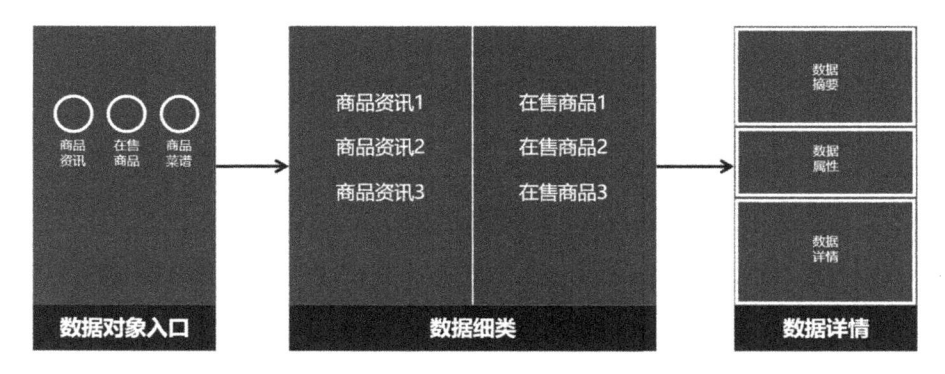

图 12-5 商品领域的组件模型

通过这样的设计，刘宇成功地将 3 个商品对象的数据合并到了一套程序组件中，如果后续需要进行迭代，只需要调整一次，3 个商品对象的数据都会发生改变，大大节省了开发人力。

此外，这样的设计也让后台系统在某种意义上只需要进行数据源格式的不同管理即可，而数据接口等都可以高度复用。

此时再设想一下，如果没有按照这样的页面组织架构进行产品设计，会遇到什么样的问题？

这 3 个商品对象需要定义完全不同的跳转路径，需要维护各自相互独立的页面结构与路径，导致这 3 类数据的前台需要维护 3 组不同的页面代码，后台需要有不同的表结构、数据接口及数据消息体格式。

综上所述，刘宇通过对中台的组件进行规划，让整个系统的开发成本大大降低。

12.4 案例 15：L 电商公司的数据组件提取

在解决了业务组件后，下一步刘宇要做的是对数据组件进行提取。

数据组件对 L 电商公司内部现有的数据资产进行规范，方便进行标准存储与取用。

在中台化前，L 电商公司内部存在大量"数据遗弃"现象。具体来说，在项目早期 L 电商公司内部存在大量的商家类数据，提供的服务就是商家入驻并发布商品，客户在平台下单，数据最终流向商家。

这种业务模式的整个流程也不复杂，主要分为 5 个环节：（1）BD（Business Development，商务拓展）开发商家；（2）邀请商家入驻平台；（3）商品上架；（4）客户下单；（5）分佣。

其中，BD 开发商家实际就是将线下商品供应商邀请到平台中开店，从而为后面整个服务奠定基础，这里也是整个业务的核心与数据的唯一进口。

在这个环节中，公司的 BD 与商务团队积累并维护了大量的商家数据，而初期这些商家数据在数据库中是以"Key=Value"的形式进行存储的。商家数据的存储字段截取如表 12-2 所示。

表 12-2 商家数据的存储字段截取

	Key	Value
1	商家名称	XXX 专卖店
2	注册地址	XXX 市 XX 区 XX 路
3	售后电话	138xxxxxxxx
4	商家类别	标准
5	商家详情介绍	XXXXXXX
6	提供商品	A；B；C；D
7	库存数量（个）	20；4；15；32；10
8	商品价格（元）	100；200；300；400
……	……	……

在经过一段时间的积累后，这种数据存储方式由于维度单一，导致整个数据库的数据量在很短的时间内出现猛增。

虽然每天都有商家数据入库，但是这些数据很多都是没有办法进行二次使用的，只能供特定的业务方进行独立使用。

> **中台产品经理**
> 数字化转型复杂产品架构案例实战

具体来说,在公司内部有多个业务团队,每个业务团队往往都会根据自己的业务需求在数据库中建立一张属于自己的数据库表(这里为了行文方便我们视作一个表),这些表的业务数据字段与定义方式都是业务方定制的。

在 L 电商公司内,商品的提供方被视为供应商,而供应商管理根据是否为公司自营采购,分为两个业务团队运营管理。

- 非标准供应商管理:平台入驻供应商。
- 标准供应商管理;自采商品供应商。

所以在后台有了两套业务数据体系,这些数据都是这两个业务团队自主定义的。

这样的数据看似很寻常,目前很多企业也是这样对内部团队进行管理的。但是对这种商品运营依托于统一业务团队的业务来说(两个业务方最终由平台统一的商品运营团队进行管理,此时商品运营团队需要知道全局的商品价格),我们实际上去做的就是将已经标准化了的数据(供应商数据)再次人为进行割裂,使之变成两个独立的业务数据库,如图 12-6 所示。

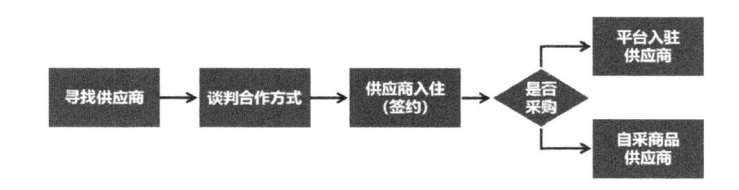

图 12-6 数据管理流程

很多企业平时所做的工作大多数都是在进行数据的迁移与整合,如将多个供应商数据与商品唯一标识数据结合,从而确定商品的最低采购成本。

这也就意味着我们每破坏一次数据之间的关联性,就为后期增加了进行反向操作的次数,也就是增加了将数据进行合并的工作负担。特别是我们用"业务墙"对供应商进行了阻拦,更是破坏了数据的强关联性(同类数据)。

L 电商公司在后续的业务运作中遭遇了一个典型事故:当品类运营人员发现平台上商品的销量高涨时,没有及时地引入自采商品供应商,来实现对应商品的供给,从而让整个平台没有在此刻获取最大利润。

当然,这只是业务数据管理问题中的一个小小的缩影,正是因为若干这样的意外出现,才让 L 电商公司对现有的数据管理方式产生了要去进行变革的意图。

此时面对分散的非标准供应商管理与标准供应商管理两个独立业务管理,我们

第 12 章
中台方案：复用组件设计

更想要看到的是两条业务线汇总后的全维度数据，而在现有条件下要实现这个目标，必须打破两条业务线之间的壁垒。

面对这样的挑战，刘宇的选择就是利用中台的数据组件去解决问题。此时数据组件管理 1.0 的构建步骤如下。

步骤 1：数据统一维护

将供应商数据剥离各业务团队，集中存储到独立的数据中心（也就是中台 1.0）中进行维护，打破各业务团队之间的隔离，此时将原有的环节改为：（1）BD 开发商家；（2）邀请商家入驻平台；（3）数据中心；（4）商品上架；（5）客户下单；（6）分佣。

在新增"数据中心"并进行统一维护后，面对业务团队的数据需求，刘宇在数据中心划分出虚拟数据源用以支撑，如图 12-7 所示。

图 12-7 数据中心

供应商数据与各条业务线生成的订单等数据都被汇总到数据中心，数据中心为整个企业的基础服务提供全局的数据。

步骤 2：特异性管理

接下来刘宇开始分析整个业务运作流程，在原有两条业务线与创新产品的业务模式中剥离具体业务。仅从数据流转的视角来看，整个业务运作流程就是如图 12-8 所示的数据流。

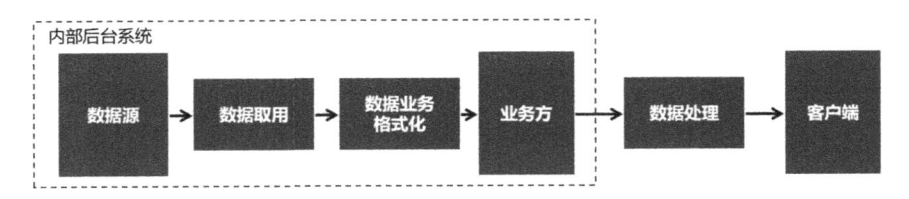

图 12-8 数据流

不难发现，数据源的提供方为业务方做了两个步骤的工作。

> **中台产品经理**
> 数字化转型复杂产品架构案例实战

✧ 数据取用：根据业务方所要求的数据范围提供数据（如本次业务需要读取会员 ID、会员姓名这两个字段）。

✧ 数据业务格式化：根据业务方所要求的数据格式进行特定数据格式/顺序生成（例如，业务方 A 返回数据格式：会员 ID＝"12311"＋会员姓名＝"张三"；业务方 B 返回数据格式：会员姓名→"张三"and 会员 ID→"12311"）。

对比这两个步骤的工作，我们发现第二个步骤实际上是导致原来整个后台支撑系统额外工作的"罪魁祸首"，像前面提到的每个数据接口只能为一个业务方提供服务，这个数据接口由于数据返回格式是特定的，所以具有很强的特异性，导致后台工作人员需要不断地进行新的数据接口的开发。

不懂技术的工作人员可以将此处简单理解为后台工作人员在提供同样的信息而信息的先后顺序不一样时，需要设计不同的传输通道。

此处的设计无疑就是典型的重复建设。这样的情况在日常工作中经常出现，例如，产品迭代中每次版本更新需要重新设计接口（新旧产品就同一数据的不同封装形式的取用）；老版本的数据接口与新版本的同一数据接口不同，需要分别维护。

在找到问题的症结后，刘宇设计了这样的解决方案：在这两个步骤中，第一个步骤的服务共性很高，很容易被抽取成公共服务，于是此处可以单独提供一个标准的取数据接口，各个业务方只需要传输需要什么字段，统一数据返回接口就把数据返回至业务方。

这样在所有的版本中，我们始终对具有相同功能的数据接口进行维护（为了负载均衡）。各个数据接口没有任何特异性，都是标准的数据接口，只根据请求内容进行内容返回，大大减少了开发量。

第二个步骤的不同业务之间的特异性特别高，我们将这种与业务强相关的东西放到业务端，由业务方进行数据处理，加工成他们需要的组织形式再返给客户方。

此时后台工作人员只需要开发面向数据源的数据输入接口，也就是将 BD 采集的数据进行清洗，使之成为中台的原材料，将业务数据留存在数据中心（此时数据中心就是中台），并提供统一的取数方法；前台业务人员根据需要去申请数据，将原来数据后台统一处理这一动作划分为数据获取（中台）与数据业务端组合（前台）两部分。

第 12 章
中台方案：复用组件设计

整个系统架构也就升级为如图 12-9 所示的样子。

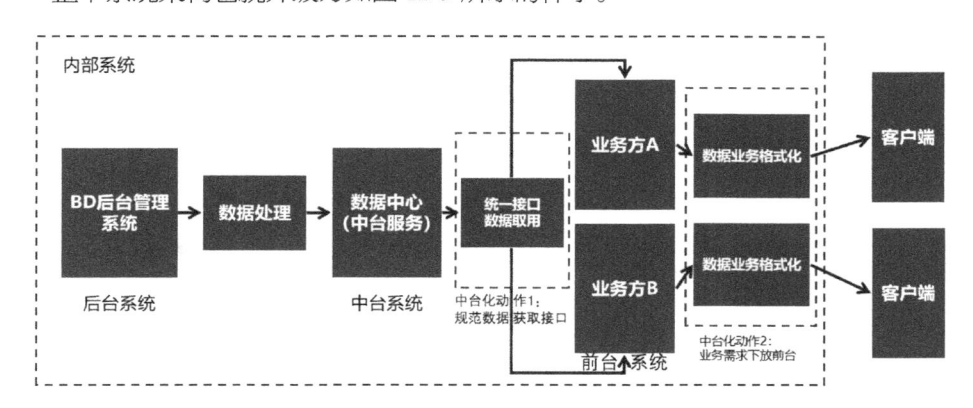

图 12-9 系统架构升级

回顾整个设计改造方案，可以看到刘宇的设计思路是典型的机制与策略分离的实现方式，如图 12-10 所示。

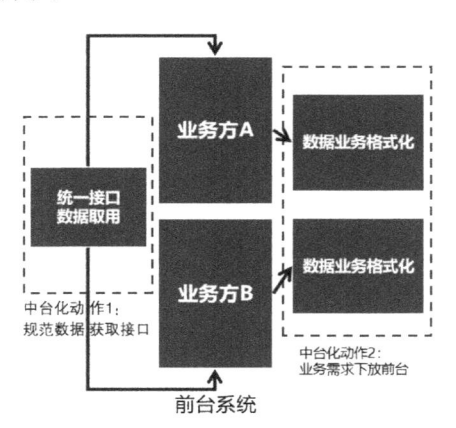

图 12-10 机制与策略分离的实现方式

（1）机制：标准化业务中通用的部分，如标准的数据存储规范。

（2）策略：业务的具体应用方式，如数据陈列、数据二次加工。

中台的组件沉淀机制部分，业务线具体定义策略的落地。

刘宇在完成组件设计的总体方案后，将之分解并分给自己部门的同事去逐个详细设计，刘宇要求大家在目标组件的可拓展性上下下功夫。

此时大家对"可拓展性"产生了疑惑，虽然在以前的工作中也常被要求可拓展，但是由于是业务线系统也就没有过多思考，而中台的组件是要承接不同业务

175

的，对可拓展性的要求非常高。可拓展性具体要怎么实现呢？

刘宇看到大家没有什么思路，便分享了自己的可拓展性的实现方法。

（1）属性：增加类型等对象描述型属性的枚举，使对象描述可变化；

（2）操作：增加动作有进有出，实现动作的闭环。

以会员管理为例，刘宇做了一个可拓展性设计，如图 12-11 所示。

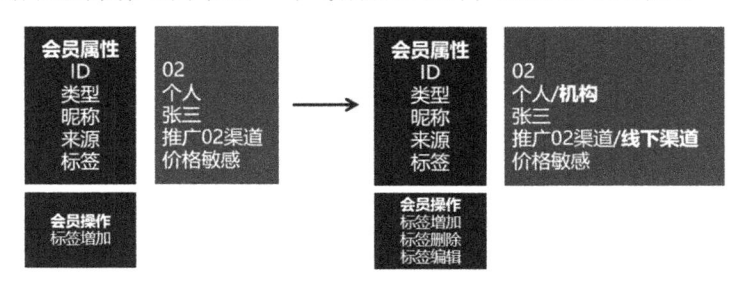

图 12-11 可拓展性设计

通过图 12-11 可以看到，可拓展性设计就是在现有的属性上补全整个维度，在动作上是将常见的增、删、查、改的基础功能补齐。

至此，数据组件的提取就告一段落了。

在第 12 章中，L 电商公司中台建设的进度日志如表 12-3 所示。

表 12-3　在第 12 章中 L 电商公司中台建设的进度日志

任　　务	完成工作项
1	服务中心业务组件的提取
2	服务中心数据组件的提取
总结	中台建设完成进度：64%

本章小结

1．组件

组件为中台的最小复用单元。

2．业务组件

定义：将多个业务在同一领域内的业务流程载体打包至一起构成业务组件。

作用：将固定的业务诉求合并成一个 SDK。

3．数据组件

定义：管理数据流转路径/提供标准数据，作为原材料供前台工作人员加工的数据实体。

作用：将同一领域的数据实体进行汇总管理。

第 13 章

中台方案：拓展服务设计

13.1 目标：场景级复用

事实上，在进行中台建设之前企业内部也存在很多种复用式研发模式。

（1）复用 1.0：代码级复用，提供最原始的复制、粘贴对应模块代码；

（2）复用 2.0：服务级复用，将功能抽象为一个个的服务，由统一接口调用实现复用。

使用这些复用式研发模式的目的都是提高生产效率，但是随着技术的发展，我们已经进入了一个产品开发能力相对富裕的阶段，大家可以看到在互联网行业内部，已经没有那么多真正的用户需求需要去解决，所以相同行业中各家的 App 同质化极其严重。这代表着此时我们缺少的不是开发能力，而是挖掘需求的能力。

众所周知，市场的探索成本是极其高昂的，那么，如何才能降低探索成本，并提高我们挖掘需求的效率呢？

最简单的做法就是剥离掉一个方案中的通用模块设计过程，如注册、登录、账户管理、权限管理等，将思路只集中在核心玩法的设计上。在设计完核心玩法后，直接照搬成熟的通用模块设计产物，这样就完成了一个方案设计。

随后将该方案迅速投入市场中进行测试，测试的本质就是进行核心玩法的测试，这样做能让我们在极短的时间内进行上百种核心玩法的测试，同时成本极低。

这也被称为场景级复用。

【知识点 27】场景级复用

场景级复用不局限于代码层面的复用,而是将一个业务场景下的完整解决方案进行抽象以实现复用。在实际场景中通常为将某领域下的多个功能模块进行通用化改造,并打包在一起,给前台开发者提供一站式复用。

要实现场景级复用的产品设计,此时就需要用到中台的拓展服务了。也就是一个成熟的中台系统除了提供标准的能力复用(基本款),还会提供场景的若干配套服务,让业务线在接入时可以按需选配。事实上这里的拓展服务也是一种组件,只不过在类型上属于可选配的非必需组件。

【知识点 28】拓展服务

拓展服务是一种可选配的非必需组件,用于提供领域内常见的配套服务的复用,从而让业务线在接入时不仅可以复用本领域的能力,还可以实现常见的配套开发的复用。

这样中台的价值就更丰富了,中台可以提供某领域全部功能模块的复用与相关周边模块的同时接入,从而给前台客户一个完整的接入,而不是让客户在复用某服务后,还要独自去接入数据中心、对接财务系统等,这就是复用 3.0。

行动点:

(1)将某领域内的配套服务进行归类;
(2)将归好类的配套服务沉淀至中台供业务线选配。

13.2 工具:常用拓展服务清单

在中台建设中,会存在一些较为常用的拓展服务,我为大家整理了一份清单,如表 13-1 所示。

表 13-1 常用拓展服务清单

拓展服务	拓展服务的作用
角色定义	可创建客户组自定义角色
权限树	自定义权限树与权限分配机制

续表

拓展服务	拓展服务的作用
组织树调整	客户管理中编辑并调整整个组织关系
客户等级	可自定义客户等级与称呼
操作日志	系统使用日志
账户登录风控校验	校验账户是否存在被盗监测
实名认证	使用身份证进行实名校验
预约登记	管理预约类业务请求
订单销售额统计	订单数据汇总计算
支付金额对账	支付金额与实收金额的对账
第三方支付	聚合现有市场上的第三方支付通道
PUSH 服务	向客户端进行消息推送
短信服务	向指定客户进行短信发送

以上仅是一些常用的服务中心所使用的拓展服务，大家在设计自己公司内部的中台时，可以根据实际业务来定义常用拓展服务清单。

接下来我们继续来看刘宇是如何完成拓展服务设计的。

13.3 案例 16：L 电商公司的权限拓展服务设计

由于 L 电商公司内部各服务中心的差异特别大，为了节省开发资源，刘宇选择了权限管理这一适配性极强的服务作为拓展服务进行设计。原因很简单，权限管理是一个几乎所有系统功能都会涉及的重要组成部分。

权限体系可以分为如下两类。

- **功能权限**：是指系统中的一系列操作，常见的如删除、编辑、提交等。
- **数据权限**：指是否拥有数据查看、编辑等权限，如钉钉中每个人都能看到自己的出勤数据，但是全公司的出勤数据只有管理员能看到。

由于数据权限与各业务之间为强绑定关系，故不被纳入中台设计范畴，而是交由业务线系统自主定义。因此，刘宇重点设计了可适配不同业务线的功能权限。

权限的实现一共有两种模式。

（1）"所见即所得"模式。

用通俗的话来说，"所见即所得"模式就是能看见相关操作就能执行对应的操

第 13 章
中台方案：拓展服务设计

作，所有的权限限制就隐藏在对应的操作页或按钮上，不区分查看与操作。

例如，当客户拥有访问某操作页的权限时，在本模式里该项目的增、删、改、查都可以操作，核心是只要能看到就能操作。

这个模式的好处是适合具有不同复杂度的业务线，其本身没有复杂的岗位划分且要求系统简单、易上手。如果一款产品的权限让用户配置半个小时，这对客户来说是一项无比巨大的负担。

（2）"读写分离"模式。

所谓"读写分离"，就是在第一种模式上进行的升级（这里的"写"泛指一切关于某模块的操作）。

怎么理解呢？当客户拥有进入某页面的权限时，如果没有分配写的权限，就算看到了这些操作也不能使用。这种模式多用在数据权限上，而在功能权限上多用于给客户预告，只有当客户满足指定条件时才可以去操作。当客户未完成指定信息的填写时，不能点击"提交"按钮，但是"提交"按钮必须在页面中出现。

我们用一张图来阐明这两种权限的颗粒度，如图 13-1 所示。

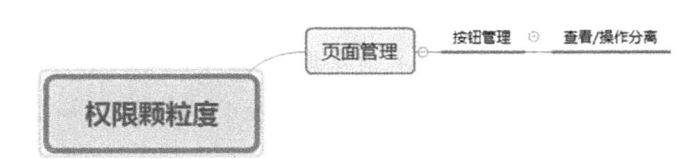

图 13-1　权限颗粒度

刘宇将中台拓展服务的功能权限划分为 3 个单元，如图 13-2 所示。

图 13-2　权限单元

单元 1：功能点封装

由各业务系统将当前后台系统中的页面 URL、按钮 ID 进行梳理，得出一棵带有唯一 ID 的功能树。任意权限系统想要控制到哪一个层级，就将功能拆分到对应的层级即可，如图 13-3 所示。

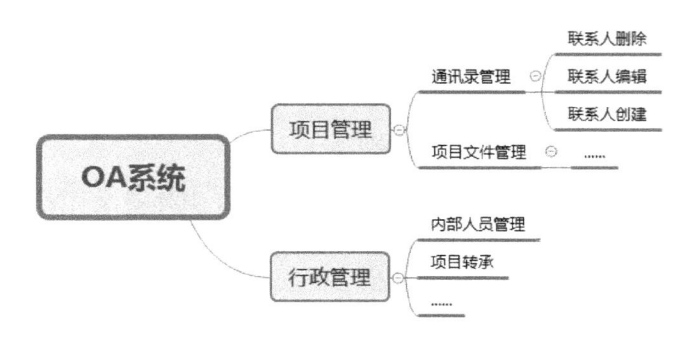

图 13-3　功能拆分示例

单元 2：权限授予

在拆分完功能点并接入该权限的拓展服务后，此时中台的权限拓展服务相当于有了一个完整的系统权限表（也叫权限池），接下来需要设计的就是如何给客户分配权限，即权限授予。

权限授予要满足如下两个基本方向的设计。

- 角色概念：角色可以被简单地理解为一个个权限的集合。它提前将一部分权限配置成通用模板，随后只需要向有需求的人员授予这个角色，就能一次性地拥有该角色里提前设置好的对应权限。
- 权限池内自定义授予：在实际权限分配中会遇到这样的情况，即之前配置的某部门经理或助理的角色由于临时性工作借调可能会涉及多个岗位的工作，从而导致之前的角色的权限不能得到满足，而此时又不好再单独创建角色给他，因此需要在角色外再单独指派权限的功能，这称为权限池内自定义授予。当然权限池内自定义授予也适用于不在角色表中的任意权限分配。

值得注意的是，一般的权限系统要支持一人被授予多个角色的功能，而此时由于拓展服务属于中台并对接多个业务系统，因此可以实现对一个账号分配多个系统权限。此处的价值相当于一个简单的拓展服务实现了庞大的 SSO（Single Sign On，单点登录）账户系统的功能。

单元 3：权限累加器

在单元 2 中，一个人可以承接多个角色，又可以自定义额外权限，而且还会跨多个系统，到最后个人权限要怎么定呢？

在中台的拓展服务中，需要引入权限累加器来解决这个问题。权限累加器相当于一个单独的权限计算器，通过将前后授予的权限进行累加得到客户的最终权限。

权限计算规则如下。

- 计算规则 1：将变动前的权限集合与其被授予新权限后的权限集合取并集，去除相同的权限。
- 计算规则 2：最终权限 = 角色权限 + 权限池内自定义授予权限。

在一般权限授予中，权限都是越给越多。但是也有可能会将某一角色的权限进行统一减少，此时就需要交由权限累加器去处理，其能帮我们将拥有多个角色的用户的权限进行批量计算。

权限累加计算如表 13-2 所示。

表 13-2　权限累加计算

操作时间	客户 ID	角色变动	权限池变动	累加最终权限数（项）
1 月 21 日 16:53:35	U298/278	+员工角色 （含 6 项）	+发布权限	7
1 月 22 日 12:53:35	U298/278 /265/299	+部门助理 （原 6 项+新 4 项）	+查看权限	12
1 月 24 日 17:24:58	U298/278/265/299	部门助理 （原 6 项+新 4 项-1 项）	无	11

在表 13-2 中，该客户的权限共进行了 3 次变动。

第 1 次：U298/278 两位客户获得了初始员工权限和发布权限，此时权限累加器计算出其拥有 7 项权限。

第 2 次：新增了两位客户，此时 4 位客户在员工角色上增加了部门助理角色，并额外增加了查看权限，权限累加器计算出这 4 位客户的权限为 12 项，计算过程如下。

员工角色与部门助理的相同权限 6 项 + 部门助理独有的 4 项权限 + 发布权限 + 查看权限 = 12 项。

第 3 次：4 位客户的共有角色——部门助理被减去了一项权限，此时权限累加器计算出这 4 位客户的权限为 11 项。

至此，一个通用化的权限管理拓展服务就完成了，在使用时业务线系统只需要

> **中台产品经理**
> 数字化转型复杂产品架构案例实战

在对应功能中接入该权限管理拓展服务即可。

在第 13 章中，L 电商公司中台建设的进度日志如表 13-3 所示。

表 13-3 在第 13 章中 L 电商公司中台建设的进度日志

任务	完成工作项
1	权限管理拓展服务设计
总结	中台建设完成进度：66%

本章小结

1. 复用式研发模式的发展历程

（1）复用 1.0：代码级复用，提供最原始的复制、粘贴对应模块代码。

（2）复用 2.0：服务级复用，将功能抽象为一个个的服务，由统一接口调用实现复用。

（3）复用 3.0：场景级复用，将领域内多个功能模块打包，提供一站式复用。

2. 场景级复用

场景级复用不局限于代码层面的复用，而是将一个业务场景下的完整解决方案进行抽象以实现复用。在实际场景中通常为将某领域下的多个功能模块进行通用化改造，并打包在一起，给前台开发者提供一站式复用。

第 14 章

中台方案：服务中心规划（一）

14.1 目标：标准型服务中心设计

在中台建设中，因为企业内部业务错综复杂，我们能梳理的关键节点也仅仅为一小部分，还有大量需要放入中台的节点是无法标准化的，那么我们在设计服务中心时就无法简单地用一种设计思路去统一进行设计。

因此，我们需要使用不同类型的建设方案来完成中台服务中心的建设。

【知识点 29】中台服务中心的分类

为了应对具有不同标准化程度的业务类型，我们在中台建设中设计了 3 类服务中心，以适配不同业务类型的建设需求，如表 14-1 所示。

表 14-1 服务中心的分类

序号	服务中心类型	适用范围
1	标准型服务中心	承载各业务线达成一致的标准业务领域的关键节点
2	结构型服务中心	承载无法标准化的业务领域的核心节点
3	组装型服务中心	承载无法标准化的业务领域的非核心节点

在完成公司内部标准化的业务架构后，接下来我们就可以对标准化的业务领域产出服务中心的设计方案。由于该服务中心面向全公司内相同领域的所有业务线，故此类服务中心被称为标准型服务中心。

在标准型服务中心设计完成后,后续接入该服务中心的业务线在该领域的运作模式,将以该服务中心的系统流程为准。

行动点:

(1)标准型服务中心清单产出;

(2)标准型服务中心设计完成。

14.2 工具:服务中心设计公式 1

下面为大家介绍服务中心设计公式 1:标准型服务中心设计公式。

标准型服务中心采用一套标准流程,用于解决企业内部相同领域的问题。由于该服务中心是根据被标准化后的流程进行设计的,不需要兼顾不同业务的分支流程,因此该服务中心的开发过程是最简单的。

【知识点 30】标准型服务中心设计公式

(1)寻找企业内存在共性的领域;

(2)约谈该领域的各业务方;

(3)在该领域内设计统一化的流程;

(4)约定各业务方的运营路径;

(5)定义统一路径为该领域的公司级标准流程。

因为服务中心是按照统一化后的公司级标准流程设计的,所以在中台的服务中心建设完成后,服务中心定义的流程就成为本公司的业务标准协议,后续新中台用户在接入时必须按照该业务标准协议接入并规范自身的业务流程。

标准型服务中心建设的前提是要准确地进行共性定义。接下来我们再来谈谈中台服务中心建设中一个重要的设计思路:共性抽取。

大家一定在讨论中台的资料中看到过一句话:中台建设的本质就是抽取不同系统之间的共性,从而在企业内部进行复用。

究竟如何进行共性抽取呢?

在回答这个问题之前我们需要先理解什么是"共性"。如果我们去观察一个电商

第 14 章
中台方案：服务中心规划（一）

行业，不难发现，现在的市场中存在五花八门的电商业务，如美妆电商、全品类商城、图书电商、海淘电商。

但是从一定高度来看，这些繁杂的电商业务背后的业务单元都可以被抽象划分为两个部分，如图 14-1 所示。

图 14-1 电商业务的共性

这就是电商业务的共性，也就是概念相同的元素。

再仔细观察这些电商业务，其在本质上只是售卖的 SKU 不同，但是供应链的基本作业都是相同的。也就是说，在这些电商业务中，存在变与不变的内容。

- 变化的是：它们进行的业务不同，也就是售卖的产品不同。
- 不变的是：这些业务的供应链体系都会涉及仓库管理、质检管理、物流管理等基本单元。

准确地找出变与不变的内容是共性抽取的第一步。

【知识点 31】共性抽取

共性抽取实际上就是先去寻找企业内部相同领域内多条业务线都使用的模块、节点、业务流程，再将这些共用的部分提取出来。

举个形象的例子来理解一下这个概念，如果我们把各条业务线使用的功能以图形化的形式表示出来，我们可以看到业务线1、业务线2的具体功能节点如图 14-2 所示。

在这个基础上，我们很快发现了一个相似的模块，如图 14-3 中的框选部分所示。

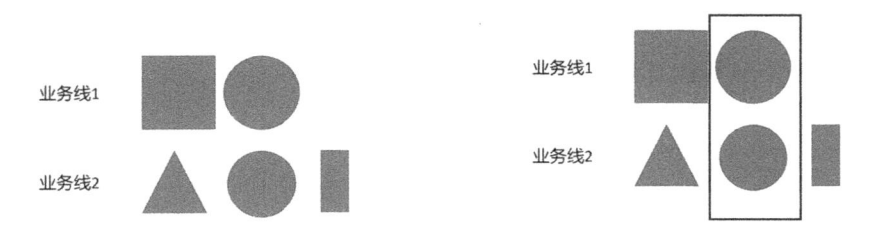

图 14-2 功能节点示意   图 14-3 相似模块示意

数字化转型复杂产品架构案例实战

虽然这个框里的两个圆形所代表的功能的大小有细微的差别，但是它们都是圆形，这个时候我们就可以将圆形所代表的功能视为一个可复用的共性抽取出来，如图 14-4 所示。

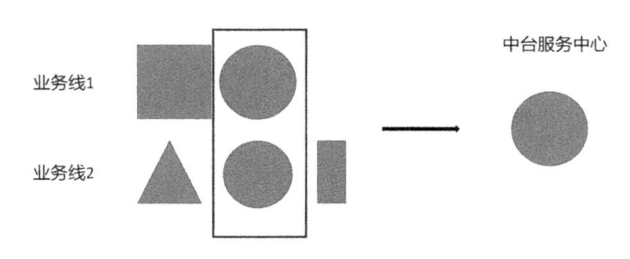

图 14-4 共性抽取示意

这便是一个寻找共性的过程，实际上只要我们建立起这样的思维，共性抽取对我们来说就没有难度。

共性抽取的核心步骤如下。

（1）准确拆解并梳理各条业务线的功能节点；

（2）寻找具有相似度的功能并进行合并。

其中，唯一的难点在于我们如何将业务线的各个功能拆分成边界清晰的节点，从而快速地发现业务的共性。

这就需要用到我在前面为大家介绍的梳理业务 SOP 及为业务进行建模。只有先进行建模，我们才能清楚地找到业务中的各功能节点。

由于共性抽取是服务中心设计中最重要的基础概念，所以，我给大家举一个例子来示意如何剥取业务共性，形成一个中台内部的服务中心，加深大家对这个概念的认知。

为了好理解，我选择了一个低复杂度的功能，即每个产品内部的批量导出功能（如图 14-5 所示的导出功能）。

假设公司内部现在有多条业务线。

（1）A 业务—交易业务线：包含订单导出功能；

（2）A 业务—效能业务线：包含员工考勤导出功能；

（3）B 业务—门店零售业务线：包含线下注册用户导出功能；

（4）N 业务线。

图 14-5　导入、导出功能示例

到这我们其实已经发现了，公司内部各条业务线都有一个相似的功能——导出功能，那么如何去提取它的共性呢？

我们需要对这个功能进行进一步的拆解，可以得到各条业务线具体的导出功能构成。

业务线 1：导出订单数据 + 权限控制 + 多种格式筛选。

业务线 2：导出员工出勤数据。

业务线 3：导出会员数据 + 多种格式筛选。

我们在这个基础上进行共性提取，最重要的一步是**将业务线的功能剥离业务特征，使其还原为一个基本的操作**。

业务线 1：导出订单数据 + 权限控制 + 导出格式自定义。

业务线 2：导出员工出勤数据。

业务线 3：导出会员数据 + 导出格式自定义。

根据此原则我们通过对功能的拆解，就可以剥离出导出功能的两个基本操作：

（1）导出数据；

（2）导出格式自定义。

接下来我们在搭建中台服务中心的时候，还需要考虑业务的扩展性。也就是对于未来业务线可能会发展出哪些功能，我们需要做一个预判，并且将之合并到中台服务中心，以支持未来业务线的发展。

我们继续来看上面各条业务线的导出功能。虽然说权限控制只在一条业务线中使用，但是这个功能属于一个需要拓展的基础功能，那么我们就可以将它提前合并至中台,以便其他业务线在使用的时候能够快速调用。

可能有读者会问:"我们要如何去识别需要拓展的功能?"其实这个时候就不能简单地分析各条业务线的功能了,而应凭借业务经验进行判断,通过自己的项目经历,来判断哪些功能会是这个业务未来要用到的,所以有时候业务经验也非常重要。

至此,公共导出服务的功能列表就得到了,如表 14-2 所示。

表 14-2 公共导出服务的功能列表

	功 能	功 能 描 述
1	导出文件	支持对任意数据表配置导出项
2	格式选择	支持选择导出文件格式
3	权限控制	支持配置操作人、角色

我们根据这样的一个功能列表去进行中台建设,从而让前台人员在使用时只需要告诉中台服务中心具体要导出哪些字段,中台服务中心就可以根据请求,快速地读取对应的数据库表,进行字段返回,还可以自定义返回文件的格式,从而方便前台各条业务线快速去搭建一个导出功能。

至此,从业务中提取共性、搭建中台服务中心的思路就讲解完了,大家可以根据自己的中台建设需求进行思路套用。

14.3 工具:中台需求文档

要想写出好的中台需求文档,我们首先要明白什么样的文档才算是一个好的需求文档。一份顶级的需求文档至少要讲清楚 3 个层次的问题。

(1)设计是否正确:设计的需求是否正确(重要性:60%);

(2)设计是否全面:产品模块与业务规则描述是否全面(重要性:30%);

(3)设计是否高效:设计是否有可优化点(重要性:10%)。

第一个问题要求我们去设计对的需求。例如,我们需要一个客户下单功能,我们以是否讲通这个下单模块为依据来判断需求文档是否描述正确。也就是说,在描述需求的过程中,你所设计的方案是否能跑通?开发是否可以实现?

第二个问题要求我们对所定义的需求不仅要描述主流程,还要将与该流程相配

第 14 章
中台方案：服务中心规划（一）

合的其他模块都描述清楚。例如，下单过程中涉及的客户中心、支付中心、风控中心都与订单流转有密切的关系，所以我们应该去描述与之交互的规则。

第三个问题要求我们在前两者的基础上进行一个升级，也就是我们在能正确、完整地描述一个需求之后，保证所描述的需求是最优方案（能给客户带来更好的体验的一种方案）。例如，我们可以把下单功能设计得很烦琐，也可以在网站上增加一键快捷下单的方式，很明显后者就是优化后的设计方案。

以上为需求文档的通用型要求。中台需求文档与普通产品的需求文档没有过多的差异，唯一特殊点在于写中台需求文档，除了描述能看到的交互，还要深入中台能力中去定义各能力的运行规则。我们可以用一个公式来定义中台需求文档的特征。

$$中台需求文档 = 能力规则（95\%） + 交互描述（5\%）$$

（1）界面交互：在一般的需求文档中，界面交互指的是原型中对应的交互规则，常见的如按钮的交互样式、错误提示、字段长度限制等；而在中台需求文档中，界面交互主要指在前台系统接入中台能力后，该能力建议的客户系统的交互形式或者建议前台系统直接使用的配套页面。

（2）能力规则：指的是中台系统在各个领域的信息流处理逻辑，比如如何接收前台请求并将处理结果返给前台。

大家都知道计算机或软件系统的本质就是一个信息黑盒，如图 14-6 所示。

图 14-6 信息黑盒

中台需求的本质就是将前台客户所输入的信息根据一系列的规则进行处理，得到了前台客户想要的结果并返回。在图 14-6 中，我们将前台客户想要计算的两个数输入中台系统中，中台系统根据除法能力中心的除法规则进行运算处理，得到了信息输出，也就是商，并返给前台客户。

所以在中台需求文档中，最重要的部分其实是对各能力规则的描述，能力规则描述的完整与否决定了中台系统是否可被客户需要。

中台需求文档的组成部分如表 14-3 所示。

表 14-3 中台需求文档

	类别	内容项
1	全局描述	迭代记录
2		中台服务中心清单与说明
3	系统规则	该服务中心提供的功能列表
4		服务用例
5		状态图
6		核心流程
7		UML 用例
8		系统字段说明
9		中台数据模型描述
10		前台接入方式
11	界面交互	前台建议交互
12		服务提示文案
13		页面字段说明
14		异常返回值说明

14.4 案例 17：L 电商公司的账户中心

刘宇在此处运用共性抽取的方式，对 L 电商公司的账户体系进行升级，制定一个适合不同业务的完整身份管理方案。

在 L 电商公司内部，账户服务的现状如下：两年前公司在构建 AC 账户平台时建设了统一身份管理一期，涉及的系统主要为效能相关系统，包括邮件、OA、HR 系统。

然而时至今日，统一身份管理的基础架构和业务基础仍然采用的是两年前的规划。随着 L 电商公司的 HR 系统切换至自研系统，并外采了一套客服外呼系统，在 L 电商公司内部效能系统出现了第三方软件与自研系统共存的情况。

随着引入加盟商、供应商等多个业务的快速发展，业务层面在现有基础上通过不断定制开发，已经不能满足业务的发展需要。

账户体系的问题汇总如下。

- 缺乏面向不同角色，以及可扩展角色的统一身份规划；

第 14 章
中台方案：服务中心规划（一）

- 正式员工、临时员工、供应商、加盟商、会员等角色众多，管理难度大；
- 没有有效地跟踪开账户、信息变更、转岗、离职等账户信息管理；
- 当下仅为手动删除 OA 账号，对交接信息与涉及范围不明确；
- 核心信息量过少，各个系统之间信息不同步的问题严重，大量的信息不一致；
- 不同系统的账户之间无法关联，采购系统与天眼数据系统无法实现统一账户；
- 没有统一的用户、组、组织信息基础，无法满足协同办公平台的要求。

现有账户体系的架构如图 14-7 所示。

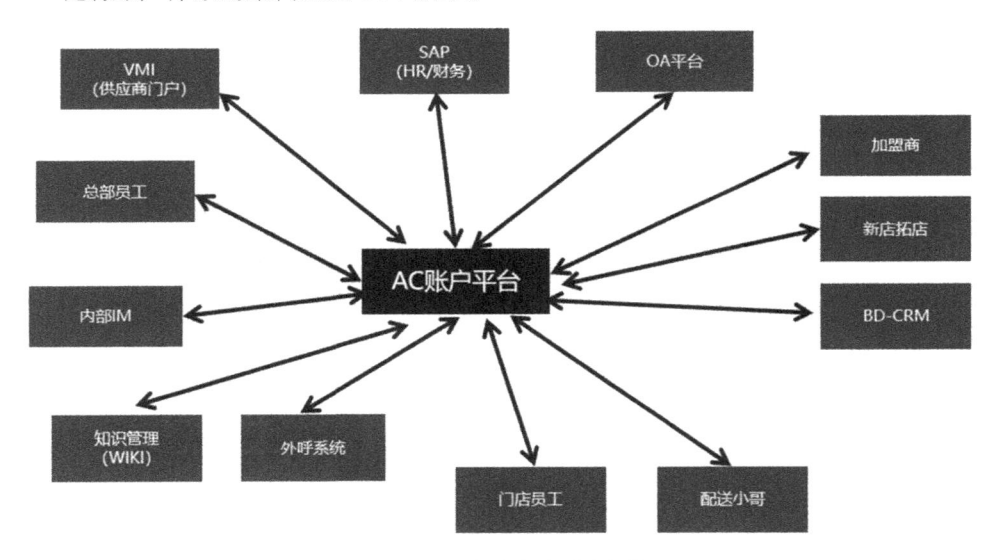

图 14-7 现有账户体系的架构

基于现状，刘宇制定了中台账户服务中心的设计目标。

1．总目标

面向未来 3~5 年的业务发展制定统一规划，涵盖所有身份类别的账号，并支持在系统内自定义角色。

2．详细需求

（1）针对当前公司不同类型的用户构建统一身份信息主数据，并差异化地管理和对接各个外围系统；

（2）制定标准的开户、信息变更、退出操作的规范，满足信息安全和审计的需要；

（3）定制开发统一身份管理平台，实现统一身份信息视图化管理，并可追溯每个用户的每条信息在不同系统中的表述，以及信息变化情况；

（4）技术实现进一步提升，差异化地对待当前系统，尽可能实现系统自动化处理和比对，以及提醒；

（5）开放用户信息查阅功能给其他系统的管理员，针对用户信息问题透明沟通；

（6）梳理并升级现有系统的集成接口，满足各个系统的需要，并对新构建的系统和新出现的技术提供统一接口。

步骤1：基于账户生命周期进行管理。

账户生命周期如图14-8所示。

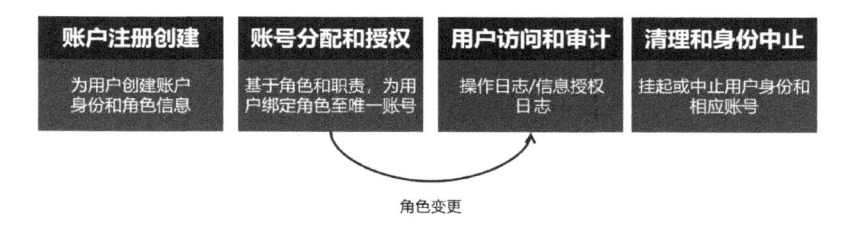

账户注册创建	账号分配和授权	用户访问和审计	清理和身份中止
为用户创建账户身份和角色信息	基于角色和职责，为用户绑定角色至唯一账号	操作日志/信息授权日志	挂起或中止用户身份和相应账号

角色变更

图 14-8 账户生命周期

（1）为每个用户建立唯一账号，以追踪全局生命周期；

此处刘宇将账户生命周期分为5个阶段：注册、角色分配、授权、冻结、删除。

（2）区分身份与角色，将二者关联起来实现分角色控制。

身份用来区别不同类型的账户，可用于区别公司内外部的客户与员工。在 L 电商公司内部有 5 类身份，如表14-4所示。

表 14-4 身份类型

序 号	身 份
1	员工（正式）
2	员工（非正式）
3	加盟商
4	供应商
5	客户

每个身份都是各系统使用人员自定义的,用以区分不同类型的用户组。例如,员工身份下可以创建采购角色、运营角色、销售角色等。

步骤2:基于权限拓展服务,提供统一认证服务,并面向多种业务应用。

统一认证服务如图14-9所示。

图14-9 统一认证服务

基于之前设计的权限拓展服务,刘宇在将其合并至账户服务中后得到了个人角色与权限的管理。

(1)整理全公司业务系统,得到现有权限/角色池;

(2)后期在新增系统时,只需要在权限/角色池中不断增加即可。

步骤3:分层实现账户管理。

中台账户中心的功能体系可以切割为4大层,如图14-10所示。其中,组件化为上面两层,拓展服务为下面两层。

步骤4:提供自动化的用户身份服务。

在完成账户服务搭建后,前台接入账户服务的流程如图14-11所示。

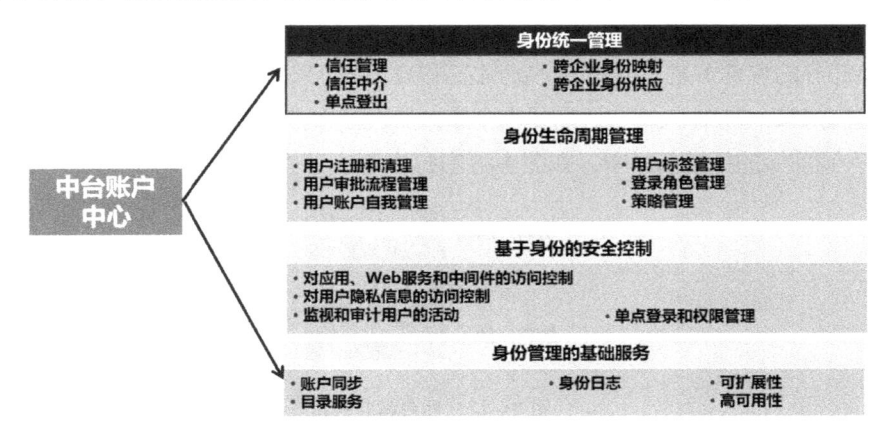

图14-10 账户中心的功能体系

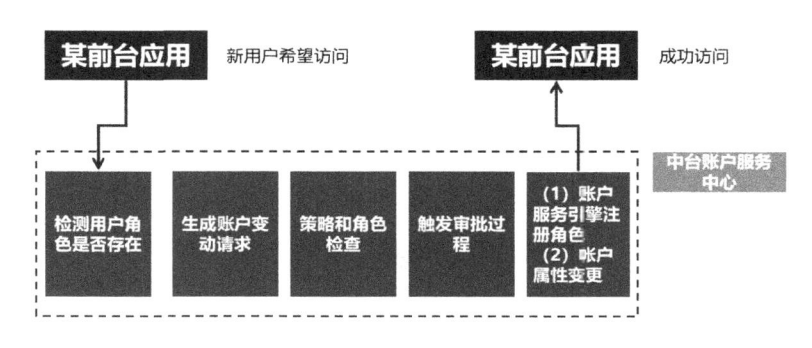

图 14-11　前台接入账户服务的流程

至此，刘宇完成了整个中台账户中心的建设。

14.5　案例 18：L 电商公司商品中心的搭建

刘宇开始搭建商品中心，希望找到下面几个问题的解决方案。

（1）商品主数据不唯一问题。

由于历史问题，之前的供应链系统与两个业务的商城并没有共用同一套完整的商品体系，以至于在两个业务的前台商城（MALL）中有两套独立的 SKU 商品体系，供应链中也有自己的一套 SKU 商品体系，L 电商公司内部共存在 3 套完全不同的 SKU 商品体系。

造成的结果是虽然大家的商品可能是一样的，但是其在各个系统中 SKU 的 ID（以及部分的名称）是不一样的，此时在采购人员下采购单后，收到的商品不能直接按供应链 SKU 的 ID 入库，还需要由仓库人员进行库存挂载，也就是将收到的商品选择录入到前台的指定商品中，如图 14-12 所示。

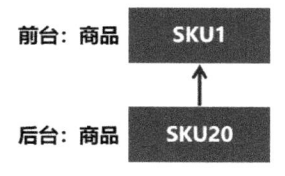

图 14-12　后台库存挂载

如果只是库存挂载，还可以通过人工完成，但是随着 SKU 的数量逐渐增加，遇

第 14 章
中台方案：服务中心规划（一）

到的另外一个问题就非常让人难以处理了，这就是 SKU 库存的转换。

实物商品在日常仓库管理中经常会遇到的一个问题是，虽然都是最小库存单元的商品（也就是计算库存的商品），但是实物却存在不同的包装规格。

例如，可乐这种商品（SKU）的最小库存单元都是一瓶（330ml），因此无论下单时写的是一箱可乐还是一组可乐，对仓库来说都需要将 SKU 的库存增减转换为多少瓶可乐来进行计算。

可乐商品的实物图如图 14-13、图 14-14 所示。

图 14-13　SKU1：可乐 330ml×24　　　图 14-14　SKU2：可乐 330ml×6

两种包装规格的可乐是完全不同的商品，但是在仓库管理系统中又是相同的商品。

具体来说，在 WMS（仓储管理系统）中 SKU1 和 SKU2 的存储结构如表 14-5 所示。

表 14-5　SKU1 和 SKU2 的存储结构

	SKU 名称	最小库存单元	最小库存单元 SKU	包装规格
SKU1	可乐 330ml×24	24	可乐 330ml×1	箱装
SKU2	可乐 330ml×6	6	可乐 330ml×1	6 连装

也就是说，SKU1 和 SKU2 在本质上是同一个东西：可乐 330ml。

这个问题导致在实际售卖中会出现一种场景：由于某种包装规格的可乐售卖完毕了，此时在仓库内就需要进行拆箱的动作。

这个拆箱的动作就是对其他 SKU 的借调，也就是通过消耗一个可乐箱装库存，为可乐单瓶装增加 24 个库存。

那么，当采购的 SKU ID 与商城的 SKU ID 不统一时，人工去做这个动作就变得

> **中台产品经理**
> 数字化转型复杂产品架构案例实战

非常复杂。例如，要消耗的这一箱可乐库存到底在原前台挂载在哪个 SKU 下？转换的目标 SKU 在前台又是什么？如果在转换的时候又有新的可乐商品到货，就要增加库存，这会让整个作业流程变得不可控，作业任务中需要核对的信息随着新的仓库动作的加入成倍增长，此外由于操作复杂，导致订单经常出现缺货。

（2）SKU 信息的标准化问题。

这是一个老生常谈的问题，刘宇在此处希望借助中台将不同业务系统里的 SKU 字段进行统一化管理，将基本属性全部交由中台进行管理。

L 电商公司的商品信息管理现状是，两条业务线中对商品信息维护存在两套独立的流程，造成维护属性不统一、ID 不统一的问题，如图 14-15 所示。

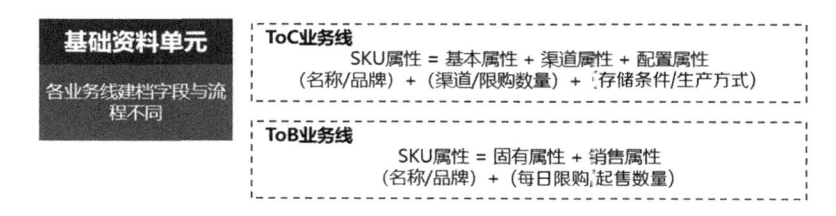

图 14-15 商品信息管理现状

对于 SKU，我们希望有一个地方能查看它的全量信息，从而当其他业务有这样的需求时，无须再去修改数据库字段，就可以直接由中台将该字段通过接口暴露给业务，实现零开发使用。

至此，刘宇得到了中台商品中心 V1.0 的功能范围，如图 14-16 所示。

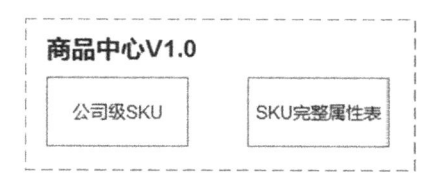

图 14-16 中台商品中心 V1.0 的功能范围

14.5.1 方案：商品中心

具体来说，商品中心的搭建分为如下两步：

（1）统一 SKU 数据；（2）各业务 SKU 的个性化需求兼容。

也就是需要面对并处理不同业务的需求差异（以下仅摘取了部分需求差异）。

（1）在商城展示中，有的商品为固定包装商品，如啤酒会展示净含量等信息，如果这个字段得到复用，其他生鲜品（如整只鸡）的净含量怎么填写？

（2）在供应链管理中，通常根据最小存储单元进行库存管理，但同时其他业务也会出现按箱出入库的情况（越级），此时将箱作为一级封装，如果再出现将多箱打包为组的二级封装，按什么拣货单位进行拣货？

（3）每个业务的商品类目在商城前台都有自己的一套分类体系，与后台诉求完全不一样（各业务用户展示与运营需求）。

通过调研，刘宇发现不同业务对商品管理的诉求，本质上来说偏重于不同角色的需求。也就是说，有的业务可能对供应链管理有特殊要求，如需要按箱入库；有的业务需要在前台增加更多运营属性，如特殊的商品分类。

因此，L 电商公司业务中台的商品中心通盘解决的问题清单如表 14-6 所示。

表 14-6 商品中心通盘解决的问题清单

序号	终端	角色	需要解决问题
1	商城展示需求	面向消费用户	用户个性化展示
2	运营需求	面向商品运营人员	商品周期管理
3	履约需求	面向供应链人员	如何有效率地管理商品

14.5.2 建设：商品数据改造

要解决上述问题与满足不同角色的需求，需要确定商品功能的基本结构。如果站在一定的高度去看商品功能，可以发现商品功能的基本结构包含 3 个部分。

（1）**商品定位**：如何快速地在庞大的商品库中找到需要的商品？

（2）**标识商品**：很多时候仅依靠命名会存在很多相似的商品，如可乐 1 瓶/可乐 1 大瓶，此时如何将相似的商品进行区分，以保证在后续系统中流转不会出现错误？

（3）**商品特性**：完整的商品特性理论上应该像一个海胆，每一个特性就像一个尖触角，都会被有需要的人捕捉，从而完成自己的业务。

刘宇将上面这 3 个部分翻译成产品语言，如表 14-7 所示。

表 14-7 商品需求

序号	基本诉求	商品需求
1	商品定位	类目

> **中台产品经理**
> 数字化转型复杂产品架构案例实战

续表

序　号	基本诉求	商品需求
2	标识商品	SPU/SKU 体系
3	商品特性	商品属性

至此，L 电商公司商品中心的需求范围就被定义出来了，如下所示。

（1）类目。

类目可拆解为前台类目与中台类目，其中中台类目也被称为商品固有分类，是按照商品的固有特征进行的分类，用于维护供应链的统一。

不管前台将可乐这个商品放在哪个类目下，在中台中可乐永远被放在如表 14-8 所示的类目中。

表 14-8　中台类目

序　号	一　级　分　类	二　级　分　类
1	饮料	碳酸饮料

中台维护的就是标准的中台类目，提供全局最标准的类目，中台再次起到了为全公司制定标准的重要作用。

在有了标准的中台类目后，各业务人员在获取商品后可以自己维护一套类目去解决营销售卖的个性化需求，这种类目也就是前台类目。

（2）SPU/SKU 体系。

SPU/SKU 体系可以算是商品中心最为简单的设计，为了统一管理全公司的商品，在中台中需要建立唯一的商品创建入口，从而仅在一处进行商品数据的统一化管理。此时各个业务的新增商品必须由商品中心创建，并被发布成为正式的商品。

中台成为整个 L 电商公司的商品主数据维护中心。

当有多个业务创建相同的商品且共同维护库存时，这种模式的优势就凸显出来了，如图 14-17 所示。

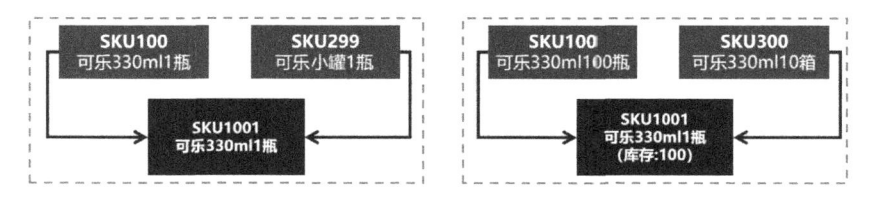

图 14-17　统一的 SKU 体系

从图 14-17 中我们可以看到一个实物映射了多个不同业务的售卖物,不管具体业务中可乐的叫法是什么,对供应链来说只有一个 SKU,这不仅实现了实物的归一化管理,也实现了全局实物库存的共享。

在有了这样的全局实物库存后,L 电商公司内部的实物库存管理体系也实现了归一化,如图 14-18 所示。

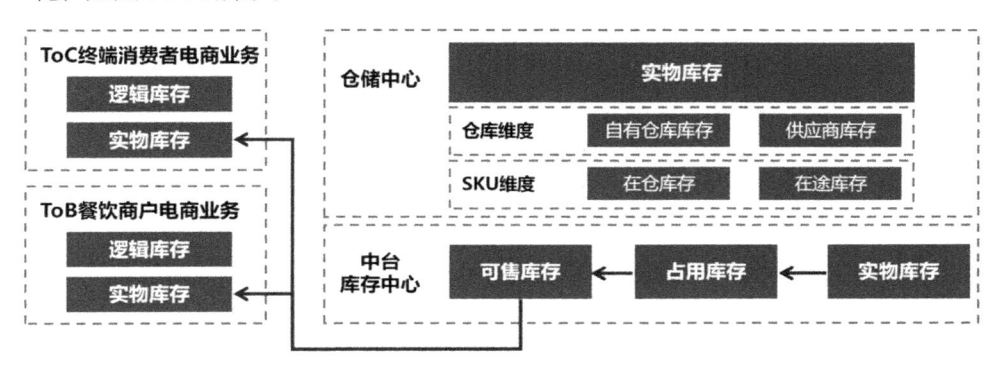

图 14-18 实物库存管理体系

刘宇对全公司内部商品的命名制定了规范,并在两个业务部门推行:商品名称 = 品牌+系列+规格+材质+类型+用途+颜色+货号。

(3)商品属性。

商品属性的本质是描述商品特征、为对应的下游系统功能提供触发标识。

例如,商品温层属性:常温、冷藏、冷冻,提醒仓库作业人员应该去哪个库区存储该商品。

这一部分是商品中心中最难处理的环节,因为它和具体业务是强相关的,每个业务都有自己的特性需求,如 B 端业务的商品业务线是面向大客户的,商品按大的包装规格售卖,不零卖,而有些商品业务线按大小包装规格都会售卖。

商品中心通盘解决的问题,本质上就是由商品属性承载的不同角色需要解决的问题,如图 14-19 所示。

弄清楚了思路,要如何兼容不同业务线的需求呢?

刘宇使用的工具是中台建设中最经典的工具:Summary - Details 设计公式(简称 SD 设计公式)。也就是说,中台维护摘要信息,具体的属性由业务线系统自主赋予。

中台产品经理
数字化转型复杂产品架构案例实战

序号	基本诉求	商品需求
1	商品定位	类目
2	标识商品	SPU/SKU 体系
3	商品特性	商品属性

序号	终端	角色	需要解决问题
1	商城展示需求	面向消费用户	用户个性化展示
2	运营需求	面向商品运营人员	商品周期管理
3	履约需求	面向供应链人员	如何有效率地管理商品

图 14-19　由商品属性承载的不同角色需要解决的问题

至此，中台的商品中心 V1.0 就建设完毕了。当然这样的商品中心仅解决前面两个问题，在下一章刘宇将使用 Summary - Details 设计公式来解决第三个问题。

商品中心 V1.0 是 L 电商公司中台的第一个服务中心，其除了支撑现有的两个业务，更重要的一个意义是跑通"前台应用—中台—后台数据"这种业务模式。

在第 14 章中，L 电商公司中台建设的进度日志如表 14-9 所示。

表 14-9　在第 14 章中 L 电商公司中台建设的进度日志

任务	完成工作项
1	商品中心设计
2	商品数据改造
总结	中台建设完成进度：70%

本章小结

标准型服务中心设计公式

（1）寻找企业内存在共性的领域；

（2）约谈该领域的各业务方；

（3）在该领域内设计统一化的流程；

（4）约定各业务方的运营路径；

（5）定义统一路径为该领域的公司级标准流程。

第 15 章

中台方案：服务中心规划（二）

15.1 目标：结构型服务中心设计

在中台建设中除了标准业务，由于各条业务线的具体场景存在特殊性，无法进行合并，导致存在很多无法标准化的业务，这些业务就是我们所梳理的核心节点中的非关键节点。

在中台建设工作中，我们偶尔也会遇到将这类业务合并至中台的要求。只是在将这类业务合并到中台时，我们需要使用一类新的服务中心——结构型服务中心。从名称可以看出此类服务中心主要是进行结构统一，而不再像标准型服务中心那样，需要将业务流程强制进行合并。

行动点：设计结构型服务中心。

15.2 工具：服务中心设计公式 2

我们来学习服务中心设计公式 2——结构型服务中心设计公式。

我们在建设结构型服务中心时，需要考虑各条业务线在某领域内无法统一所带来的问题。

中台产品经理
数字化转型复杂产品架构案例实战

在建设结构型服务中心时，在中台中需要定义框架结构，从而解决各业务数据结构统一的问题，方便不同业务线按照一个统一的结构接入中台，所以在设计时中台需要给业务线提供充足的场景扩充能力。

通过前面的内容讲解，我们已经明白了服务中心的本质就是为前台提供**数据沉淀与代码复用**。为了让无法标准化的业务流程也达到上述效果，我们在产品设计上必须使用数据分离式存储结构[①]，也就是 SD 设计公式。

【知识点 32】结构型服务中心设计公式

结构型服务中心的设计采用 SD 设计公式进行，SD 设计公式的全称为 Summary 与 Details 分离化设计公式，其中 Summary 指信息对象的摘要（通用数据），Details 指信息对象的详情（业务数据）。该公式将信息对象的摘要存储在中台中，将信息对象的详情交由业务线系统管理，实现分层管理。

例如，我们要设计一个支付中心里的账期组件，在前台由于不同业务的场景要求存在不同的业务消费与退款明细，如商品下单扣费、配送运费扣费、商品退款总额等，我们在进行账期组件的信息架构设计时，应该分为两层，如图 15-1 所示。

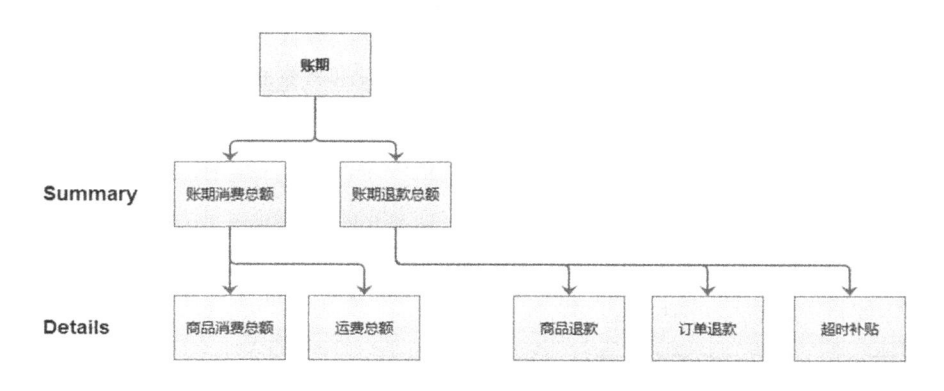

图 15-1 账期组件的信息架构设计

这样分层的目的是保证我们在前台展示业务的时候，尽量在同一个位置显示同一个层级的东西。

例如，绝大多数信息架构设计水平高的产品在功能的首页通常展示的都是信息的 Summary，而在详情页展示的是功能的 Details。

---

① 要想了解数据分离式存储结构，可参看《中台产品经理宝典》中第 10.3.4 节的内容。

第 15 章
中台方案：服务中心规划（二）

通过这样的信息架构划分，我们就可以将功能交由中台和前台分离了，也就是将产品的摘要信息交中台定义，将具体的详情信息交各业务前台进行补充。对应到账期组件里，就是由中台管理的账期消费总额与账期退款总额这两个摘要信息，其具体的明细项由前台业务定义，这样就在业务不统一的情况下，给前台提供了足够的自定义空间。

这就是中台建设 MSS 模型中最重要的一个建设原则，现在市面上 80% 的中台复用模式都可以依据这个建设原则来实现。当然，这样的建设原则对我们在产品的信息架构中抽象能力有一定的要求。

接下来我们通过一个订单中心的设计案例，来看看 SD 设计公式是如何产生的，以及为什么设计结构型服务中心要使用 SD 设计公式。

15.3　案例 19：L 电商公司的订单中心

在设计完标准型服务中心后，接下来刘宇开始设计新的服务中心——结构型服务中心。

此处刘宇第一个进行设计的是订单中心。

在设计之前，刘宇看到 L 电商公司内部存在许多不同的交易订单，分别是：

（1）ToB 业务大客户订单；

（2）ToC 业务终端消费者订单；

（3）不同主体仓库间的商品转移产生的内部交易订单（非调拨）。

接下来就需要设计一个订单中心，将这些订单全部纳入其中。

但是与前面设计账户中心不同的是，由于业务自身的运营方式不同，导致这 3 类订单无法进行统一。

例如，在订单中 ToB 业务的财务人员要求订单金额必须带有之前与客户签订的阶梯折扣比例，显示该折扣协议的有效期，并体现具体折扣金额。

我们显然不可能强制要求 ToC 业务的订单与 ToB 业务的订单保持一致。但是根据企业主线梳理，交易域是必须中台化的部分，其中就包含订单。

因此，面对必须把订单服务中台化的要求，此时只能采用结构型服务中心的设

实战案例

计方法，来进行订单中心的设计。

（1）订单中心 1.0 抽象化方案。

刘宇开始进行订单中心 1.0 的设计，其抽象解决方案是将订单按照 3 个维度进行归并，得到了如图 15-2 所示的结果。

ToC订单服务	处理客户订单
ToB内部订单服务	处理公司内仓库间的交易
ToB外部订单服务	处理公司外供应商的交易

图 15-2　订单中心 1.0 抽象

接下来在合并好的基础上，把刚才的 3 个分类流程全部装进来，得到了订单中心 1.0。

在这样的抽象过程中，刘宇的共性抽取路径如图 15-3 所示。

划分主体 → 划分场景 → 划分角色

图 15-3　共性抽取路径 1.0

共性抽取路径 1.0 首先划分主体，其次划分场景，最后划分角色，通过一层层的细分建立起一个分支详细且可兼容每一个订单类型的树状结构，把当下 L 电商公司中的所有订单模式全部承接。

那么这样的设计有没有什么问题呢？

在订单中心 1.0 设计完成之后，刘宇召集了中台内部的同事去进行方案评审，在一阵讨论过后发现这样设计的订单中心的颗粒度太细了，导致没有办法让业务线的研发团队再根据新的场景去自定义开发。

例如，订单中心把所有业务的订单落地形式全部承接了，但是业务线的研发团队在面对新的场景时想对现有的订单功能做迭代，却根本无法快速实现。

因为所有的订单代码都已经被转移到中台了，对于依赖该订单服务的业务线，在发生角色变化或产生新的需求后，中台订单中心都需要对其需求进行改造，否则无法支持业务的运作。

此时中台就不叫中台了，它就变成了企业的一个外包团队，就是所有的订单开发工作都交给中台团队干了。

第 15 章
中台方案：服务中心规划（二）

例如，在订单中心 1.0 抽象化方案中，中台将各种类型的订单全盘承接。在这种设计方式下，就会导致业务线今天要加一个预售订单，需要中台进行改造，明天要增加一个买赠订单，还需要中台改造开发，满足业务线的需求也变成了中台的工作，此时中台就算有 100 人组成的团队，也不可能支撑 L 电商公司所有的业务。

方案点评：中台变得太笨重，成为公司的外包团队。

（2）订单服务中心 2.0 抽象化方案。

锁定了上一版方案中中台抽象的颗粒度太细、中台变得太笨重的问题，刘宇给出的解决方法就是进行抽象合并的删减，把订单缩减为两类。具体动作是把原来的 ToB 内部订单服务与 ToB 外部订单服务进行合并，得到新产物：ToB 订单服务。

订单中心 2.0 抽象如图 15-4 所示。

ToC订单服务	处理客户订单
ToB订单服务	合并并向上抽象服务 -ToB内部订单服务 -ToB外部订单服务

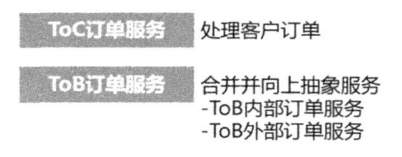

图 15-4 订单中心 2.0 抽象

在订单中心 2.0 的抽象过程中，刘宇的共性抽取路径如图 15-5 所示。

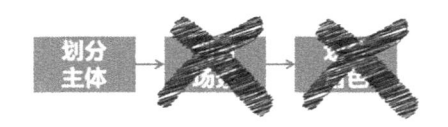

图 15-5 共性抽取路径 2.0

在共性抽取路径 2.0 中，砍掉了角色和场景的共性抽取，只保留对主体进行共性抽取的维度。

在得出共性抽取路径 2.0 后，刘宇开始思考这样的共性抽取是不是已经把问题都解决了，以及这样的设计是否存在什么问题。

看似在订单中心 2.0 抽象化方案中，改进点在于不再需要去细分每一个订单分支，让整个订单中心的负担变小了。

但是刘宇在进行内部评审后发现这套方案其实还是存在问题的。这套方案最大的缺点就是虽然中台的订单中心不再关心具体场景，但是如果 L 电商公司增加新的业务主体，如政府类订单，订单中心还需要为新的业务需求进行改造升级，否则就

> **中台产品经理**
> 数字化转型复杂产品架构案例实战

无法支持业务的正常发展。总结下来就是订单中心 2.0 抽象化方案的改进还是不彻底，它还是耦合业务。

方案点评：该方案改造得不彻底，还是耦合业务，希望能彻底抛弃具体业务，不受业务变化的影响，拥有拓展性。

（3）订单中心 3.0 抽象化方案。

在经历了两次失败后，刘宇开始思考到底有没有办法能一劳永逸地解决这个问题，因此给出了订单中心设计方案的共性抽取路径 3.0，如图 15-6 所示。

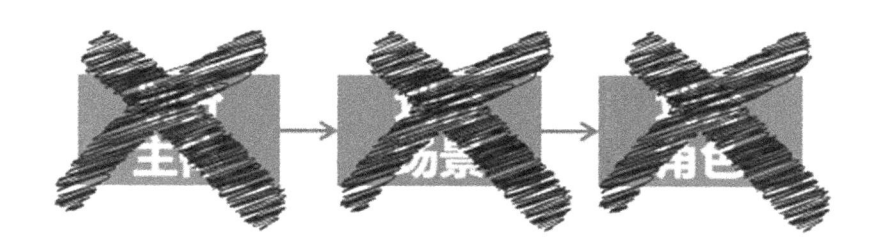

图 15-6　共性抽取路径 3.0

共性抽取路径 3.0 砍掉了角色、场景和主体的共性抽取，这些在中台中都不需要考虑了。

最终刘宇把整个订单中心抽象成了只管理订单结果信息的服务中心。

（1）业务线告诉中台订单中心当前订单履约对象是谁，也就是谁在买商品。

（2）业务线告诉中台订单中心当前订单履约标的是什么，也就是买了什么商品。

（3）业务线告诉中台订单中心当前订单履约的步骤是什么，也就是履约途径。

订单中心 3.0 抽象化方案如图 15-7 所示。

　　履约对象　谁要买商品（组件1）

　　履约标的　要买什么商品（组件2）

　　履约步骤　生产/配送/售后（组件3）

图 15-7　订单中心 3.0 抽象化方案

在有了该订单中心后，业务线的订单只需要告诉中台上述摘要信息，具体的订单详细信息中台都不再关心。

第 15 章
中台方案：服务中心规划（二）

这些订单完成过程都是由具体的业务线执行与管理的，你只需要把摘要信息交由中台即可。这实际上实现了既把前面的订单全部装进中台，又将这些订单和具体业务进行了一个解耦。

在这样的抽象方案下，中台不需要再去根据具体场景的变化，来为具体业务增加定制化研发，不需要再关心业务线的需求。

从实现角度来看，订单中心只存储了订单 ID 和订单标的，其他具体的详细信息，由业务线进行设计。只有在这样的建设情况下，订单中心才可以去兼容各种不同场景的订单。

复盘整个订单中心的设计过程：中台既然要做一个可复用的订单模块，就必须去响应不同的业务线场景，为了实现场景响应，就需要把业务信息从服务中心进行剥离，只管理摘要信息，将具体的订单详细信息和场景解决方案交由业务线进行管理。

根据订单中心的抽象设计，刘宇发现建设标准型服务中心的方法在这里行不通了，于是把之前的共性抽取思路换成了专门用于结构型服务中心的规划工具：SD 设计公式。

实际上 SD 设计公式也是结构型服务中心的核心设计思路。

最终实现订单摘要信息统一并入库，订单中心统一的摘要信息如图 15-8 所示。

当然除了订单中心，对于中台的客户中心，刘宇也使用了结构型服务中心的设计思路完成了建设。

规范内容	规范前	标准	规范后
性别	男、M、先生、女、F ……	男/女	男
姓名	Martin 王、王立、王先生	中文名：名＿＿姓＿＿ 英文名：Martin 曾用名：……	中文名：名 立 姓 王 英文名：Martin Wang 曾用名：……
出生日期	1997.4.12、1997年4月12日 ……	＿＿＿年＿＿＿月＿＿＿日	1997 年 4 月 12 日
电话	0731-58671888、（0731）58671888、073158671888 ……	区号：　电话：	区号：0731 电话：58671888
收货地址	湖南长沙abc、长沙abc、中国湖南长沙	省：　城市：　区县：　地址：	湖南省长沙市 ……
消费商品	可乐/可乐1瓶/002	ID+品牌+规格	002可口可乐330ml
……	……	……	……

图 15-8　订单中心统一的摘要信息

15.4 案例 20：L 电商公司商品中心的搭建 2.0

掌握了 SD 设计公式，刘宇接下来要进行商品中心搭建的最后一个步骤——属性项分离。

要实现 Summary - Details 的商品属性设计模式，首先需要拆解 SKU 属性的前台通用实现方式。这里借用某电商商品详情页（见图 15-9）来讲解通用的商品属性是由什么构成的。

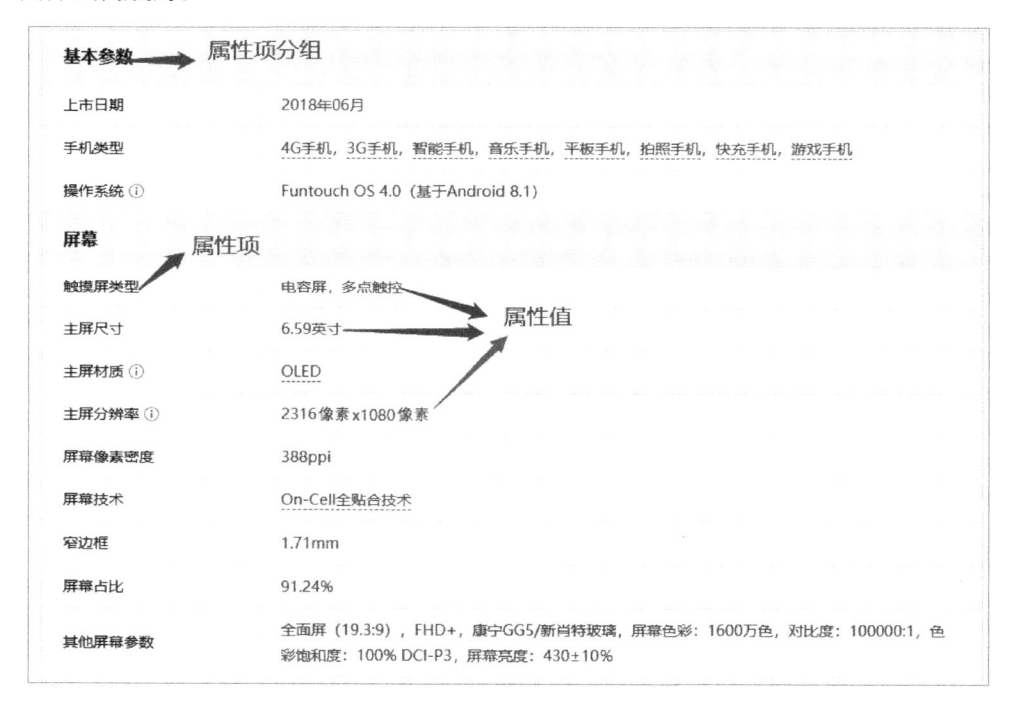

基本参数	→ 属性项分组
上市日期	2018年06月
手机类型	4G手机，3G手机，智能手机，音乐手机，平板手机，拍照手机，快充手机，游戏手机
操作系统 ⓘ	Funtouch OS 4.0（基于Android 8.1）
屏幕	↗ 属性项
触摸屏类型	电容屏，多点触控
主屏尺寸	6.59英寸　　→ 属性值
主屏材质 ⓘ	OLED
主屏分辨率 ⓘ	2316像素x1080像素
屏幕像素密度	388ppi
屏幕技术	On-Cell全贴合技术
窄边框	1.71mm
屏幕占比	91.24%
其他屏幕参数	全面屏（19.3:9），FHD+，康宁GG5/新肖特玻璃，屏幕色彩：1600万色，对比度：100000:1，色彩饱和度：100% DCI-P3，屏幕亮度：430±10%

图 15-9　某电商商品详情页

从图 15-9 中我们可以看到，商品属性通常分为属性项分组、属性项、属性值 3 个部分。

（1）属性项分组是为了方便对同类型的信息进行集中管理；

（2）属性项是具体的类型属性，是最小业务类型承载单元；

（3）属性值是指具体某个业务含义的数据化承载。

此处也可以参照这种通用的属性设计方式，对中台商品中心的属性部分进行建设，可以根据属性的维护角色对属性进行分组。

按维护角色进行分组：

SKU 属性 = 中台属性（Summary） + 业务线属性（Details）

（1）中台属性：进行统一的信息管理，如管理该 SKU 的产地、生产日期、大小、体积、各个业务线统一的打包配置等，让相同的数据唯一化，并形成唯一标准。

（2）业务线属性：根据业务线具体的场景需要定义对应的属性项，如前台对商品的特殊描述：别名、售卖渠道等。

在明确了中台属性要解决的是商品的统一化问题后，我们要将哪些属性放到中台中呢？刘宇设计的 L 电商公司中台统一维护的商品属性共分为两部分，如表 15-1 所示。

表 15-1 中台统一维护的商品属性

一 级 分 类	二 级 分 类
商品属性	基础属性：商品固定的物理属性
	共识业务属性：公司各商品业务线达成共识的业务属性，沉淀为公司内部的规范

刘宇举了一个例子来帮大家理解共识业务属性的含义：在生鲜行业中，一般带有仓内加工的电商企业都会涉及一个商品标品化的过程，也就是由非标品到标品的过程。

例如，仓库需要将采购的原料土豆打包成独立的包装，此时的原料土豆就称为非标品，而打包好的土豆称为标品。

这里的标品、非标品的定义其实就是公司内部各业务线达成的共识。

♪ 标品：按规格售卖（69 码）

♪ 非标品：按重量售卖（无 69 码）

所以此处就有了一个商品属性（共识业务属性），如表 15-2 所示。

表 15-2 商品属性

序 号	属 性 项	属 性 值
1	商品类型	标品/非标品

共识业务属性又可以细分为两个属性维度。

中台产品经理
数字化转型复杂产品架构案例实战

（1）交易属性：用于支持售卖模式的属性，如价格、虚拟库存、限购；

（2）供应链属性：用于作业指导，如生产方式、类型（原料/成品）。

事实上，不断地整理共识业务属性就是企业标准化工作的一部分。综上所述，刘宇得到了完整的商品属性项分组表，如表15-3 所示。

表15-3 商品属性项分组表

序 号	一 级 分 类	二 级 分 类	属 性 项
1	商品属性	基础属性	基础属性
		共识业务属性	交易属性
			供应链属性
2	业务线属性	业务属性	业务属性

在完成了中台的主体功能建设之后，接下来要做的就是将前台与后台的直接关联断开，在两者中间插入中台，也就是让前台与中台建立联系，形成一个系统结构，如图15-10所示。

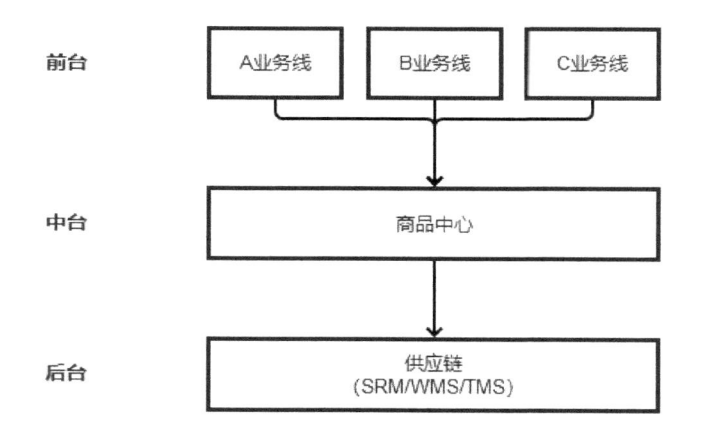

图 15-10 加入中台后的新系统结构

至此，商品中心 V2.0 就搭建完毕了，此处的设计就是运用 SD 设计公式完成的。

在第15 章中，L 电商公司中台建设的进度日志如表15-4 所示。

表15-4 在第15 章中 L 电商公司中台建设的进度日志

任 务	完成工作项
1	订单中心建设
2	商品中心 V2.0 搭建
总结	中台建设完成进度：75%

本章小结

1. 结构型服务中心

在将无法标准化的业务沉淀至中台时,可以使用结构型服务中心,通过定义标准化框架,让无法标准化的业务接入中台。

2. SD 设计公式

将信息划分为信息对象的摘要与信息对象的详情两个部分,由中台管理信息对象的摘要,由具体业务线管理信息对象的详情,实现将业务接入中台。

第 16 章

中台方案：服务中心规划（三）

16.1 目标：组装型服务中心设计

第 14 章、第 15 章为大家介绍了两类主流服务中心的设计思路，基本上涵盖了绝大多数服务中心的场景。第 16 章要讲解的是最后一类服务中心——组装型服务中心，这是一种各条业务线中需求差异大的服务中心。

这类服务中心的需求多为业务特殊流程，如数据公司为每个客户定制的数据服务与取数方式、物流公司为每个客户仓定义的发运流程等。

此外，现在一些已经落地中台的公司开始将中台化后的标准能力对外开放，为行业中同类型的公司提供 SaaS 服务。

此时就需要一类可配置化的服务中心，来解决各个前台业务差异大，从而要求系统流程可自定义化的诉求。这类服务中心就是组装型服务中心。

在补全了组装型服务中心的设计逻辑后，所有服务中心的设计逻辑可总结为两种模式：

（1）基于领域驱动，载体是领域模型、业务标准、SOP；

（2）基于个性化驱动，载体是表单、流程、配置项。

第 16 章
中台方案：服务中心规划（三）

16.2　工具：服务中心设计公式 3

在学完前面两个服务中心的设计公式后，接下来我们来学习服务中心设计公式 3：最小颗粒度设计。

【知识点 33】组装型服务中心的设计公式

组装型服务中心采用最小颗粒度设计进行建设，由该服务中心定义不同类型的元素，交由前台业务线进行"积木拼装"，按需满足业务线的具体需求。

虽然该方法能解决前台业务差异大且对灵活度要求高的场景，但是实现该公式的整体研发成本比前面两个公式要高，因此我们在使用时要对实现该公式的投入产出比进行分析。

在实现最小颗粒度设计中，我们经常使用积木化模板来进行落地。

所谓积木化模板，就是将中台提供的能力按照业务场景的具体需求进行组装。这里要解决的问题就是如何设计中台服务中心提供的组件颗粒度，组件颗粒度过于粗满足不了业务线自定义化的需求，过于细将导致服务中心的研发成本过高。

针对这个问题，积木化模板将组装型服务中心提供的组件划分为 4 类。

（1）**界面元素**：常用的页面组件，如表格、对话框、级联菜单等；

（2）**数据元素**：数据集合，如主体对象、来源描述等；

（3）**规则元素**：可配置的条件项，如比较、重复次数等；

（4）**原子功能**：最小颗粒度功能，如消息、定时器、开关等。

通过上述 4 类元素就可以实现最小颗粒度设计，就可以清晰地定义各组件，从而使前台业务线进行自由拼装。

图 16-1 所示为某企业提出的积木化模板方案。

组装型服务中心落地后的一个显著特征是支持同一业务的参数可配置化。一些做过 SaaS 的读者相信已经看出来了，这种模式与市面上 SaaS 供应商的系统很相似，均支持参数可配置化。

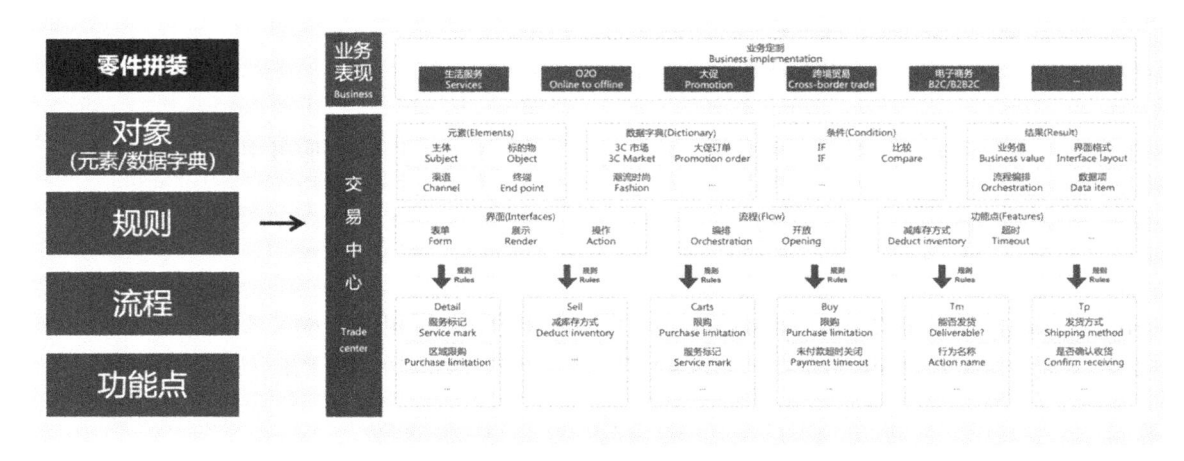

图 16-1　积木化模板方案

要注意的是，积木化模板的根本目的是支持企业内部差异过大的业务接入中台，但是不代表要将所有的业务都不假思索地接入中台。如果将所有业务都不假思索地接入中台，将导致中台瞬间变得臃肿，失去原有的价值。

对于绝大多数服务中心的设计，还是要提前归并好业务，形成标准的业务建模，采用前两种设计公式进行落地。

接下来我们看看刘宇是如何建设 L 电商公司的组装型服务中心的。

16.3　案例 21：L 电商公司支付中心的搭建

首先刘宇对公司内两个业务的支付场景进行调研，了解了现有业务的组成及服务特征。

步骤 1：业务模式调研

支付服务在 L 电商公司内部一共存在两种使用场景。

（1）电商平台有众多商户需要使用支付业务，支付业务提供收款与结算服务；

（2）在公司内部存在多个业务，不同业务均需要使用支付服务完成交易。

据此刘宇认为 L 电商公司内部现有支付业务存在 3 大服务类型，如图 16-2 所示。

第 16 章
中台方案：服务中心规划（三）

图 16-2　现有支付业务的 3 大服务类型

（1）代扣服务：指定应用的自动扣款，如会员自动充值；

（2）支付通道服务：为交易方提供快捷扣款、收款的服务；

（3）聚合支付：支付宝、微信、云闪付等混合扫码支付。

步骤 2：商户合作模式调研

为平台商户服务的共分为 3 类角色：（1）销售人员；（2）运营人员；（3）销售支持人员。这 3 类角色是公司两个业务共用的。

销售人员：

（1）对接商户，签订合同；

（2）OA 申请。

运营人员：

（1）开通 A 服务商户账户（服务密钥）+配置；

（2）开通 B 服务商户账户（服务密钥）+配置。

销售支持人员：

（1）计算各用户费用并收款、开票；

（2）计算通道费用并支付（给银行费用）。

平台商户的接入流程如图 16-3 所示。

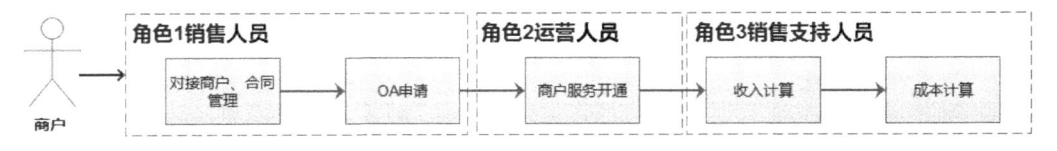

图 16-3　平台商户的接入流程

完成了这两步的调研，刘宇对整个支付业务有了一个清晰的认知，如图 16-4 所示。

▶ **中台产品经理**
数字化转型复杂产品架构案例实战

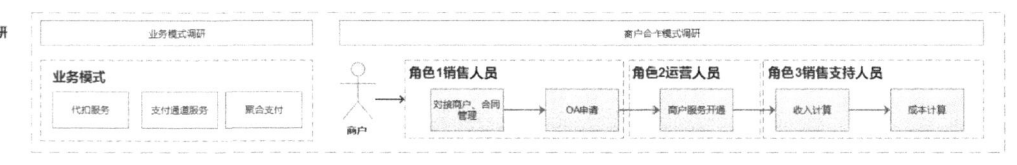

图 16-4 支付业务现状

在梳理完支付业务现状后，下一步要做的就是定位现有业务中存在的问题。

在商户合作模式中，下面 3 个问题是日常工作中的痛点。

（1）每个商户存在多项服务的接入密钥，不易管理；

（2）多项服务的收入计算没有打通：在每月给商户计算支付服务的服务费时，首先需要计算各项服务产生的费用，再由财务人员进行汇总得到总账单，中间流程较长且容易出现错误；

（3）当商户的合同产生变动时，各项服务都需要调整：由于商户对接了多项服务，当商户在升级套餐或需要其他额外辅助项时，商户的一个单次调整（如账期延长），需要协同多条业务线进行账期配置调整，这效率无疑是低的。

ToB 业务相对于 ToC 业务起步较晚，但是在支付领域的实现过程中，将原 ToC 业务的支付平台都对接了，因此在 L 电商公司内部还存在额外的痛点：

（1）支付渠道分为线上、线下两种模式，应收账款统计不及时；

（2）线上支付渠道众多，两个业务需要重复接入。

由于商户合作支撑部门是一个公共部门，解决这个部门的问题就可以同时提升各前台业务线的运营效率，因此面向这个部门的技术服务，便被纳入了中台开发之中。

步骤 3：服务标准化

要想解决上面所提到的痛点，就需要将现有的服务标准化。具体来说，服务标准化就是按照如图 16-5 所示的两步去重新定义服务。

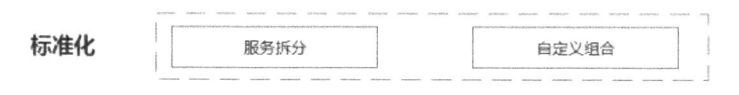

图 16-5 服务标准化

（1）服务拆分：将服务拆分到最小颗粒度。

刘宇将步骤 1 中的 3 类服务进一步细化，得到每类服务的支撑环节。

例如，支付通道服务 = 银行支付服务 + 第三方支付服务 + 结算服务。

（2）自定义组合：各服务可独立向外提供能力输出。

面对每个商户存在多项服务的接入密钥的问题，刘宇给出的解决方案是在公司内部为每个商户创建唯一的商户账号，并只配发一个密钥，通过后台识别该商户账号下所配置的服务，实现一个密钥管理多项服务。

步骤4：中台解决方案

面对上一步中具体的业务问题，刘宇在现阶段很难去进行每个业务内部的调整，所以增加了一个全局配置中心，如图16-6所示。

中台方案　　全局商户账号　　协议

图16-6　全局配置中心

全局配置中心包含两个功能。

（1）全局商户账号。

全局商户账号作为中台中商户唯一的ID，用来关联各业务线的服务，从而使服务主体、结算主体都可以统一为一个商户账号，取代以往商户在开通多项服务时，要在每条业务线内都创建一个商户账号，在公司内部出现多个结算主体的异常情况。

在有了全局商户账号后，商户所有的调用次数都可以被记录在该商户账号下，并根据具体的服务进行细分。同时，在每个服务中按商户账号记录商户在该服务中产生的费用，最终由系统自动将多项服务费用加总得到该商户的统一结算金额。

（2）协议。

协议分为主协议（系统级）和补充协议（服务级）。

将每个商户的服务配置升级为服务协议，统一放在全局配置中心进行管理。据此我们将商户的服务要求拆分为两个部分。

- 主协议（系统级）：指商户与公司签订的全局服务配置，如商户服务信息、计费模式、账期天数；
- 补充协议（服务级）：指各业务线内部的服务配置，如聚合支付需要支持哪几个平台的配置。

通过此方案，让公司对商户建立起全局的概念，在所有业务线的服务中都只有

> **中台产品经理**
> 数字化转型复杂产品架构案例实战

一个商户，从而实现了对商户的唯一化管理。

在有了中台支付中心后，支付服务的提供方式变为如图 16-7 所示的内容。

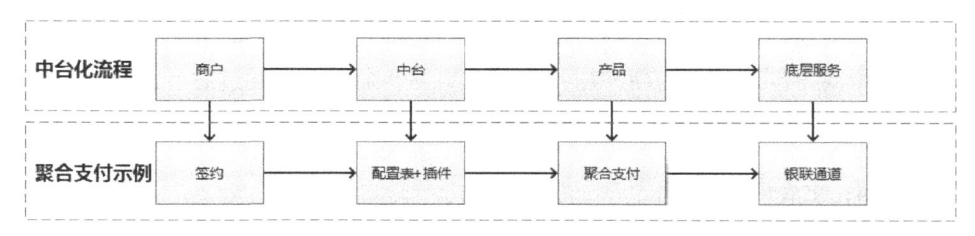

图 16-7　支付服务中台化

在支付中心的建设中，刘宇使用了这样一种设计方法，也就是基础能力与协议配置分离的设计方法，如图 16-8 所示。

图 16-8　基础能力与协议配置分离的设计方法

刘宇将商户服务拆分为 3 个部分。

（1）基础能力：各条业务线所提供的解决 80%商户需求的能力；

（2）协议配置：记录商户的合作方式与全局配置；

（3）插件：满足商户的个性化需求。

至此，一个完整的支付中心就搭建完毕了。支付中心的完整建设路径如图 16-9 所示。

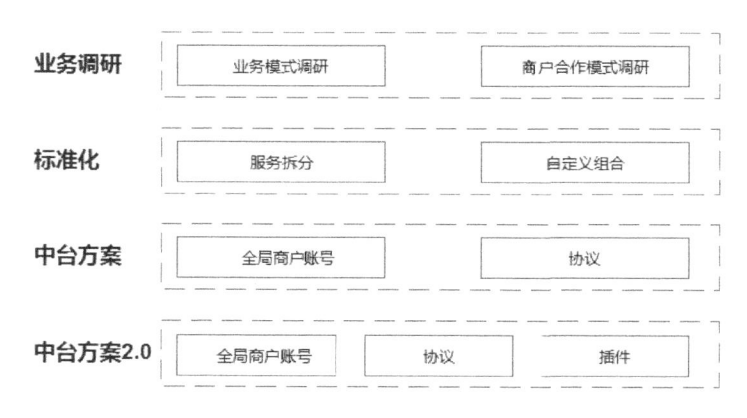

图 16-9　支付中心的完整建设路径

16.4 中台建设第四阶段的工作总结

至此,刘宇已经完成了中台核心部分的建设,其中所使用到的方法与工具如图 16-10 所示。

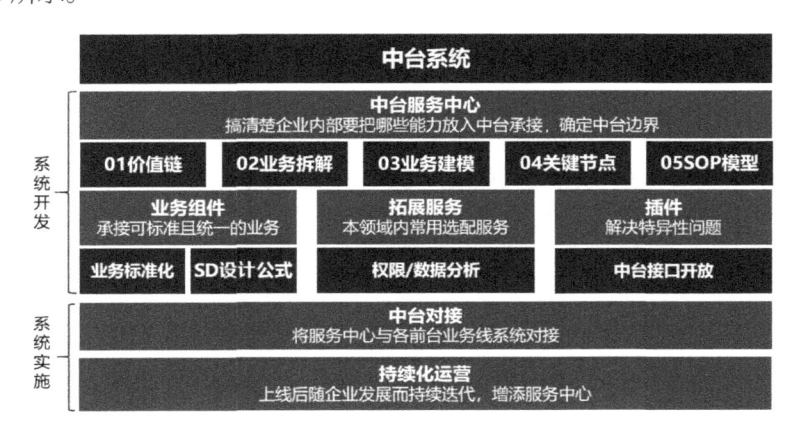

图 16-10 中台建设的方法与工具汇总

图 16-10 所示清晰地反映了中台战略的落地分别是由 MSS 模型中的哪些工具来实现的。

对于服务中心建设,MSS 模型共设计了 3 种建设方案,以适应不同类型的服务中心的建设。

(1)标准业务流程形成 SOP,建设标准型服务中心;

(2)无法标准化的业务通过定义标准结构,建设结构型服务中心;

(3)对于差异极大且无法做任何标准化的业务,建设组装型服务中心。

至此,中台从一个书面战略落地为一个可以投产的具体系统。在完成上面的工作后,刘宇即将迎接的新挑战就是中台的实施工作。

在第 16 章中,L 电商公司中台建设的进度日志如表 16-1 所示。

表 16-1 在第 16 章中 L 电商公司中台建设的进度日志

任务	完成工作项
1	支付中心建设
2	中台主体设计完成
总结	中台建设完成进度:80%

本章小结

1. 组装型服务中心

组装型服务中心是一种支持同一业务的参数可配置化的服务中心，目标为解决各个前台业务差异大，从而要求系统流程可自定义化的诉求。

2. 最小颗粒度设计

最小颗粒度设计是指由服务中心定义不同类型的元素，交由前台业务线进行"积木拼装"，按需满足业务线的具体需求。

第 17 章

中台实施：特异性管理

17.1 目标：特异性流程接入

中台建设在解决了方案设计这一难题后，需要面对的另一大难题就是特异性问题的管理，这也是我们在中台实施过程中必然会遇见的难题。

【知识点 34】特异性问题

中台建设所依赖的抽象业务模型是有时效性的，在建设完成后会出现中台系统与业务系统在功能或流程上因为有差异而无法对接的现象，从而导致业务系统与中台系统的对接出现阻塞，这就是特异性问题。

在中台建设工作中特异性问题十分常见。例如，可能是因为在向中台负责人介绍某条业务线的时候，没有提到某个特殊流程，或者是因为在中台研发的时候，业务线系统同步在发展，导致一些新的流程把以前的流程推翻了，这个时候就会出现特异性问题。本质上，特异性问题就是业务的发展导致新业务场景与中台的原有设计不再匹配。

中台系统和业务系统的功能相冲突或相违背，这个时候我们应该怎么办？

这里有几种常见的做法供你选择。

（1）第一种做法：直接放弃，也就是不把该业务系统接入中台，让该业务系统游离于中台体系外自己循环。

（2）第二种做法：中台团队根据业务的现状量身打造中台系统，适配现在的流程。

（3）第三种做法：强制业务系统根据中台定义出的流程进行兼容，也就是让业务系统按中台的流程进行开发改造。

这三种做法各自有什么优缺点呢？

（1）第一种做法：由于业务特异性而放弃接入，在开业务系统不接入中台的先河后，又因为中台的建设过程中是存在业务逆价值的，也就是中台不仅没有给业务带来新的价值，反而还要占用部分工时，那这个时候导致别的业务线也不想接入中台。在这种情况下，整个中台就会在企业内部被边缘化。

（2）第二种做法：为业务线量身定制，这样做的背后存在巨大的项目风险，一般情况下需要定制往往是因为这些业务还不成熟，很有可能在中台改造完成之后或者在改造过程中就被下线了。此外，中台作为公司的基础服务设施，为了稳定不宜频繁变动。

（3）第三种做法：强制业务系统按照中台流程改造，此时中台反而成为制约业务发展的瓶颈。

17.2 工具：服务中心插件

在中台实施过程中，一个非常好的解决特异性问题的工具就是插件，通过插件让具有特异性的业务部分接入中台。

【知识点35】插件

所谓插件，就是中台开放的一些对应的接口，允许业务方插入一个自定义的代码段。自定义代码段可以跳过部分流程，调用中台的上层服务，从而实现符合现有中台逻辑的调用，然后在具体的业务层替换原有业务的含义，赋予它新的业务含义，从而让业务能成功接入中台。中台插件如图17-1所示。

符合现有中台逻辑的调用	←	插入自定义的代码段	→	在业务层替换该部分业务的含义
业务中台		插件		业务前台

图17-1 中台插件

第 17 章
中台实施：特异性管理

例如，一个新孵化的业务想要调用客户中心的服务，但是由于新业务中人员较少，原有的客服流程较长，并且每一步都有对应的单据，导致新业务的客服工作压力巨大。此时，我们就让该业务以插件的形式接入中台，并在部分环节调用中台接口自动产生单据，这样就解决了新业务的问题。

插件既可以帮助业务接入中台，又符合新业务的特性，这就是插件存在的意义。

在将基于插件化的中台系统与前台业务系统对接后，整个公司内部的完整架构如图 17-2 所示。

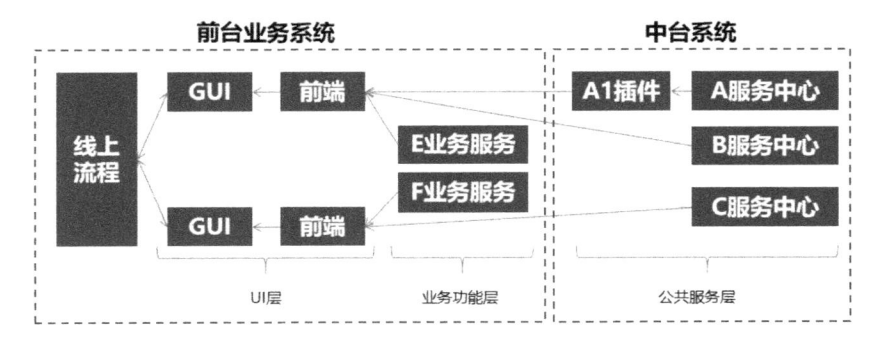

图 17-2　公司内部的完整架构

假以时日，等到某条业务线的体量变得越来越大时，业务整体运作越来越成熟，越来越多的业务线都需要该插件的功能，此时就可以把这个插件拆掉，让插件升级为中台的一项功能，这种做法是中台升级最安全、最节省成本的一种方式。

17.3　案例 22：L 电商公司的中台插件引入

17.3.1　中台建设蓝图第五阶段启动

在完成了第四阶段的工作后，整个中台系统的主体研发工作就基本完成了，接下来要做的就是迁移各业务系统，完成与中台的对接，如图 17-3 所示。

225

> **中台产品经理**
> 数字化转型复杂产品架构案例实战

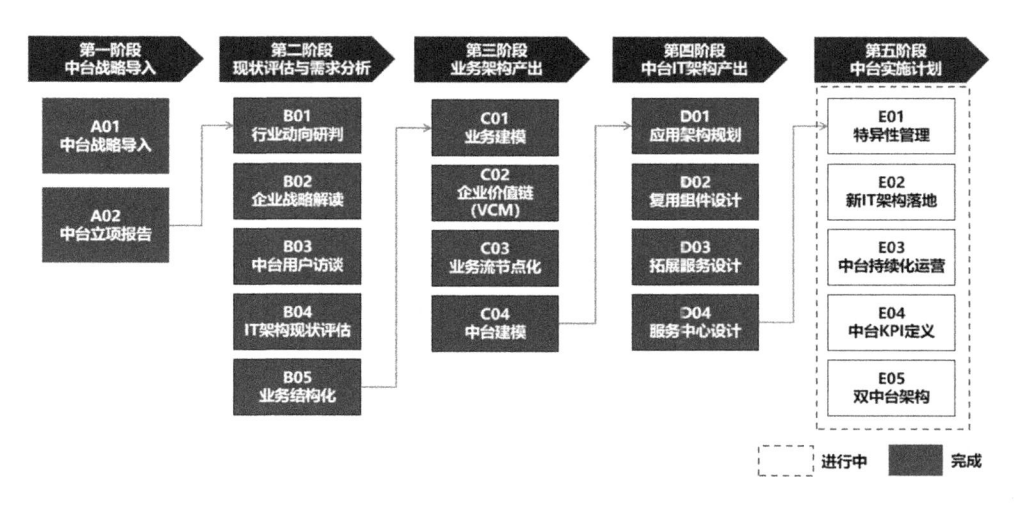

图 17-3 实时中台建设蓝图（四）

17.3.2 特异性管理工具：插件

在案例 20 中，刘宇通过全局商户账号与协议，实现了对商户的唯一化管理。

随着业务的发展，特别是当 L 电商公司的 ToB 业务开始拓展行业内的一些头部客户时，头部客户凭借自身的业务体量对 L 电商公司提出了特殊的服务要求，如要求在原有账期结束后，在打款期间依旧能临时使用 L 电商公司的服务。

这就需要 L 电商公司在这段时间内给予客户一个授信额度，允许其在规定的支付服务之外进行赊账。

但是这个时候，已经标准化了的客户中心和支付中心不支持这样的服务：在分配了账号并开通服务后，客户不支付现款，就不允许客户使用。

面对这样的特异性业务需求，刘宇提出了两种解决方案。

第一种方案：立即启动中台升级，在支付中心增加授信模块，这样做除了会让中台系统的通用性下降，还需要等到中台版本开发完毕，才能紧急插入需求，其间的等待时间比较长，无法及时响应客户现在的需求。

第二种方案：利用 MSS 模型中介绍的通用中台特异性管理方法，由业务线提供个性化服务的代码段来替换中台支付中心的代码段，从而既不破坏中台的原流程，又符合业务的新需求。

无论是从中台的侵入性角度衡量，还是从具体业务的线上诉求衡量，刘宇选择

第 17 章
中台实施：特异性管理

了第二种方案。接着刘宇同中台研发团队与前台研发团队召开了解决方案同步会。

在会上，刘宇为大家介绍了使用个性化服务代码段的解决方案，根据 MSS 模型可以知道这个代码段有它自己特殊的名称，也就是中台插件。

中台插件的特征如下：

（1）符合现有中台支付中心的调用；

（2）在业务层替换支付流程的具体含义。

从落地到业务上来看，刘宇给出的解决方案是这样实现的，如图 17-4 所示。

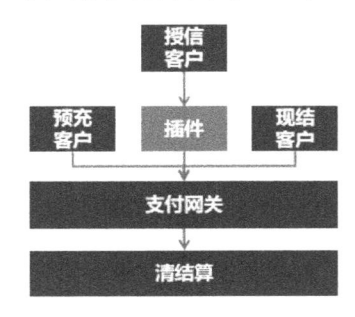

图 17-4 前台使用中台插件后的业务流程

（1）中台解决方案 1.0 中的计费不支持授信，此时使用插件接入思路；

（2）调用中台的客户预充值服务：虚拟充值金额为 2 万元，以此让中台认为该客户已经完成还款充值，此处的还款充值额度就是给客户开的授信额度；

（3）在插件中记录 2 万元为授信额度，在月底的客户账单中自动冲销 2 万元，从而实现金额与账务的对应。

通过该插件，刘宇成功解决了业务线的特异性问题。插件的本质就是在不影响中台现有流程的情况下的一个临时解决方案，而刘宇之所以选择不单独对这个业务开发账期需求，是因为目前 L 电商公司只对接了一个客户。

该模式的规模化特征还不明显，此时如果贸然将它加入中台，势必造成开发资源的巨大浪费。

因此，应先选用插件的模式，从而快速复用中台的其他逻辑。当账期需求在多个业务中都出现且成规模化需求时，再进行中台对应模块的开发，让插件成为中台内部的一项能力。

也就是当出现多个插件使用需求时：

> **中台产品经理**
> 数字化转型复杂产品架构案例实战

（1）将该插件合并至中台；

（2）由中台进行统一维护。

至此，以支付中心为例，L 电商公司的中台解决方案 2.0 也就生成了，如图 17-5 所示。

中台解决方案2.0　| 全局商户账号 | 协议 | 插件 |

图 17-5　中台解决方案 2.0

中台解决方案 2.0 不仅仅由各领域的服务中心组成，还额外多了一个元素——插件，插件专门处理特异性问题。

在第 17 章中，L 电商公司中台建设的进度日志如表 17-1 所示。

表 17-1　在第 17 章中 L 电商公司中台建设的进度日志

任务	完成工作项
1	中台对接工作启动
2	使用插件解决 ToB 业务接入客户的管理服务
总结	中台建设完成进度：84%

本章小结

1．如何解决中台特异性问题

（1）优先将具有特异性的业务线接入中台，不能因小失大；

（2）在将具有特异性的业务线接入中台的过程中，不采用定制而使用插件进行特异性问题的管理。

2．中台插件的基本原理

（1）在中台设计中对部分流程开放接口；

（2）让业务线跳过部分流程，调用中台的上层服务；

（3）在业务线系统研发中替换具体含义。

第 18 章

中台实施：新 IT 架构实施

18.1 目标：新老系统融合

在第 12 章中我们产出了基于中台的新应用架构，在本章中我们需要按照前面的新应用架构进行落地，从而完成旧应用架构的改造工程，实现中台与各业务系统的对接，并在中台上线后定义整个公司基于中台的持续化运营策略。

行动点：

（1）实现中台与各业务系统的对接；

（2）定义基于中台的持续化运营策略。

18.2 案例 23：L 电商公司的中台实施过程

刘宇团队在经历 8 个多月的开发后，终于将中台 2.0 的主体开发工作完成了，接下来的工作就是将中台与各业务系统进行对接。

在这一过程中，核心工作为将原各业务线中前台系统所接入的后台服务逐一替换为中台服务，实施过程所带来的 L 电商公司的应用架构变化如图 18-1 所示。

> **中台产品经理**
> 数字化转型复杂产品架构案例实战

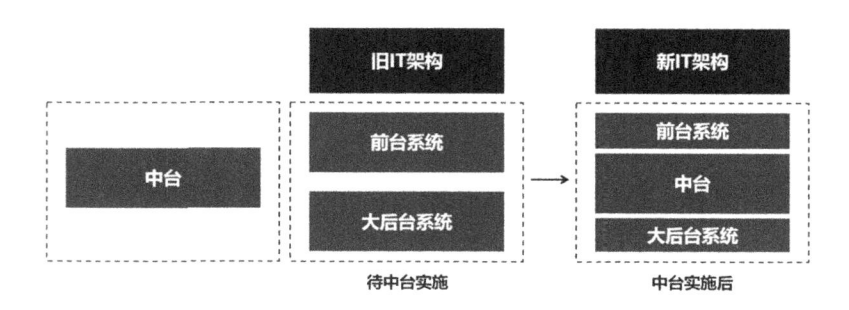

图 18-1　L 电商公司的应用架构变化

在中台正式实施前，刘宇又重新审视了 L 电商公司当前系统的现状，并将其与中台规划时的系统进行了对比，如图 18-2 所示。我们可以看到在中台建设过程中，L 电商公司又落地了两个新系统，分别为供应商系统与生产系统。

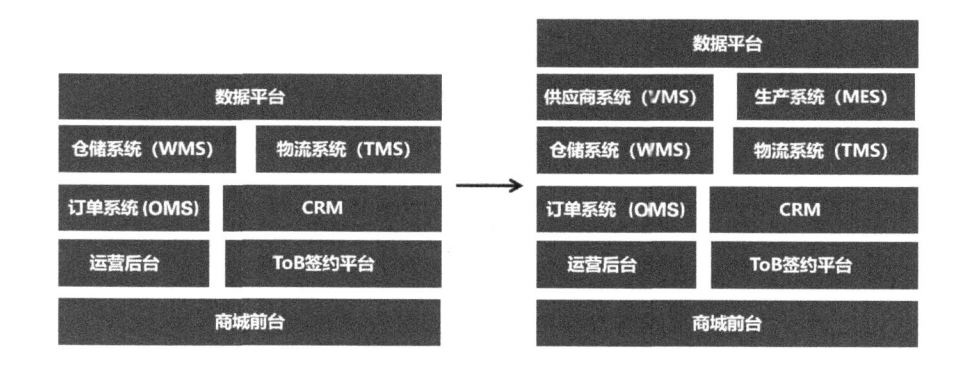

图 18-2　系统对比

在完成了对系统现状的审视后，刘宇开始制定中台的实施步骤。刘宇将整个实施过程划分为项目启动、实施规划、教育培训、系统初始、系统并行、项目结束 6 个阶段，每个阶段需要完成特定的任务，达成预定的目标，产出阶段工作成果。

18.2.1　实施准备工作

因为中台对接的系统众多，因此在开始对接前，刘宇需要预先规划整个实施过程。中台的实施规划如图 18-3 所示。

在图 18-3 中，刘宇具体定义了两个维度的工作。

第 18 章
中台实施：新IT架构实施

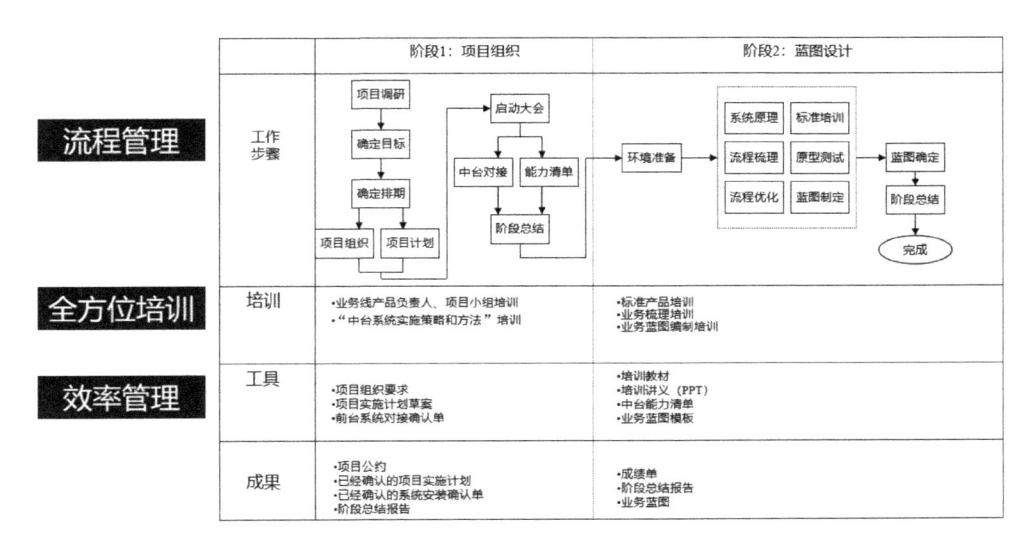

图 18-3 L电商公司中台的实施规划

（1）培训维度。

目标：向各业务前台开发部门介绍中台当前建设完成的能力，方便各前台部门接入中台。

在中台培训过程中，最重要的一条是向前台业务传达中台不同层级的能力有哪些，以及未来前台业务在接收到需求后，要能将之拆分为中台业务需求与普通业务需求。

（2）对接维度。

目标：在L电商公司内部，业务系统繁多，需要逐个完成对原后台服务的替换，因此此处需要确定各业务系统与中台对接的优先级，定义对接计划。

① 中台与前台业务系统对接，逐步替换原后台服务；
② 中台分服务中心与前台对接。

这样的设计让中台接入变为一项周期性的工作，故在中台接入的整个过程中，采用业务后台与中台双系统并行的方式来保障业务系统正常运行。

L电商公司的中台服务中心清单如表18-1所示。

表 18-1 L电商公司的中台服务中心清单

类 型	服务中心	状 态
标准型服务中心	账户中心	建设中
	商品中心	已上线

续表

类　型	服务中心	状　态
结构型服务中心	会员中心	已上线
	订单中心	已上线
	营销中心	已上线
组装型服务中心	支付中心	建设中

L 电商公司中台服务中心的能力接口清单（已上线）如表 18-2 所示。

表 18-2　L 电商公司中台服务中心的能力接口清单

服务中心	能　力	作　用	接口编号
商品中心	SPU 管理	根据业务线标识创建 SPU，并分配唯一 SPU ID（主数据）	PB1001
	SKU 管理	根据业务线标识创建 SKU，并分配唯一 SKU ID（主数据）	PB1002
	商品状态标识	根据业务线标识管理 SKU 状态	PB1003
	销售属性管理	SKU 为方便销售而定义的属性：分渠道售价、分渠道商品详情、分渠道名称	PB1004
	基础属性管理	SKU 自身物理属性：货品出厂名称、产地、品牌、生产商	PB1005
	供应链属性管理	SKU 为方便供应链管理而定义的属性：库存管理箱规、收货箱规、是否需要生产、委托生产加工方	PB1006
	类目管理	根据业务线标识管理 SKU 类目（供应链类目）	PB1007
	实物库存管理	查询当前 SKU 在仓内的实物库存数	PB1008
	商品成本价格查询	由商品中心唯一对接供应链，采用移动成本平均价方式统一计算所有 SKU 的成本均价，业务线可直接查询对应 SKU 的成本均价	PB1009
订单中心	客户订单管理	支持客户端订单创建、取消、下发供应链	PB2001
	代下单	支持外部渠道订单导入并生成订单	PB2002
	批量代下单	支持外部渠道订单批量导入并生成订单	PB2003
	补单	针对线下完成的订单，以补单形式录入系统，进行系统记账	PB2004
	批量补单	针对线下完成的订单，以批量补单形式录入系统，进行系统记账	PB2005
营销中心	限时抢购	支持不同业务线创建限时抢购活动，需配置基础数据：SKU ID、活动价、时间，支持配置活动预告	PB3001

续表

服务中心	能力	作用	接口编号
营销中心	优惠券	支持不同业务线创建优惠券并发送	PB3002
	组合商品	支持创建商品包并设置组合售卖价	PB3003
	积分	支持不同业务线在中台生成积分池，由中台统一计算积分消耗并获得情况与明细	PB3004
	营销效果计算	支持在限时抢购/优惠券等活动后计算总营销费用与活动 GMV	PB3005
	营销风控	支持对异常客户进行标记并拒绝异常订单生成	PB3006
会员中心	手机号创建	根据手机号创建账号	PB4001
	邮箱创建	根据邮箱创建账号	PB4002
	密码修改	修改当前密码	PB4003
	第三方登录 ID 绑定	绑定第三方登录 ID	PB4004

18.2.2 对接工作展开

刘宇在完成各条业务线的培训后，进入了具体对接环节，但在对接第一个前台系统后，刘宇发现事情并非那么简单。

刘宇认为中台实施不仅要完成系统对接，还要面对一堆老系统留下的坑：

（1）老系统原有开发团队与产品团队已经换了数波；

（2）老系统的基础逻辑无人能讲清楚，成为"需求黑洞"；

（3）老系统的核心模块无人敢迭代，甚至无人敢处理线上漏洞；

（4）业务人员严格按照操作手册定义的方式使用系统；

（5）某选填字段必须为空才能提交，此处后台代码一改整个系统就挂。

造成这一切的原因，就是 L 电商公司的业务研发团队一直在以打补丁的方式进行业务系统迭代，所以在前台迭代时大家都小心地避开这些黑洞环节，但是中台对接是对基础服务的对接，这些问题就全部浮出水面了。

知道了在中台对接中这些问题是绕不开的，刘宇只能硬着头皮上，对这些问题的现状进行分析并定义下一步的具体工作。

基于 MECE 理论，刘宇拆解了当前的工作步骤，如图 18-4 所示。

> **中台产品经理**

实战案例

数字化转型复杂产品架构案例实战

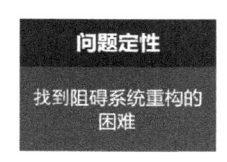

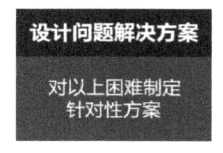

图 18-4 当前的工作步骤

步骤 1：问题定性

首先刘宇需要分析 L 电商公司现有业务产品的现状，也就是界定"黑洞"有多大。

因此第一步要从量化的视角分析各业务系统的现状，从而采取针对性的措施。对任意产品来说，正常的产品设计路径如图 18-5 所示。

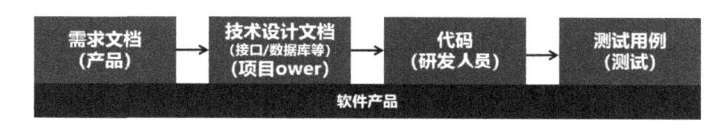

图 18-5 产品设计路径

产品设计路径有 4 个典型阶段，推动产品从设计方案到最终实现。

根据这样的产品设计路径，刘宇用了问题分级评估模型来将不同业务系统难以量化的问题进行量化，如图 18-6 所示。

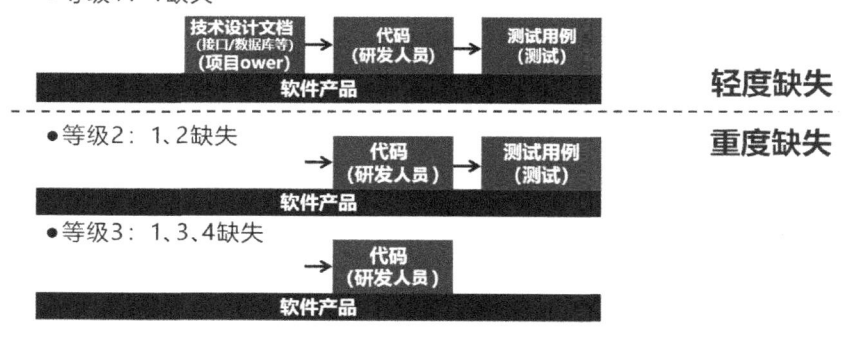

图 18-6 问题分级评估模型

刘宇将业务线当前的逻辑缺失划分为 3 个层级：

（1）等级 1（轻度缺失）：缺失需求文档；

（2）等级 2（重度缺失）：缺失需求文档、技术设计文档；

（3）等级 3（重度缺失）：缺失需求文档、技术设计文档、测试用例。

第 18 章
中台实施：新 IT 架构实施

刘宇对各业务系统的对接问题做了量化，如表 18-3 所示。

表 18-3 对接问题量化

业务系统	问题	等级评估	原因分析
ToC 业务商城系统	缺失需求文档，导致功能逻辑不明确，在回归验证业务流程时，存在阻塞	等级 1 轻度缺失	系统经过多轮迭代，早期产品人员流失，导致现阶段在商品库存锁定中，多仓下自动最优分配库存的逻辑缺失
ToB 业务商城系统	缺失需求文档、技术设计文档，导致功能逻辑、功能接口与数据库操作不明确	等级 2 重度缺失	由于项目建立比较急，导致在早期的产品设计中没有注重文档沉淀，项目上线均以口头进行
ToB 业务客服系统	缺失需求文档、技术设计文档、测试用例	等级 3 重度缺失	客服系统的建设是直接从 C 端业务中借鉴过来的，并未做太多改造就匆忙上线

步骤 2：设计问题解决方案

在梳理完并量化了各个业务系统的问题后，下一步就可以挨个对这些问题设计解决方案了。

（1）ToC 业务商城系统。

通过技术设计文档进行产品逻辑梳理，找到原有的调用逻辑，从而实现对接。

（2）ToB 业务商城系统。

解决需求文档、技术设计文档缺失的问题。ToB 业务商城系统的缺失内容示意如图 18-7 所示。

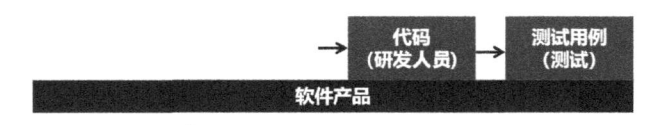

图 18-7 ToB 业务商城系统的缺失内容示意

面对该商城系统，因为测试用例保留较全，刘宇采用了 TDD 的方法来解决这个问题，也就是基于用例倒推功能逻辑。这是第一种处理重度缺失的方案。

TDD（Test-Driven Design，测试驱动设计/开发）的步骤如下。

- 第一步：将原功能分解为多个子功能，只关心每个子功能的输入、输出；
- 第二步：针对原有的测试用例与原有的功能测试结果输出；
- 第三步：编写代码，让原测试用例能跑通；

中台产品经理
数字化转型复杂产品架构案例实战

- 第四步：提交代码，进入下一个子功能；
- 第五步：联调，手动测试；
- 第六步：重构，利用单元测试保护；
- 第七步：整体提交回归测试。

（3）ToB 业务客服系统。

在面对该客服系统时，刘宇犯了难，当前客服系统在业务层面早已饱受诟病，不仅性能差，无法承接业务量增多后对客服的诉求，经常出现宕机，而且现有功能也不适合 B 端商户的售后管理。此外，在与中台对接时整个系统在文档层面缺失了需求文档、技术设计文档、测试用例。在一番讨论后，业务团队干脆利用本次对接进行系统重构。

ToB 业务客服系统的缺失内容示意如图 18-8 所示。

图 18-8　ToB 业务客服系统的缺失内容示意

于是刘宇拿出来了第二种处理重度缺失的方案。因为当前系统属于三无产品：无需求文档、无技术设计文档、无测试用例，所以首先要划分业务线中的主副模块。对于定位的副系统，刘宇继续采用 TDD 的方法进行倒推，逐一梳理功能清单，并在这个基础上针对每个功能反向撰写测试用例（也可以使用单元测试）。

基于测试用例跑一遍现有系统，按照现有系统的实时输出倒推功能设计，在此基础上按照该输出结果进行还原式开发，从而最大限度地保留原系统的流程。

步骤 3：重构路径

为了保持主系统的稳定性，刘宇采用代码级梳理方案，如图 18-9 所示。

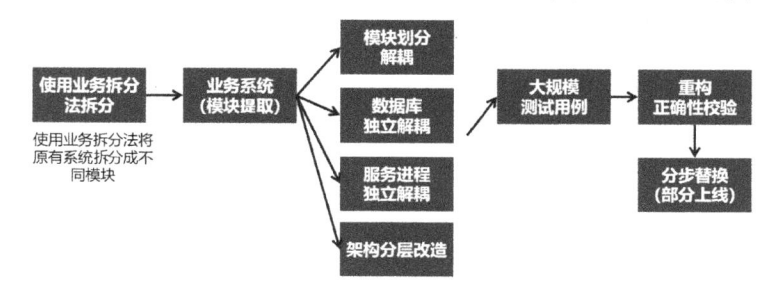

图 18-9　代码级梳理方案

第 18 章
中台实施：新 IT 架构实施

从图 18-9 中可以看到，整个方案分为两个阶段：第一阶段需要对企业内部的各个业务系统进行依赖分析；第二阶段对各个业务系统进行逐一重构，从而完成替换上线。

在产品层面，需要完成前两步，即模块划分解耦与数据库独立解耦，后两步（服务进程独立解耦与架构分层改造）主要由开发人员完成。

分析 1：面对模块解耦的方法与管理

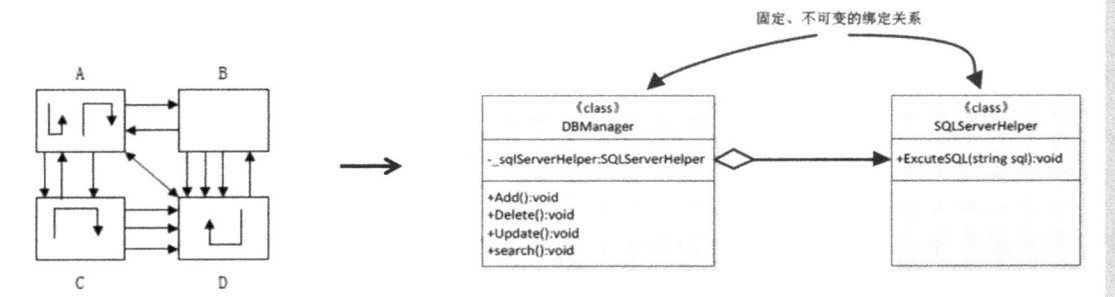

解耦示意如图 18-10 所示。

图 18-10 解耦示意

在此处刘宇要配合开发人员完成下面几项工作：

（1）以代码中的方法为单位梳理出整个代码调用网，从而知道代码的依赖关系；

（2）逐一梳理每段代码的业务归属，定位每个业务拥有的代码。

分析 2：面对数据库解耦的方法与管理

该步骤主要分析数据库表与业务的关系，当下该系统的现状是近半年未更新需求，均是因为涉及底层表结构的变更。

在对数据库中的数据表梳理后，发现当下数据库中存在超两千张表，主表有 200 个字段，并且主表字段有二义性，也就是一个字段表示多个含义，这让本次梳理的难度陡然上升。

此时刘宇采用的方法是按照监控每个系统功能时数据库读写项发生的变化，进行逐一梳理分析，完成对数据库表的归属分析。

而本次改造的目标是实现数据库解耦，具体方法为：

（1）每个领域对应一个数据库，自己领域内的表自己维护，确保定义的唯一性；

（2）不修改原数据表，对旧服务写入数据值逐个进行分析，100%还原数据写入项。

例如，重构完成的 ToB 业务客服系统内订单的调用逻辑如图 18-11 所示。

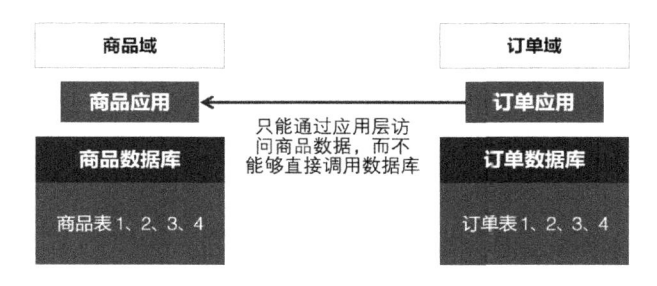

图 18-11 重构完成的 ToB 业务客服系统内订单的调用逻辑

而重构系统的总设计要求为业务现有功能不能出现负向变化，不允许出现线上事故。原因很简单，没有新需求的引入，系统不应比现在更差，所以在重构方案里采用的原则为逻辑照搬，即使业务逻辑错误，也一律照搬，以此保证重构的完整性。

刘宇为了保证重构的完整性，采用了 AB 对照模式。

【知识点 36】AB 对照模式

在重构过程中，可以使用 3 个指标衡量重构的完整性：（1）数据库监控；（2）单元测试监控；（3）接口请求监控。

也就是说，在重构完毕后，要让新的数据库写入的结果相同，要让接口响应的请求相同，要让单元测试结果相同（局部）。

在完成了系统重构后，接下来就可以回归该阶段的主线任务了：中台对接、中台系统试运行、中台系统与老系统并行、系统切换。

18.2.3　中台系统试运行

刘宇对中台系统试运行制定了如下方案。

目标：

在系统初始化完成后，将正式环境中的业务数据录入系统，从而开始中台系统试运行。

任务：

项目实施小组指导最终业务线用户完成系统启用期间的业务录入，并随时解决运行中出现的问题。

要求：

（1）为了减少实施风险，在系统试运行之前进行充分的实战性业务模拟和软件测试；

（2）在中台系统试运行期间可能会暴露出许多问题，重点关注业务流程在中台中的实现程度，梳理阻碍中台对接的流程；

（3）在将相同业务线较多的服务中心接入时，先做好接入试点，提炼出一套可复制的实施方案，再逐步推广。

18.2.4　中台系统与老系统并行

由于无法确认中台系统能 100%上线并不出差错，刘宇采用了双系统并行，也就是让线上业务还在老系统运行，当产生前台业务时，以双写方式同时写入老系统与中台系统的数据库，在一段时间后验证这两个系统的结果是否一致。

目标：

保证老系统和中台系统在数据上的一致性，将现行业务严格按照流程及时、正确地录入，及时解决运行中发现的问题，使系统稳定运行。

任务：

（1）巩固强化培训。项目实施小组以工作准则与规范为教材，对业务线开发团队进行反复的强化培训，保证前台开发团队能按中台系统的要求熟练地将前台与中台对接；

（2）系统维护保障。对于中台系统运行中新出现的问题，通过多种方式及时解决，保证新系统的稳定；

（3）操作要求完善。在老系统与中台系统并行期间，指导业务团队适应中台系统的操作要求，最终形成一套满足业务操作人员自身需要的管理制度；

(4)二次开发插件。对于需要进行二次开发插件的业务线,在系统并行期间,中台系统要做好插件测试工作,便于前台快速启用插件。

输出:《系统阶段总结报告》。

在完成中台接入后,L电商公司的新应用架构如图18-12所示。

中台不仅起到了提供公用能力的作用,还负责将周边系统全部囊括。任意前台业务在与中台对接后就一站式完成了公用能力复用,以及与多个企业系统对接的工作。这就是之前刘宇提到的提供场景是解决方案的最终效果。

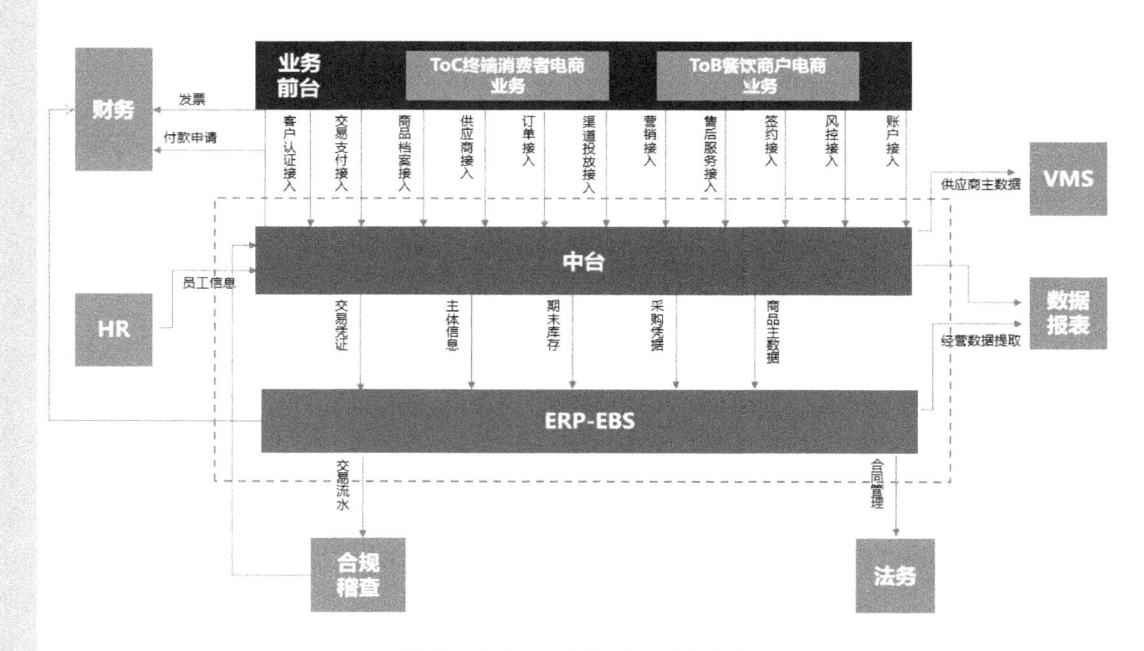

图 18-12 L 电商公司的新应用架构

18.3 案例 24:中台持续化运营流程

至此,中台上线工作已经完成,下一步要做的就是定义"中台化研发模式",如图 18-13 所示。

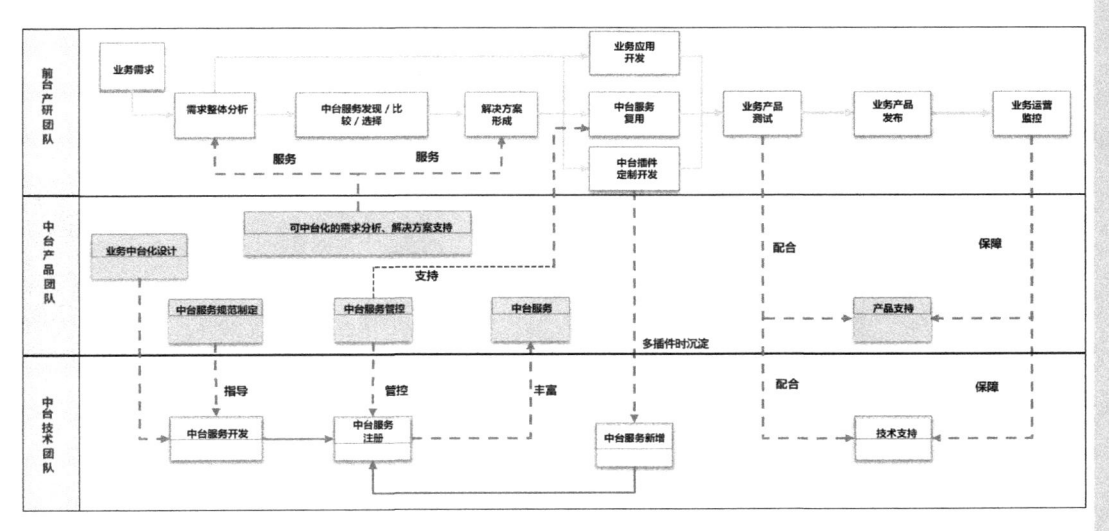

第 18 章
中台实施：新 IT 架构实施

图 18-13　中台化研发模式

在中台系统支持下，《L 电商公司的中台化研发模式规范》如下。

《L 电商公司的中台化研发模式规范》

适用范畴：

L 电商公司各事业部下的研发中心。

步骤 1：业务需求接收

工作承接：前台业务研发团队—产品经理。

工作内容：接收与响应一线业务部门提出的需求，如增加预售订单。

步骤 2：业务需求拆解

工作承接：前台业务研发团队—产品经理。

工作内容：判断这些需求中哪些部分由前台进行开发，哪些部分由中台承接。

步骤 3：中台方案选择

工作承接：前台业务研发团队—产品经理 + 中台业务研发团队—产品经理。

工作内容：选择具体的中台服务中心的能力。

步骤 4：中台服务接入

工作承接：前台业务研发团队—研发工程师 + 中台业务研发团队—研发工程师。

工作内容：前台研发人员与中台对应的服务中心进行对接。

步骤5：中台服务支持

工作承接：中台业务研发团队—技术支持。

工作内容：配合解决前台业务系统上线时遇到的问题。

步骤6：中台服务升级

工作承接：中台业务研发团队全员。

工作内容：根据前台业务的发展，不断将功能归并至中台，形成新的能力。

从《L电商公司的中台化研发模式规范》中，我们可以看到规范的核心就是在前台业务研发团队进行需求研发时，要将业务需求与中台需求进行划分，并使用中台能力解决中台需求。

随着持续化运营的深入，中台在最初的1.0版本的基础上不断增加服务中心，已增加了库存中心、售后中心。

这么做的原因很简单，在现阶段中台面临的最大问题就是能力还不健全，必须快速补足业务线的能力需求，从而提高中台的持续交付能力。

具体来说，对于中台部门的规划，刘宇在一次管理者例会上提到下面的内容。

（1）扩大中台产品研发团队，并招聘优秀人才；

（2）沉淀能力，持续迭代，尽快实现基本能力中台化；

（3）中台不是万能的，中台需求要有准入标准和边界；

（4）业务组织的管理必须同步升级，中台是集团的中台，不是某核心业务的中台。

需要强调的是，中台的建设不是一步到位的事，而是一个持续构建、持续优化的迭代过程。以业务中台为例，随着业务中台的建设成熟，其价值变化曲线如图18-14所示。

公司的整个管理层必须明白：中台的价值体现是滞后的，所以一定要给中台项目成长的时间。这也是一开始要正确地将中台战略导入，正确地向管理层介绍中台价值的重要原因。

第 18 章
中台实施：新 IT 架构实施

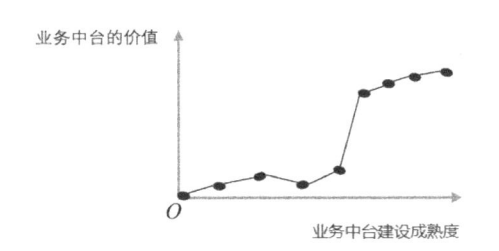

图 18-14　业务中台的价值变化曲线

在第 18 章中，L 电商公司中台建设的进度日志如表 18-4 所示。

表 18-4　在第 18 章中 L 电商公司中台建设的进度日志

任　务	完成工作项
1	中台实施规划制定
2	中台系统上线
3	中台持续化运营
总结	中台建设完成进度：91%

本章小结

1．中台实施路径

（1）中台培训；（2）中台能力清单产出；（3）中台系统试运行；（4）中台系统与老系统并行。

2．中台持续化运营

在中台上线后，还需要进行两方面的工作：

（1）在前台业务研发团队进行需求研发时，要将业务需求与中台需求进行划分；

（2）根据前台反馈进行服务中心的迭代。

第 19 章

中台运营：新业务接入中台

19.1 案例 25：L 电商公司集团化战略启动

19.1.1 业务运作目标调整

在中台运营逐渐步入正轨后，由于市场环境的变化，L 电商公司内部进行了战略级业务调整。

（1）变动 1：运营目标变化。

整个公司的运营目标由规模（GMV）追求调整为利润（净利润）追求。之前 L 电商公司为了获得资本机构的青睐，在运营目标上一味地追求做大规模，提升全平台的 GMV，同时加速市场占领，以此满足资本机构所期待的获得市场控制权的目标。

因此在之前的阶段中，整个公司的重心是客户线与交易线，一个能带来客户量，另一个能带来交易额。

但是，这样无休止地追求规模而不注重盈利，对企业来说是不健康的。特别是在 L 电商公司完成上市后，整个市场评估企业价值的标准就在于企业是否为股东创造了利润，因此 L 电商公司开始转向追求毛利。

于是整个公司的发展重心出现了调整，从一味地追求市场规模，以至于在 IT 架构上重点依赖营销拉新类功能，转向了以低成本撬动高毛利的业务运作与功能诉求。

企业的业务重心发生了变化，对中台建设的要求也会发生同样的变化。

之前要求中台负责人要具有业务预判能力，其重要意义就在于此。

而之前进行不同颗粒度的业务研究，目的就是能更好地理解公司战略所应对的场景与服务的人群，从而在战略发生变化时，能更好地评估在中台建设中新需求的迫切程度。

（2）变动2：新业务加入。

产品生命周期曲线大家已经很熟悉了，为了更好地理解变化，刘宇将公司视为"产品"，梳理了一份企业生命周期曲线，如图19-1所示。

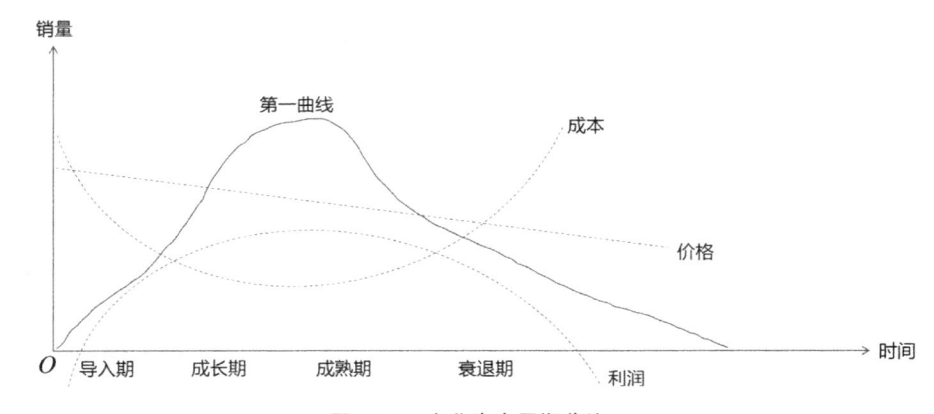

图 19-1　企业生命周期曲线

L电商公司随着运营目标的变化，在业务层面首先开始变革，希望寻找到企业内部增长的第二曲线。

第二曲线是由美国未来学院院长扬·莫里森（Y.Morrison）在其著作《第二曲线》中提出的。

扬·莫里森在书中总结了世界许多著名企业发展的规律，提出了"第二曲线"理论。他认为，第一曲线是企业在熟悉的环境中开展传统业务所经历的企业生命周期，第二曲线则是企业在面对未来的新技术、新消费者、新市场时进行的一场不可逆转的变革，并由此而展开的一次全新的企业生命周期。

通俗来说，探索第二曲线是指企业在所经营的业务即将出现下滑时，要快速探索出第二个主营业务，从而保证企业的存活。

L电商公司一直存在一个生存性问题，即如何应对行业中巨头的竞争。

> **中台产品经理**
> **数字化转型复杂产品架构案例实战**

实战案例

伴随着企业运营目标的转换，这两个问题一起摆在了管理层的桌面上。在召开多次高层会议后，整个公司决定转型，进入生鲜品牌电商领域，致力于打造出一个食品品牌。

L 电商公司终于对前面遗留的"如果 BAT 进入你的行业，你怎么办"这个问题，给出了一份自己的答案：不与巨头比拼平台力量，而是由平台经济转向产业经济。

事实上，整个生鲜领域消费者的品牌忠诚度都是极低的，绝大多数人都不会在乎今天买的这块豆腐是国产的还是进口的，只要是安全的豆腐就行。

因此，走向生鲜品牌电商这一领域，恰好是入场的最佳机会，整个公司决定从食品制造开始打造自有品牌、新建自有工厂，并将现有电商平台作为销售渠道，以此获取一手市场反馈。

L 电商公司的组织结构升级，成为 L 集团。L 集团下面有两个公司：L1 电商公司（简称 L1 公司）与 L2 品牌制造公司（简称 L2 公司），集团组织结构如图 19-2 所示。

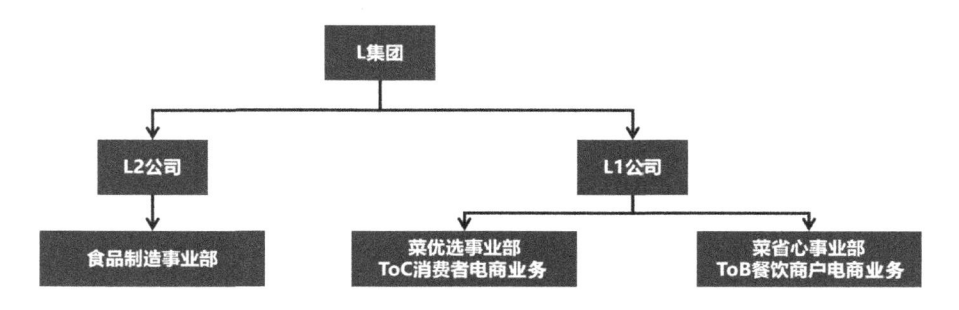

图 19-2　集团组织结构

集团化经营也就是多元化经营，从财务上考虑这样做是有极大优势的。在上市后公司的经营不善极容易造成股价波动，甚至股票被抛售，为此公司在成立集团后可以将不同业务放置在不同的业务公司下。

如果任一业务公司发展得不顺利，由于财务业绩是分开计算的，L 集团只需要将该子公司执行破产流程，而集团主体平台的电商业务不会受到影响。

至此，L 集团先后经历了 3 个阶段：起家→演化出多个事业部→第二曲线探索。

第 19 章
中台运营：新业务接入中台

19.1.2　产出：商业动机跟踪报告 2.0

面对如此重大的战略调整，刘宇需要再次对 L 集团的商业动机模型进行梳理，去寻找具体业务动作背后的战术。

《商业动机跟踪报告 2.0》

访谈对象：高管人员。

访谈内容：L 集团下一阶段的发展方向与新业务的主要发展方向。

访谈结论：新建自有食品生产工厂，转型制造业。

访谈时间：5 月 10 日。

访谈详情：差异项已用下画线标出。

L 集团的商业动机模型 2.0 如图 19-3 所示。

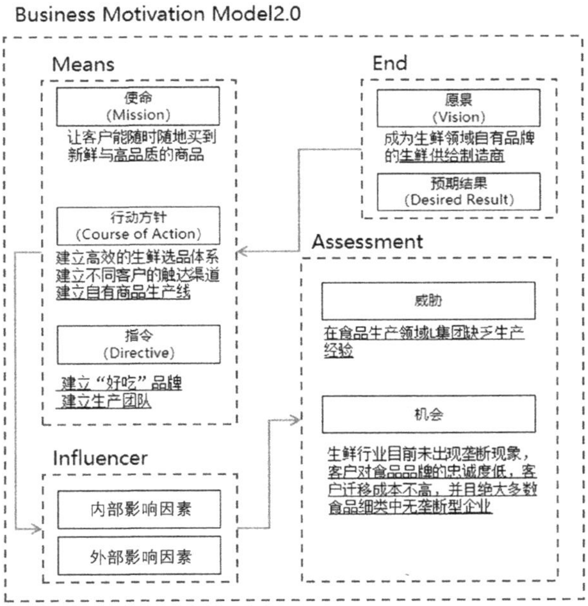

Business Motivation Model 2.0

Means
- 使命 (Mission)：让客户能随时随地买到新鲜与高品质的商品
- 行动方针 (Course of Action)：建立高效的生鲜选品体系；建立不同客户的触达渠道；建立自有商品生产线
- 指令 (Directive)：建立"好吃"品牌；建立生产团队

End
- 愿景 (Vision)：成为生鲜领域自有品牌的生鲜供给制造商
- 预期结果 (Desired Result)

Assessment
- 威胁：在食品生产领域 L 集团缺乏生产经验
- 机会：生鲜行业目前未出现垄断现象，客户对食品品牌的忠诚度低，客户迁移成本不高，并且绝大多数食品细类中无垄断型企业

Influencer
- 内部影响因素
- 外部影响因素

图 19-3　L 集团的商业动机模型 2.0

1）End（企业成果）

（1）愿景（Vision）：企业对自己要承担的社会责任的精练总结。所有细分目标

247

> **中台产品经理**
> 数字化转型复杂产品架构案例实战

都应支持愿景。

L 集团的愿景是成为生鲜领域<u>自有品牌</u>的<u>生鲜供给制造商</u>。

（2）预期结果（Desired Result）。

① 抽象目标（Goal）：要在中长期内维持或达到的企业目标，如"成为市场上（按营业额）排名前三的供应商之一"。

② 具象目标（Objective）：朝着一个或多个目标采取的可衡量的、有具体时间节点的行动，如"在当前财政年度将营业额同比增加 2%"。

L 集团的预期结果如下。

抽象目标：成为生鲜行业知名的<u>生鲜制造商</u>；

具象目标：<u>在明年成立第一家自有谷物食品制造工厂，自有产品进入自有平台进行销售，自有制造产品的销售占比达到同类产品总销量的 10%</u>。

2）Means（行动）

（1）使命（Mission）：<u>企业的主要活动。它的执行方式在其实现过程中进行了定义</u>。

（2）行动方针（Course of Action）：定义企业将做什么以实现一个或多个目标。

战略：完成使命的计划的主要部分，通常是长期的，对企业的运营方式有重大影响，如"提升平台留存率"。

战术：实现一个或多个战略目标的具体行动方针。例如，"根据 RFM 分层发放召回券"。

战略和战术之间没有硬性区别，会因企业而异。商业动机模型的条目提供对行动过程的摘要描述，以及对运营业务细节的引用——业务流程、分配给组织角色的任务、资产和资源的部署等。

（3）指令（Directive）：规定<u>应该采取哪些</u>行动方针，以及如何实现。

① 商业行动：（在商业规则中）需要进一步解释并付诸实践的广泛指令，如"追求高复购率"。

② 行动规则：参考运营业务中的规则，如"单位月中订单量老客户占比至少高于 40%"。行动规则使业务策略切实可行，并指导业务流程。

L 集团的现状如下。

（1）使命：让客户能随时随地买到新鲜与<u>高品质</u>的商品。

（2）行动方针。

战略：

① 建立高效的生鲜选品体系；

② 建立不同客户的触达渠道；

③ 建立自有商品生产线。

战略①的战术拆解：

- 深度开发生鲜场景，从场景出发进行选品，如火锅场景、早餐场景；
- 与现有的生鲜商品生产企业合作，创立贴牌商品，如定制包子。

战略②的战术拆解：

- 进军 ToC 终端市场，触达直接生鲜商品消费者；
- 进军 ToB 餐饮商户市场，触达间接生鲜商品消费者。

战略③的战术拆解：

- 建立自有品牌生产工厂，开始生产生鲜商品；
- 用自有品牌生产工厂产出的商品替换现有平台销售的其他供应商的商品。

（3）指令。

① 商业行动：建立"好吃"品牌；建立生产团队。

② 行动规则：在 3 年内将平台 Top10 的销售分类实现自有品牌商品替换；自有品牌商品的毛利要高于供应商提供的商品 50%，并实现盈利。

3）Influencer（影响因素）

（1）内部影响因素：来自企业内部的因素（如资源质量、基础设施、习惯）。

（2）外部影响因素：来自企业外部的因素（如客户、法规、竞争）。

L 集团的现状如下。

（1）内部影响因素：销售团队、制造团队。

（2）外部影响因素（未改变）。

4）Assessment（评估）

L 集团的现状如下。

（1）威胁：在食品生产领域 L 集团缺乏生产经验。

> **中台产品经理**
> 数字化转型复杂产品架构案例实战

（2）机会：生鲜行业目前未出现垄断现象，<u>客户对食品品牌的忠诚度低，客户迁移成本不高，并且绝大多数食品细类中无垄断型企业</u>。

通过分析上述 4 个部分，刘宇确定了 L 集团的商业动机模型 2.0。在对比前后两个商业动机模型后，我们看出整个 L 集团在商业模式上有较大的调整，并能准确量化业务架构的变化。接下来刘宇需要根据预估的方向进行中台服务中心的同步替换。

19.2　案例 26：新子公司业务的中台接入

L 集团自有品牌的食品制造业务发展非常迅速，不到 6 个月线下的第一个工厂就已经投产了。

同时，整个集团为了在国内 A 股上市，希望在近一两年内改善财务状况，于是 L 集团要求在明年底各子公司均要做到自负盈亏。

相对于 L1 公司来说，L2 公司属于典型的制造企业，本身没有任何销售渠道。

要实现自负盈亏，摆在 L2 公司面前的最大问题，就是如何在最短时间内打造出自己的销售渠道，并实现工厂信息化，提升生产效率。

19.2.1　子公司中台化立项

L2 公司的 CEO 李成德召集了中台系统负责人刘宇、L2 公司生产系统研发负责人王飞，举行了销售渠道建设会议，希望能用中台的能力帮助 L2 公司构建完整的销售渠道与生产能力。

销售渠道建设会议记录

参会人：李成德、刘宇、王飞

时间：11 月 28 日

（1）背景。

当下，L 集团内部拥有两个相互独立的业务体系：平台销售业务（ToC/ToB）与食品制造业务。

基于当前集团的战略要求，L2 公司需要尽快建立线上销售渠道。而面对消费场景多而杂的市场现状，独立开发一套销售系统的周期长、投资成本高，与现阶段需要快速响应的战略不匹配。

因此，L2 公司希望使用中台能力，在现有简易的 ERP 订单模块的基础上，快速搭建起完整的销售系统。该系统一方面能支持企业的线上销售业务开展，另一方面能解决企业未来销售渠道的业务创新需求和个性化的渠道业务需求。

（2）目标。

L2 公司需要中台提供公共服务来承载统一化的销售能力，从而使研发团队通过能力组装和个性化扩展来满足销售系统的需求。

依据中台内沉淀的成熟销售管理体系，实现 L2 公司销售业务的标准化，解决 L2 公司在市场运营中可能会遇到的问题。

近期目标：使用现有中台解决现有问题，快速搭建起 L2 公司的销售系统。

远期目标：适应未来全渠道的销售模式，支撑多个组织部门对销售共同运营与管理的发展趋势。

19.2.2 中台接入思路

刘宇在短暂调研后，发现在现阶段一家传统消费品制造企业的线上销售渠道大体上分为自有平台、淘宝/京东/拼多多等第三方电商平台、微信生态、抖音生态等主流销售渠道。建立线上销售渠道的本质也是解决电商力的问题——如何打造全渠道的销售能力。

在前面刘宇已经完成了可以承载电商力的业务中台的建设，此时对于子公司的商城需求就可以快速地进行复用，因此刘宇的工作核心在于如何帮助 L2 公司接入中台。

在接入中台之前，刘宇首先需要将 L2 公司中台接入的目标做一个分解。中台接入的目标有两个维度：一个是功能维度，另一个是数据维度。

- 功能维度：基本目标是中台能够支撑企业现有的业务功能，实现平稳切换，完整目标是产出标准化、可复用的"场景化"功能群；
- 数据维度：中台能够支撑企业数据驱动的管理和运营。

根据上述目标，以及 MSS 模型，我们可以得到 L2 公司接入中台的思路，如

> **中台产品经理**
> 数字化转型复杂产品架构案例实战

图 19-4 所示。

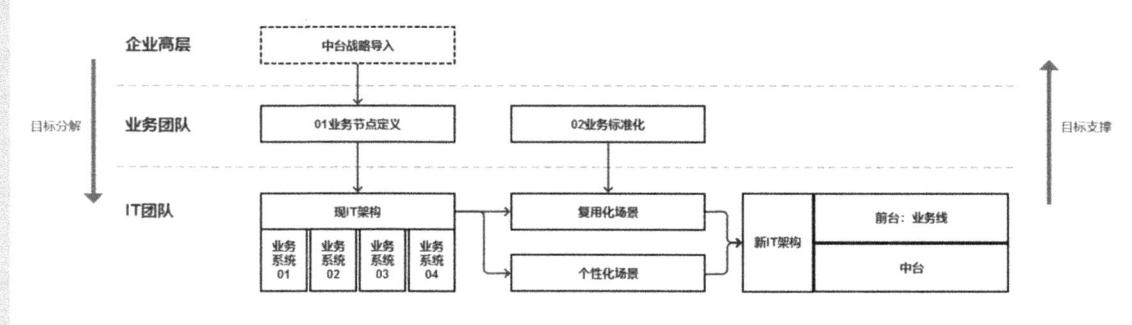

图 19-4　L2 公司接入中台的思路

（1）企业高层在全公司宣布启动中台战略，将中台建设上升至企业级，解决后续推动问题；

（2）业务团队在中台负责人的配合下完成业务关键节点的定义（如注册/订单/支付）；

（3）统一不同业务线并使业务关键节点标准化，得到统一业务模型；

（4）IT 团队在旧 IT 架构上完成复用化场景与个性化场景的定义，并进行新 IT 架构的定义。

有了建设思路，下一步就可以产出具体的中台接入方案了。

19.2.3　现阶段 IT 系统的架构

刘宇要对 L2 公司内部的 IT 系统进行梳理，搞清楚公司内部信息化的现状。通过梳理 IT 系统，刘宇能很方便地剥离具体的业务特性，理解业务的信息化流程。

刘宇随便翻看了一个食品 SKU 的生产工艺：将炒料注入地面储料罐→转子泵自动泵送物料至高位搅拌缸（受搅拌缸料位控制）→底料灌装机按设定重量自动计量充填→给袋式包装机自动包装→包装机完成自动包装→重量自动检选→合格重量成品包装经成品输送机输送至自动排包、理包工位→冷却线……

这种实际作业流程着实让人难以理解，但是通过对现有 IT 系统进行逆向梳理，刘宇很快就理解了整个 L2 公司的食品生产信息流，如图 19-5 所示。

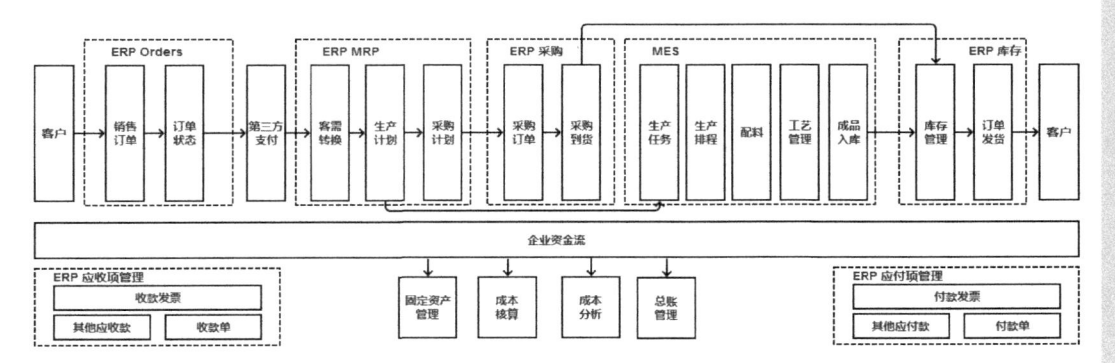

图 19-5 食品生产信息流

这本质上就是在用功能流程反推业务流程，从而帮助大家快速理解一家公司的业务运作。

19.2.4 梳理业务节点

在理解了业务流程后，接下来的工作是进入 L2 公司对具体业务团队进行详细的业务调研，找出 L2 公司的业务节点。

刘宇选择了以单据流为线索进行展开，通过分析单据流转，摸清楚业务是怎么流转的，以及单据会经过哪些业务节点。

刘宇梳理出了 L1 公司与 L2 公司的业务单据流。

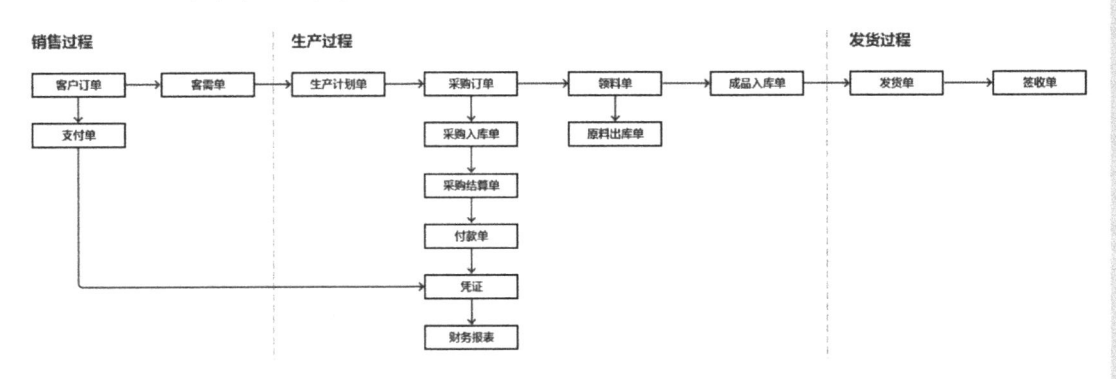

L1 公司的业务单据流如图 19-6 所示。

图 19-6　L1 公司的业务单据流

▶ 中台产品经理
数字化转型复杂产品架构案例实战

L2 公司的业务单据流如图 19-7 所示。

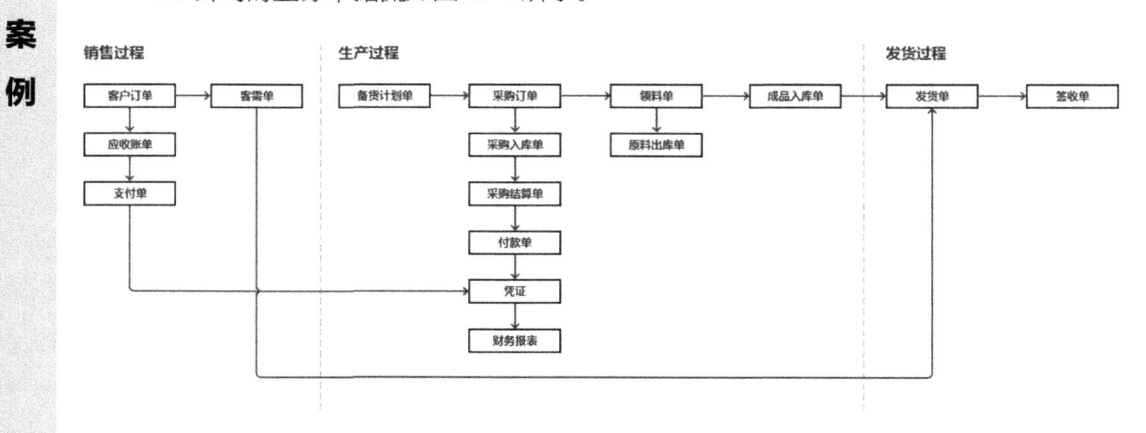

图 19-7 L2 公司的业务单据流

通过对两个公司的业务进行提炼，刘宇得到了两个公司的业务节点，如表 19-1 所示。

表 19-1 两个公司的业务节点

序号	L1 公司的业务节点	序号	L2 公司的业务节点
	销售过程		销售过程
1	订单创建	1	订单创建
2	现结	2	账期
	生产过程		发货过程
3	客需统计	3	客需统计
4	按实时客需生产	4	库存发货
5	领料、投料	5	签收
6	成品入库		生产过程
	发货过程	6	按备货量生产
7	生产发货	7	领料、投料
8	签收	8	成品入库
	采购过程		采购过程
9	JIT 采购	9	订货点采购
10	采购结算	10	采购结算
11	采购付款	11	采购付款

在梳理完业务节点后，刘宇将业务节点分为可标准化业务节点与个性化业务节点。

- 可标准化业务节点：业务相同部分。

- 个性化业务节点：业务个性化部分。

这两家公司的业务节点对比结果如表 19-2 所示。

表 19-2 业务节点比对

序号	L1 公司的业务节点	类　　型	序号	L2 公司的业务节点	类型
	销售过程			销售过程	
1	订单创建	可标准化业务节点	1	订单创建	可标准化业务节点
2	现结	可标准化业务节点	2	账期	可标准化业务节点
	生产过程			发货过程	
3	客需统计	个性化业务节点	3	客需统计	个性化业务节点
4	按实时客需生产	个性化业务节点	4	库存发货	可标准化业务节点
5	领料、投料	可标准化业务节点	5	签收	可标准化业务节点
6	成品入库	可标准化业务节点		生产过程	
	发货过程		6	按备货量生产	个性化业务节点
7	生产发货	可标准化业务节点	7	领料、投料	可标准化业务节点
8	签收	可标准化业务节点	8	成品入库	可标准化业务节点
	采购过程			采购过程	
9	JIT 采购	个性化业务节点	9	订货点采购	个性化业务节点
10	采购结算	个性化业务节点	10	采购结算	个性化业务节点
11	采购付款	可标准化业务节点	11	采购付款	可标准化业务节点

在表 19-2 中，可标准化节点均为 L2 公司可以直接照搬 L1 公司建立起的中台的服务部分，接下来要做的就是规范业务，实现标准化，从而接入 L1 公司的中台。

19.2.5　业务节点标准化

对于可标准化业务节点，我们需要根据中台服务中心的"SOP"统一现有业务。此处以子公司的商品库存管理为例展示标准化后的内容，如表 19-3 所示。

表 19-3 业务标准化

	标准化内容	示例（商品库存管理）
系统	名词	SKU 统一代替旧称呼 L1 中台：品名 L2 业务：SKU 名称 实物库存/虚拟库存
	流程	库存管理流程分为： （1）实物库存：库内实物件数 （2）虚拟库存：商城自定义数，默认为 0

续表

标准化内容		示例（商品库存管理）
系统	公式	SKU 库存计算逻辑 （1）以最小库存单元统计 （2）可售卖库存=实物库存+虚拟库存-锁定库存
	展示逻辑	前台展示可售卖库存数
	功能	（1）实物库存查询 （2）虚拟库存设置 （3）锁定库存查询 （4）可售卖库存查询
业务	角色	功能使用角色 = 商品运营
	场景使用规则 （SOP）	（1）正常售卖：设置以实物库存售卖 （2）预售售卖：设置以采购上限的虚拟库存售卖 （3）在途售卖：设置以在途量的虚拟库存售卖

注：中台在实施过程中遇到的一个最棘手的问题，就是中台设计的统一化方案很先进，但是原有业务需要进行非常大的改动。例如库存管理逻辑，此时的中台应该使用插件接入的方式先行让业务线接入，在后续迭代中再解决其他问题。

通过节点合并重新定义业务运作流程，不仅仅在系统上做出了统一的设计语言，更重要的是要求业务方在进行业务开展时也能以统一的规则展开，从使用者源头上进行规范。

19.2.6 中台架构产出

综上所述，根据抽象出的业务模型中统一且标准化的部分，进行中台架构设计，可以得到 L2 公司全新的 IT 架构，如图 19-8 所示。

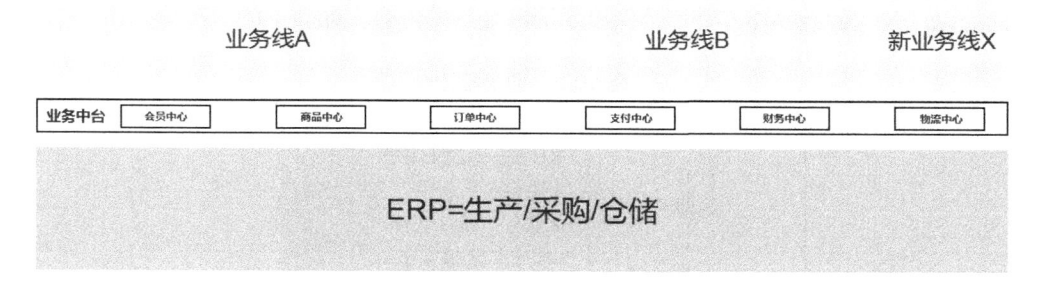

图 19-8 L2 公司全新的 IT 架构

第 19 章
中台运营：新业务接入中台

在新的 IT 架构中，通过中台的接入，让子公司标准化的运营平台快速落地，实现对所有渠道的会员管理、商品管理、价格管理、订单管理。

19.2.7 方案的投入产出比

在方案完成后，刘宇需要对整个方案的投入产出比（ROI）进行测算，测算结果如下。

（1）投入：L2 公司的中台接入与以中台战略为导向的企业信息化改造，这两个项目的研发周期约为 5 个月。

（2）产出：在这两个项目建设完成后，中台可获得面向多个场景的统一支持能力，归并企业内部基础服务，还可获得快速响应不同业务的需求的能力。现有的独立外部渠道包括微信、支付宝、外部 H5 内嵌等，其中月 GMV 约 7 千万元的渠道，将被合并至主业务流程，享受与现有业务流程相同的迭代速度与支撑，不再需要独立开发。

19.2.8 中台后续版本规划

随着集团化的发展，L 集团内的各供应链系统逐渐稳定，尤其是供应链的发货作业变得标准起来，因此接下来可以做的就是将供应链的发货作业环节进行中台化。

为此刘宇整理了与供应链的发货作业环节相关的节点，如图 19-9 所示。

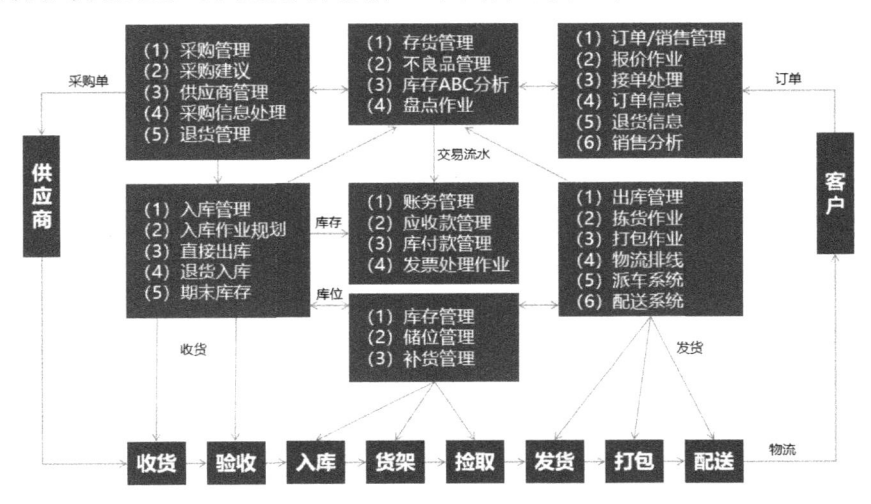

图 19-9 与供应链的发货作业环节相关的节点

在整理完成后，刘宇将这些节点交给了自己部门的同事，让他们按照之前的中台建设流程，去独自设计仓储中心。

在第 19 章中，L 电商公司中台建设的进度日志如表 19-4 所示。

表 19-4　在第 19 章中 L 电商公司中台建设的进度日志

任　　务	完成工作项
1	子公司中台化立项
2	新业务接入中台
3	中台后续版本规划
总结	中台建设完成进度：95%

本章小结

子公司引入并使用中台服务的方法

（1）企业高层在全公司宣导启动中台战略，将中台建设上升至企业级，解决后续推动问题；

（2）业务团队在中台负责人的配合下完成业务关键节点的定义（如注册/订单/支付）；

（3）统一不同业务线并使业务关键节点标准化，得到统一业务模型；

（4）IT 团队在旧 IT 架构上完成复用化场景与个性化场景的定义，并进行新 IT 架构的定义。

第 20 章

中台方案：中台 KPI 设计

20.1 目标：中台效益评估

在中台系统建设完毕之后，中台战略在一家企业中的落地工作就算完成了。此时我们必须有准确的指标来反映该战略的实际效果，因此就需要对中台战略在企业运作中的效益进行持续化的监测与评估。

行动点：

（1）使用行业通用指标对中台进行基础评价；

（2）结合业务背景补充中台效益的评价体系。

20.2 案例 27：L 电商公司的中台 KPI 设计

刘宇为 L 电商公司的中台系统制定了 3 个基本指标，如表 20-1 所示。

表 20-1 基本指标

基 本 指 标	
指标 1	模块复用率
指标 2	服务中心定制化率
指标 3	TTM（迭代时间）

> **中台产品经理**
> 数字化转型复杂产品架构案例实战

以下为刘宇对各指标给出的详细解读。

指标1：模块复用率

本指标主要考核中台服务中心设计的实用性，也就是考核究竟有多少个业务方使用了中台的模块。接入中台的业务方越多，说明中台越好，说明抽象的共性越准确，代表业务方确实有这个痛点。

在评估中台时，除了考核组件，更重要的是考核拓展服务。当前 L 集团中台的模块复用率如表 20-2 所示。

表 20-2　L 集团中台的模块复用率

服务中心	接入业务方数（个）	模块复用率
商品中心	3	3/3=100%
订单中心	3	3/3=100%
支付中心	3	3/3=100%
账户中心	2	2/3=66.7%

指标2：服务中心定制化率

本指标主要考核中台服务能否真正解决业务方的问题，也就是判断中台的服务中心是否需要为第三方定制化。

从本质上来说，服务中心内的定制化内容应该越少越好，说明中台的抽象能力到位。如果在将中台定义的服务中心推向业务方时，业务方提出了众多的新定制化需求，这说明在中台设计前期，中台负责人并没有将各条业务线的需求进行统一，从而导致所抽象的服务中心并不能通用。

中台是复用工具的集合，让业务方知道如何使用这些工具是业务线研发团队的工作内容，但是这些工具必须能适用不同的业务线场景。

L 集团的服务中心定制化率如表 20-3 所示。

表 20-3　L 集团的服务中心定制化率

服务中心	定制化需求数（个）	插件
商品中心	2	商品分城市运营插件：商品支持不同城市创建不同的商品描述、主图等资料
		税率插件：配置不同商品的进项与销项税率，满足财务需求

指标 3：TTM（迭代时间）

本指标主要考核中台在上线后是否成功缩短了前台业务线的迭代周期。也就是说，以往前台项目开发一个会员中心可能需要 10 个工作日，而在接入中台的会员中心后，只需要一天就完成了，这就代表中台为业务线缩短了迭代时间。

通过这 3 个基本指标可对 L 集团的中台进行一般性效果评价，但是由于 L 集团内部业务领域的跨度较大，从仓配体系横跨到生产体系，所以这样评价中台还不够全面。刘宇还需要结合 L 集团的具体业务场景去补充业务指标。

刘宇制定的中台补充业务指标如表 20-4 所示。

表 20-4　中台补充业务指标

	中台补充业务指标
指标 1	不同领域能力数：指不同领域内中台化的能力数，如商城能力数/履约能力数，目的为衡量不同阶段储备的复用重心
指标 2	能力规划周期：当前在 L 集团内部，中台只是 1.0 版本，因此需要快速迭代，对速度有所考核

在第 20 章中，L 电商公司中台建设的进度日志如表 20-5 所示。

表 20-5　在第 20 章中 L 电商公司中台建设的进度日志

任　　务	完成工作项
1	引入 3 个通用的评价中台的基本指标
2	根据当前中台发展阶段制定了 L 集团的中台补充业务指标
总结	中台建设完成进度：100%

20.3　全书案例建设思路总结

至此，L 电商公司的中台建设案例就全部介绍完了。如果用案例中的产出来总结中台建设过程，我们可以得到如图 20-1 所示的结果。

综上所述，任意一家企业的中台建设不仅仅是一个系统的产出，更是从企业内部进行的整体化设计，这样才能促使中台成功落地。

> **中台产品经理**
>
> 数字化转型复杂产品架构案例实战

实战案例

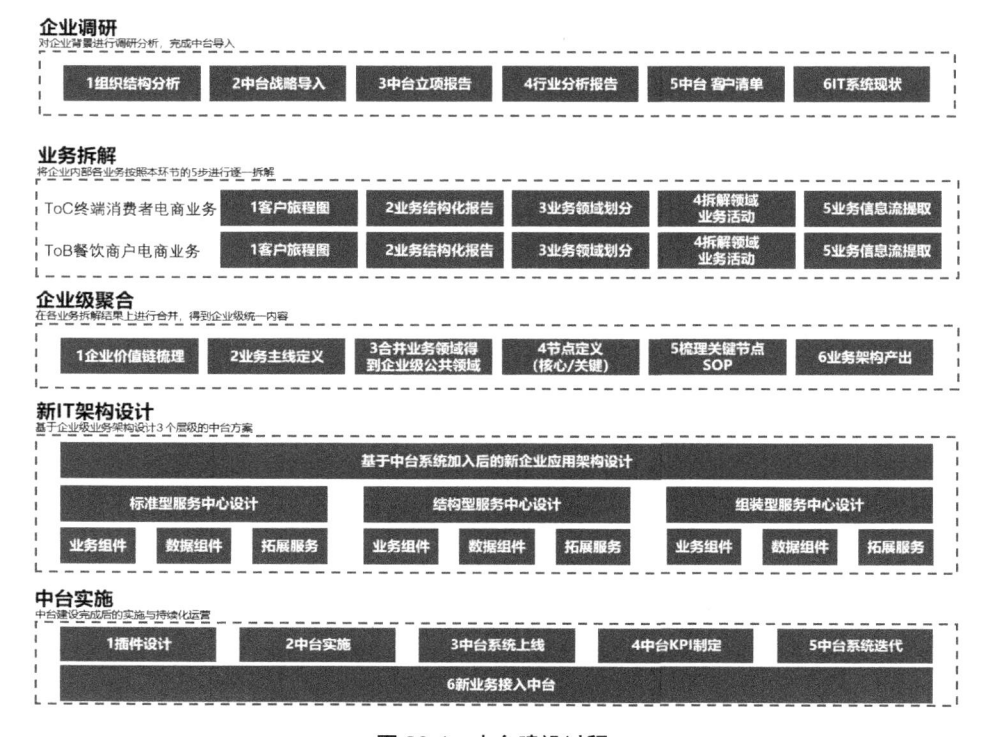

企业调研
对企业背景进行调研分析，完成中台导入

| 1组织结构分析 | 2中台战略导入 | 3中台立项报告 | 4行业分析报告 | 5中台 客户清单 | 6IT系统现状 |

业务拆解
将企业内各业务按照本环节的5步进行逐一拆解

| ToC终端消费者电商业务 | 1客户旅程图 | 2业务结构化报告 | 3业务领域划分 | 4拆解领域业务活动 | 5业务信息流提取 |
| ToB餐饮商户电商业务 | 1客户旅程图 | 2业务结构化报告 | 3业务领域划分 | 4拆解领域业务活动 | 5业务信息流提取 |

企业级聚合
在各业务拆解结果上进行合并，得到企业级统一内容

| 1企业价值链梳理 | 2业务主线定义 | 3合并业务领域得到企业级公共领域 | 4节点定义（核心/关键） | 5梳理关键节点SOP | 6业务架构产出 |

新IT架构设计
基于企业级业务架构设计3个层级的中台方案

基于中台系统加入后的新企业应用架构设计

| 标准型服务中心设计 | 结构型服务中心设计 | 组装型服务中心设计 |
| 业务组件 | 数据组件 | 拓展服务 | 业务组件 | 数据组件 | 拓展服务 | 业务组件 | 数据组件 | 拓展服务 |

中台实施
中台建设完成后的实施与持续化运营

| 1插件设计 | 2中台实施 | 3中台系统上线 | 4中台KPI制定 | 5中台系统迭代 |
| 6新业务接入中台 |

图 20-1 中台建设过程

本章小结

1．中台效益评估

在一般情况下，可以通过两类指标来评估中台在上线后为企业带来的效益。

（1）基本指标：使用行业通用指标对中台进行基础评价；

（2）业务指标：结合业务背景补充中台效益的评价体系。

2．评价中台的 3 个基本指标

（1）指标 1：模块复用率；

（2）指标 2：服务中心定制化率；

（3）指标 3：TTM（迭代时间）。

第 21 章

拓展补充：双中台架构之数据平台

21.1 数据分析体系

本书前面的内容重点为大家介绍了以业务中台为核心的中台产品的设计思路，相信大家已经知道了业务中台的建设过程与路径。

但是在日常的公司运营中，除了设计贴合业务的系统功能，更重要的事情便是决定业务发展走势。要做到这些，我们依赖的一个重要工具便是数据。

例如，我们需要用日活来反映产品当前的客户数，需要用订单中商品的实际销量来分析年初计划中的核心品类销售进度是否健康。

那么，如何在一款产品背后搭建一套完整的数据分析体系，来支撑日常的产品数据需求，便是摆在所有产品经理面前的又一项挑战，当然中台负责人也不例外。

在一家公司中，中台负责人至少需要具备两个技能：

- 从 0 到 1 设计面向整个企业的中台产品架构；
- 搭建支撑整个企业的可扩展数据分析体系。

要建立一套数据分析体系，很多人看到这可能就开始犯怵了，因为在他们的印象中，数据分析体系的建立是一项非常庞大的工作，而设计这样一套数据分析体系更是让人无从下手。

从数据产品经理的视角来看，建设一套完整的数据分析体系确实是一项庞大的

中台产品经理
数字化转型复杂产品架构案例实战

工作,从数据框架到数据分析体系,再到每个场景的具体计算逻辑,种类繁多,体系庞大。但是如果我们只是设计一个数据框架,用来承接整个企业的数据体系,其实并没有大家印象中的那么麻烦。

接下来我便教给大家一个设计数据分析体系的方法,帮助大家快速搞定最基础的数据分析体系的设计。

建设一套数据分析体系,其实只需要 3 步就可以完成。

也就是说,任何数据分析体系都可以拆解为 3 层,如图 21-1 所示。

```
┌──────────────┐
│   数据应用层   │
└──────────────┘
        ▲
┌──────────────┐
│   数据处理层   │
└──────────────┘
        ▲
┌──────────────┐
│   数据采集层   │
└──────────────┘
```

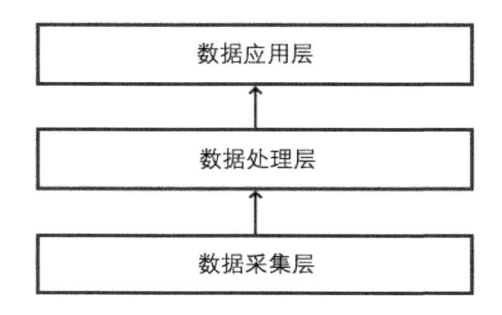

图 21-1 数据分析体系的 3 层

- 数据采集层:负责数据采集;
- 数据处理层:负责数据的规整化;
- 数据应用层:负责数据的二次加工。

我们一个个地拆解看一下。

层 1:数据采集层

这一层的本质目的就是进行数据的收集,我们需要将公司内部各个节点产生的数据收集起来,要做的工作主要有两项。

(1)分析并定义公司内部各个业务线所产生的数据。

例如,商品销量数据、商品上下架数据、订单数据、客户浏览行为数据。

(2)定义各个数据源的存储方式及集中存储位置。

例如,建立数据仓库及对应的数据表来存储数据。

完成了这两项工作,我们就对整个数据分析体系最基础的原料完成了运输管道的建设,如图 21-2 所示。

图 21-2　数据采集层

层 2：数据处理层

在采集了全公司的数据之后，我们要做的工作就是将分散在各个数据处理单元中且需要实施的数据标准化操作统一实现。

常见的数据标准化操作分为如下 3 类。

（1）数据清洗：根据一定的数据规则，将数据中的异常值（如负数、零等）删除，从而使数据变得合理。

（2）全局数据口径对齐：我们经常会遇到一个情况，就是不同业务线及不同模块之间对同一数据指标定义的计算公式不同。此时我们就需要将用不同的公式计算出的数据结果，按照一套标准的公式重新计算，得出唯一的结果。

（3）数据合并：在数据处理中，很多时候我们处理的数据是冗余的，所以我们需要对这些冗余数据进行一次合并，从而简化数据体量。

经过这样一套统一的数据标准化操作，我们就得到了全公司数据的唯一结果，为上层应用取用数据打好了基础，不会出现上层应用计算出的结果偏差巨大的现象。

数据处理层的数据标准化操作如图 21-3 所示。

图 21-3　数据处理层的数据标准化操作

层 3：数据应用层

完成了基础数据的统一采集，我们相当于拥有了一个包含全公司数据的数据全集，此时我们所拥有的数据便是公司内部最全且最准确的数据。

接下来我们可以根据各条业务线的需求去打造对应的数据应用。

例如，最常见的数据应用便是数据报表，我们将业务方想要看到的数据以一定的组织形式展示在一张报表中，如订单报表、客户报表等。

此外,还有一些基于数据的辅助决策类应用,如采购预测根据近 7 天或近 14 天的商品销售情况来分析出:

- 哪些商品属于畅销类商品?
- 商品的平均日销量是多少?
- 在下一周期中将需要多少量?
- 用现有库存减去预测量得到预测采购数量。

数据应用层的建设结果如图 21-4 所示。

图 21-4 数据应用层的建设结果

经过对这 3 层的设计,我们得到了一个简单又全面的数据分析体系的框架,如图 21-5 所示。

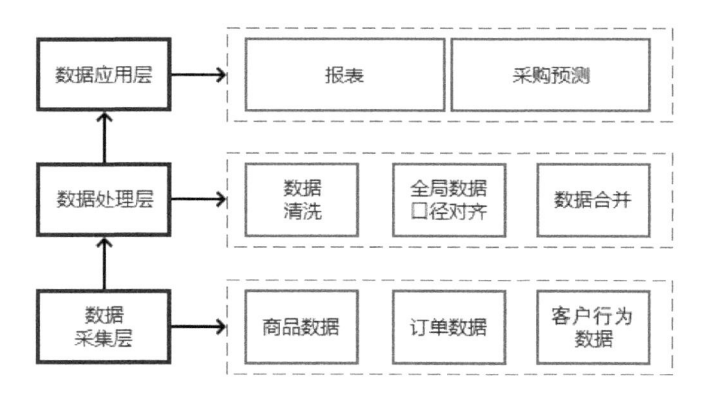

图 21-5 数据分析体系的框架

我们可以根据实际业务的发展不断去扩充这个框架。例如,将新的数据加入数据采集层和采用新的统一的全局数据处理方法,以及基于前两者开发新的数据应用。

这个数据分析体系的框架帮助我们从 0 到 1 搭建了一个可以参考、可以不断扩展的数据容器,后续我们只需要不断往里面填充具体场景的解决方案即可,这便是我们的设计思路。

21.2 双中台架构的定义

企业除了对业务信息化有需求，还存在对数据的信息化需求。因此，中台战略不能只面对业务，还需要对数据提供一个全局解决方案。

除了业务中台，还有一个很重要的中台战略落地产物，便是数据中台，数据中台负责整个企业的数据资产管理。

现在中台战略已经演化出了双中台架构，如图 21-6 所示。

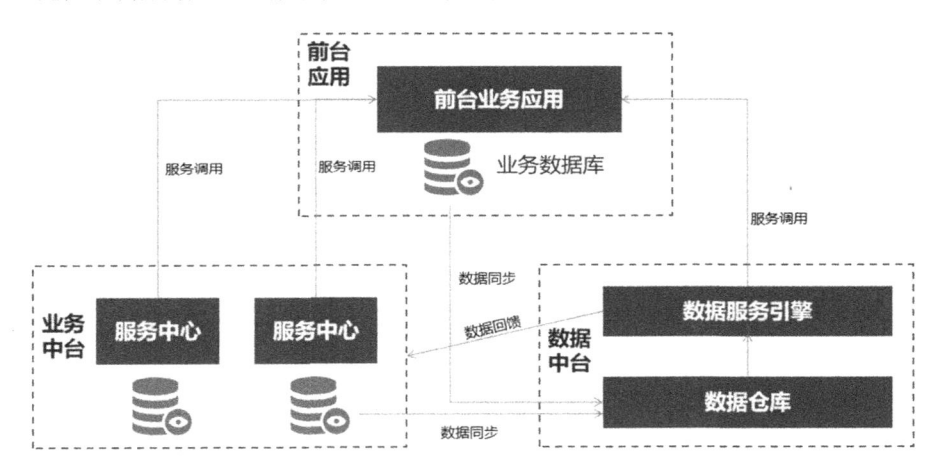

图 21-6 双中台架构

在双中台架构下，由业务中台快速支撑前台业务应用完成落地，在将各业务线的不同应用装入数据仓库进行标准化后，形成企业级的数据应用（如统一化报表、前台数据应用）。

要想落地双中台架构，最好的路径是先建设业务中台，在实现业务标准化后，再进行数据中台建设。

之前各个业务虽然都有订单与商品管理，但是不同业务之间是不同的，数据仓库也很难做到跨业务的经营分析，它只能让每个业务自己去进行分析。在有了业务中台之后，数据仓库在把各个订单、商品的主数据体系统一之后，就可以实现跨业务的经营分析了，甚至还可以做到跨系统、跨业务的对比，然后再把结果反馈给前台业务应用，这一点在之前是不敢想象的。

我们来看一家商业地产管理公司内部双中台架构落地的例子。该公司内部拥有多个业务系统：商场收银 POS、停车管理软件等。该公司在通过业务中台实现了全商业地产多类型内部收单与外部订单的合并后,又基于数据中台打通了各个系统。

该公司存在多种业务复合场景。

(1)客户触达:在商业广场中任意门店完成消费。

通过 POS 系统的会员卡 ID,我们完成客户到场消费的时间记录,确认该客户进入了广场,通过门店消费我们第一次感知到了客户,并为客户确定了价格带。

(2)客户跟踪:电影院消费。

客户在本商业广场的电影院进行消费,我们获取到了客户的偏好信息,给客户打上了娱乐标签,并再次确认客户处于在场状态(未离开商业广场)。

(3)数据服务:在消费后 2 小时内免费使用停车场。

当客户准备付停车费时,该公司根据前两步获得的客户在场时长与消费金额,自动判断消费金额是否超过指定标准,从而确定该客户是否享受免费停车。

我们发现通过这样的数据中台支撑,这个商业广场的会员有了价值,该公司就能把整个客户消费行为的描述数据串联起来了。

在《中台产品经理宝典》中,我已经对数据中台做了深入的剖析,这里不再赘述,接下来我会为大家讲解数据中台落地的方法论。

21.3 数据中台预建设

在搭建业务中台时,我为大家梳理并总结了一个完整的 MSS 模型,在数据中台落地中我们其实也应遵循 MSS 模型。

根据 MSS 模型,数据中台建设的第一个重要环节称为业务标准化(Standard)。也就是说,我们需要先对当前业务有一个标准化的定义,将公司内部不同业务线的业务流程梳理并合并为一套全公司通用的 SOP,在此基础上去建设中台。

这就好比我们要建设大楼,如果没有一个稳定的地基,上层建筑就无法稳定,建设出的中台也会出现需求不符合、业务线不愿对接的现象。

在建设数据中台时也有同样的环节去完成,我们称之为数据中台预建设。

数据中台预建设分为两个步骤。

(1)标准化:完成对同一事物的统一描述。

例如，统一不同业务的指标口径，如在财务指标中，A 业务使用毛利来进行业务线利润统计，B 业务则使用税后毛利，从财务角度来看 A 业务与 B 业务使用的指标就是不统一的，需要进行统一。

（2）中心化：数据权限上升至企业层面。

之所以会出现公司内部对同一事物的描述不同，是因为各条业务线根据自己的需要定义了具体的业务对象与数据存储规则。

21.3.1 预建：标准化

我们以 A、B 两个业务的会员数据为例。

A 业务定义的会员存储表如表 21-1 所示。

表 21-1　A 业务定义的会员存储表

字段	会员 ID	会员名称	会员手机号	上一次访问时间
示例	11	小王	18710385xxx	2020 年 10 月 8 日 14:59:50

B 业务定义的会员存储表如表 21-2 所示。

表 21-2　B 业务定义的会员存储表

字段	会员 ID	名称	邮箱	手机号	最后消费时间
示例	C210	小王	6030XXXX@qq.com	18710385xxx	2020 年 10 月 8 日 15:00:36

从表 21-1 和表 21-2 中我们可以直观地发现如下差异。

（1）A 业务的会员存储字段为 4 个，B 业务的会员存储字段为 5 个，因此 A 业务与 B 业务对会员对象的定义在本质上就有所不同；

（2）在会员活跃度统计上，A 业务关注会员的访问时间，因此在会员存储表中记录了上一次访问时间，B 业务更关注会员的消费转化，因此记录的是最后消费时间。此时如果数据中台想要统计全公司会员的活跃情况，因为 A、B 两个业务的会员活跃概念是完全不同的，所以这两者的数据也就无法直接使用。

针对上述情况，为了避免各项业务自主定义，数据中台通常会将数据权限进行拆分。

- 控制权限：拥有给上层应用提供数据的权利；
- 读写权限：拥有数据读取与写入的权利。

据此我们得到了分层数据体系下的不同权限内容，如图 21-7 所示。

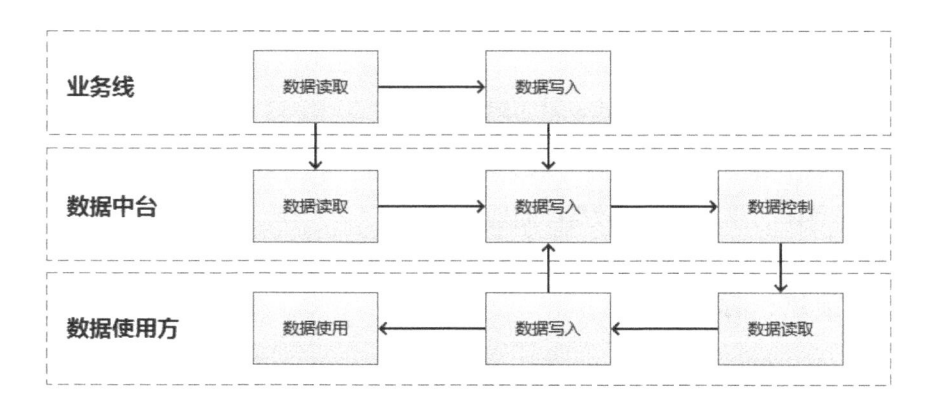

图 21-7　分层数据体系下的不同权限内容

从图 21-7 中我们可以看到业务线只有数据读取、数据写入权限，无数据控制权限。通过这样的设计我们实现了数据中心化，也就是由数据中台向上层应用提供数据。

在业务线内部，每条业务线可以根据自己的需要定义数据应用，如在上面的例子中 A、B 两个业务定义自己的会员存储字段及会员活跃度。

一旦进入上层应用，由数据中台根据各条业务线推送至此的数据就需要进行重新计算，从而确保各条业务线的数据是使用相同的标准、算法得出的。

21.3.2　预建：中心化

在完成了业务标准统一之后，接下来需要做的就是进行数据中心化，又称全局数据设计。

所谓全局数据设计，就是确定数据域，也就是确定整个数据需求的边界，以及我们需要为哪些业务对象设立指标并进行监控。

一般来说，数据中台的数据域管理可以分为如下两步。

（1）**定义公司内部的统一主题**：如会员、订单、商品等；

（2）**完成数据归类**：将属于同一主题的数据都归至一个数据域中。

在定义完数据域（如商品数据域、订单数据域）后，我们就可以在数据仓库中定义标准的数据堆了，每一个数据堆存储一个业务的数据域子集，这样便将各个业务的原始数据都堆积在了一起，如图 21-8 所示。

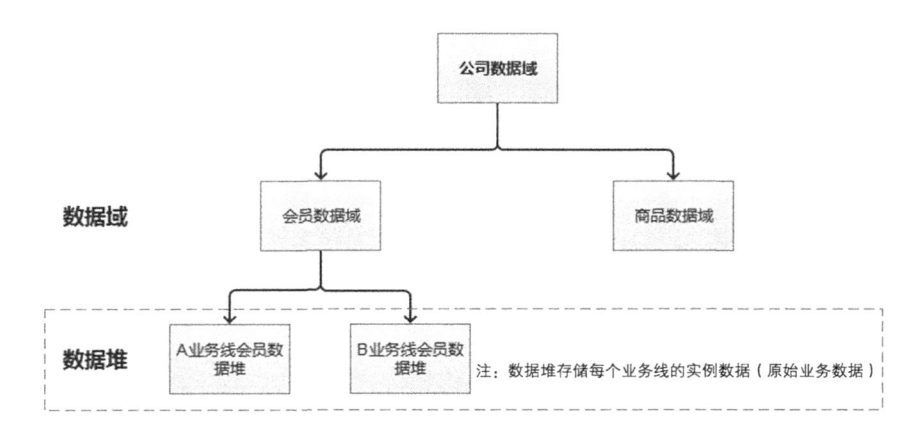

图 21-8 数据堆

只有这样建设，我们在为上层应用提供数据时才可以对提供的数据进行重新计算。

至此，数据中台预建设的方法论就讲述完毕了。在下一章中，我们将重点来讲解数据中台建设的落地方案。

本章小结

1．数据分析体系

数据分析体系可以拆解为 3 层：数据采集层、数据处理层、数据应用层。

2．双中台架构

企业内部同时运作业务中台与数据中台，由业务中台实现业务的标准化，从而产生标准主数据，将标准主数据放入数据中台，实现系统闭环。

第 22 章

拓展补充：数据中台落地方案

在第 21 章中，我们完成了数据中台的预建设，在本章中我们就要进入数据中台落地方案的设计环节了，产出完整的落地方案。

面对已经标准化后的数据体系，数据中台的落地方案可以很快地被定义出来。具体来说，一个通用的数据中台的落地方案可以拆解为 7 步，如表 22-1 所示。

表 22-1　一个通用的数据中台的落地方案

步　　骤	该步骤的重点内容
步骤 1	数据集中化存储
步骤 2	数据集中加工
步骤 3	数据指标体系定义
步骤 4	数据指标管理
步骤 5	数据事件集中管理
步骤 6	设计数据事件
步骤 7	企业级数据应用

下面我们来展开介绍。

步骤 1：数据集中化存储

在第 21 章中我们谈及了要进行数据集中化存储，并通过数据中台的建设，完成各业务线的改造。

具体来说，数据集中化存储就是在进行企业级的数据管理，会涉及如下 3 个子任务。

（1）各条业务线产生的数据汇总；

第 22 章
拓展补充：数据中台落地方案

（2）数据加工：统一采集、清洗、管理数据；

（3）全局数据模型生成。

通常，数据加工往往是将各条业务线的数据清洗方法以模板形式配置在企业数据引擎中，如图 22-1 所示。

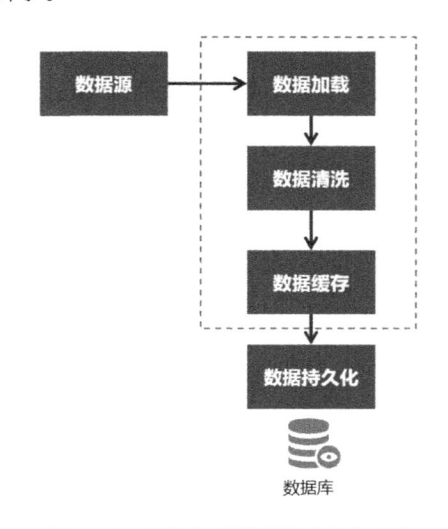

图 22-1　某数据清洗引擎的运作原理

完成这 3 个子任务，我们也就建立起了一个企业内部的数据自流转体系。

步骤 2：数据集中加工

在完成了数据集中化存储后，下一步要做的就是进行数据口径管理，实现统一集中计算。具体来说，数据中台为了实现集中计算，要进行的数据口径管理一共包含如图 22-2 所示的 4 个维度。

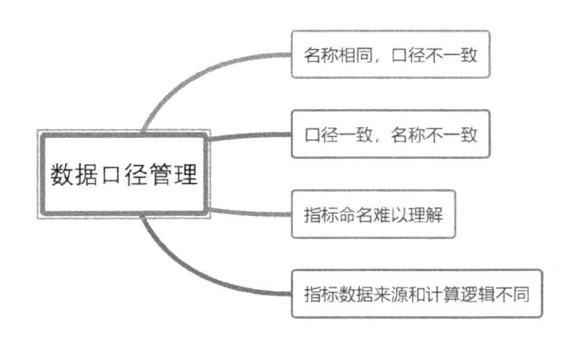

图 22-2　数据口径管理的维度

中台产品经理
数字化转型复杂产品架构案例实战

例如，当我们将数据集中到数据中台进行存储时，来自各个业务的数据并不能直接使用，会出现各个数据名称不统一的情况，如不同业务线存储同一个数据的名称不相同。

A 业务中会员数据的名称如表 22-2 所示。

表 22-2　A 业务中会员数据的名称

字段	会员 ID	会员名称	会员手机号	上一次访问时间
示例	11	小王	18710385xxx	2020 年 10 月 8 日 14:59:50

B 业务中会员数据的名称如表 22-3 所示。

表 22-3　B 业务中会员数据的名称

字段	会员 ID	会员	联系方式	上一次访问时间
示例	11	小王	18710385xxx	2020 年 10 月 8 日 14:59:50

此时就需要将各个业务的数据名称进行统一，我们通常会用软映射的方法将不同业务的数据名称进行统一，也就是通过建立一张数据表进行字段映射管理，如图 22-3 所示。

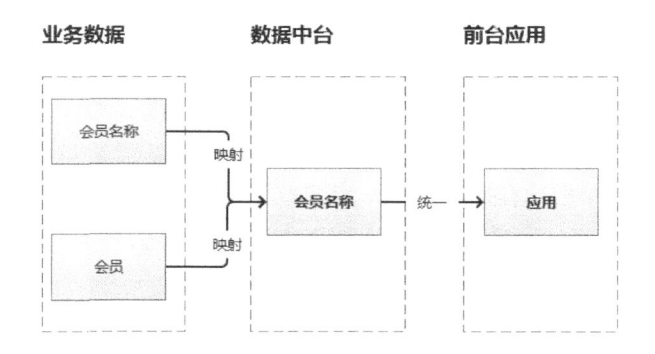

图 22-3　字段映射管理示意

但是刚才提到的是对现有数据进行管理，对于新产生的数据，我们需要进行归一化管理，以便让其在进入数据中台时就能达到统一的标准。此时我们需要使用一套公司级数据载体进行管理，具体来说就是要进行两个方向的工作：

（1）建立唯一指标体系树；

（2）建立统一数据事件。

步骤 3：数据指标体系定义

在这一步中我们开始建设数据指标体系，但是在以往的数据指标体系管理中，我们经常会遇到一个问题：不同人对数据指标体系有不同的需求。例如，老板更关注顶层结果指标，如毛利、成本、盈亏平衡等，而运营人员更关注昨日某事件的点击率、转化率这些过程指标。

所以在建设数据中台时，我们要在公司内部建立起一套自上而下的数据指标体系，以满足各层级的不同需要。这也相当于把整个公司内部的数据指标进行了一次梳理。

数据中台的三级指标体系如图 22-4 所示。

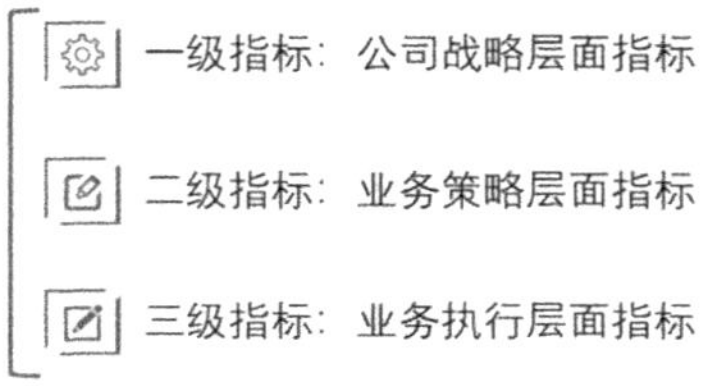

- 一级指标：公司战略层面指标
- 二级指标：业务策略层面指标
- 三级指标：业务执行层面指标

图 22-4　数据中台的三级指标体系

指标按使用角色大体上分为 3 类。

（1）一级指标：解决管理层的需求，如交易额、净利润、毛利等；

（2）二级指标：解决执行层的路线评价需求，如渠道 A 收益、链路转化路径长度等；

（3）三级指标：表示执行层的具体执行效果，如步骤转化率、广告位点击率等；

需要注意的是，这些指标一定要聚焦到客户行为上。例如，在搜索框场景下，搜索成功率、注册页各步骤点击率/转化率、购物车加购时间、购物车等待时间、收藏次数等各个维度的客户行为。

在数据中台中，集成这 3 类指标，我们将快速搭建起一个完整的指标框架。

步骤 4：数据指标管理

我们在建立起不同层级的数据指标后，接下来会遇到一个问题：在指标越来越多后，各个指标之间经常会出现冲突，以及指标难以理解和管理。

例如，A 业务有 7 日渠道转化率这个指标，B 业务也有这个指标，但是 A、B 两个业务对渠道转化的定义是不同的。

- A 业务的渠道转化：客户在网页端完成注册，即可称该客户为活跃客户；
- B 业务的渠道转化：B 业务因为拥有客户端 App，所以运营人员将渠道转化定义为客户下载客户端 App 并登录。

此时我们可以学习并借用阿里的数据解决方案：OneData 方法。

OneData 方法从本质上来说就是将指标进一步细化为两类。

（1）**原子指标**：不可拆分的最小颗粒度指标，如活跃数、点击率等；

（2）**派生指标**：在原子指标上增加若干修饰词就是派生指标。

我们在公司内部定义唯一指标时，就可以按照这样的公式来产出指标（派生指标）。

$$原子指标 + 修饰词 = 派生指标$$

修饰词可以分为两类：

（1）按照具体的业务线、主题域、业务过程定义修饰词，如 A 业务—会员业务线留存率、B 业务—会员业务线留存率；

（2）按时间周期、行为类型定义修饰词，如 7 日/14 日等。

步骤 5：数据事件集中管理

在工作中，很多时候我们都是在处理各条业务线的突发业务问题，如下述场景。

A 业务：订单量下降了，原因是什么？

B 业务：客户注册量下降了，原因是什么？

如果我们用产品语言进行分析，上述场景实际就是这样两个需求。

PM：下单事件分析→购买路径的流程分析

PM：注册事件分析→客户从下载到注册的流程分析

这样的需求也被称为数据事件分析。所谓数据事件，就是一组连续的数据指标的集合，其中每一个数据指标都是按照客户每一步行为操作的逻辑关系进行排列的。

例如，一个设计导流的功能主流程是这样的，如图 22-5 所示。

图 22-5 设计导流的功能主流程

对应的数据事件如表 22-4 所示。

表 22-4 数据事件示例

序号	事件名称	构成指标 1	构成指标 2	构成指标 3	构成指标 4
1	新用户任务转化率事件	新用户触达页点击次数	新用户目标页跳转转化率	新用户目标页任务完成次数	新用户目标页任务完成转化率

表 22-4 所示内容也是整理公司内部数据事件的统一模板，这样能让我们清楚地知道都有哪些事件，以及这些事件对不同指标的依赖是什么。

我们在进行数据中台建设时就应该将所有的数据事件汇总，以便集中管理。

步骤 6：设计数据事件

除了集中管理数据事件，更重要的是要能设计数据事件，这就需要用到通用事件设计模型。

通用事件设计模型可以分为 3 个部分，如图 22-6 所示。

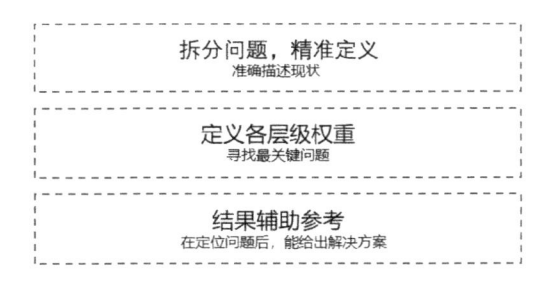

```
┌─────────────────────────┐
│   拆分问题，精准定义    │
│       准确描述现状      │
└─────────────────────────┘
┌─────────────────────────┐
│     定义各层级权重      │
│      寻找最关键问题     │
└─────────────────────────┘
┌─────────────────────────┐
│       结果辅助参考      │
│  在定位问题后，能给出解决方案  │
└─────────────────────────┘
```

图 22-6 通用事件设计模型

（1）拆分问题，精准定义：找到各事件的组成指标。

例如，复购率事件监控=A 渠道复购率+B 渠道复购率+召回渠道复购率。

（2）定义各层级权重：定义各描述项的具体权重。

例如，在上述拆分出的 3 个指标中，定位影响最大的指标，其中召回渠道复购率是重要影响项。

（3）结果辅助参考。

例如，在定义出各指标后，根据具体指标的变化得出结果，如对复购率进行长时间监测，发现下降 3%以内属于正常波动，而超过 3%属于复购异常，需要定位原因。

步骤 7：企业级数据应用

基于数据中台的建设，我们可以进行二次数据应用开发。

（1）全局客户推荐系统：集合各业务线的客户偏好，进行客户推荐；

（2）全局客户画像：集合各业务线的画像数据，生成全公司级的客户画像；

（3）公司业务资产数字化：在统一各业务线的数据后，可以建立超级节点，实时监控全公司的业务数据。

至此，完整的数据中台建设方法论就描述完了，大家可以根据自己业务的实际情况进行选择，搭建适合自己公司的数据中台。

想了解更多内容，可以参看《高阶产品经理必修课：企业战略驱动下的数据体系搭建》。

第 5 篇

进阶：企业级应用通用建设路径

第 23 章

企业级应用通用建设模型：MSS 2.0 模型

看过《中台产品经理宝典》一书的读者应该记得，我把企业中台战略的落地方案总结成了一个标准的 MSS 模型。

在本书中，我们在完成了完整的中台建设过程后，可以对这个模型进行一次升级，让它上升一个维度，就得到一个通用的企业级产品设计模型：MSS 2.0 模型。

MSS 2.0 模型不仅可应用于中台系统的设计，还可应用于企业级软件系统的设计。

下面介绍一个基础概念：企业级软件系统。

所谓企业级软件系统，是指支撑企业信息化需求的软件的总称，也就是企业内部各业务线相同领域的人员都在使用的系统。

根据这个定义，我们可以判断下面场景中的几个系统是不是企业级软件系统。

- A 公司的 A1 业务线：采购了一套北森员工出勤管理系统。
- A 公司的 A2 业务线：部署了一套钉钉员工出勤管理系统。

北森员工出勤管理系统和钉钉员工出勤管理系统对 A 公司来说算不算企业级软件系统？答案显然是否定的，因为它们虽然都在进行员工出勤管理，但是并没有被 A 公司内部所有业务线的人员使用。

A 公司的 A1 业务线：采购了一套 OracleEBS 系统，管理本业务线下的整个供应链单据流与财务总账。

A 公司的 A2 业务线：使用 OracleEBS 系统管理本业务线下的整个供应链单据流

第 23 章
企业级应用通用建设模型：MSS 2.0 模型

与财务总账。

此处的 OracleEBS 系统对 A 公司来说是否算企业级软件系统呢？答案是肯定的，因为它严格符合企业内部各业务线相同领域的人员都在使用的定义。

在明白了企业级软件系统的定义后，我们以中台这一企业级软件系统为例，来看其整个建设过程的本质是什么。

回顾本书前面的中台建设过程，我们不难发现中台的落地其实可以总结为"下定义、给标准"。

（1）下定义。

例如，当多条业务线都存在同一事物时，我们在建设中台过程中就需要将这些不同业务线中的同一事物进行统一化。

例如，对于毛利、核心客户群，每条业务线都有自己的定义，而我们要做的就是要给这些业务线都有而又定义不同的事物一个标准的定义。

这样做的好处是，以后在任何场景中大家都能以"同一语言"进行沟通了。

当然，我们不能一味地为了大而全就把所有的业务概念都进行统一。例如，上文提到的核心客户群在不同的业务线中确实有不同的定义。

- A1 业务线：将下单频率高、客单价高的客户组成的群称为核心客户群。
- A2 业务线：将单位周期内订单总金额为前 20% 的客户组成的群称为核心客户群。

这两个不同的定义存在明显的业务诉求，因此我们应该保留，而不是用中台进行统一。

在企业级产品中也是如此，我们需要对信息化的管理对象在企业内给出统一的定义。

（2）给标准。

除了要对企业内部的同一事物进行定义，在很多时候我们还会遇到，很多业务线确实对同一事物有个性化的需求。

对于订单中心，由于各条业务线的业务模式不同，最终落地的订单就会有对应的业务场景所需的功能嵌入。

例如：

> **中台产品经理**
> 数字化转型复杂产品架构案例实战

♬ 海淘订单：有复杂的关税相关逻辑；

♬ 大客户订单：有账期逻辑、履约配送仓库逻辑等。

此时进行中台化，我们要做的工作就是给这些订单定一个标准，告诉各条业务线订单生成逻辑需要有什么样的标准、什么样的数据格式、业务线个性化需求的插入方式。这样当我们去统计各条业务线的订单时，就有了一套标准的订单格式。

我们在中台中看到的订单，就不会存在有的是 10 个字段，有的是 15 个字段；有的存储客户 ID，有的存储客户 CODE 等。

中台让各条业务线的订单创建流程、字段数、存储格式都有了一套标准。

此外，中台建设并不是简单得出一个系统就完成了，更重要的是要完成企业内部的一次管理升级，从而完成中台改建工程。

因此，要顺利地建设与实施中台，必经之路就是对企业内部的业务与信息化进行充分的调研，并在此基础上以强定制化的方式给出适合本企业的中台解决方案。

建设企业级产品也遵循这个原理，在建设某个领域的企业级产品时，我们必须完成管理升级。

我们在原有的 MSS1.0 模型（即 MSS 模型）的基础上进行升级，就得到了 MSS 2.0 模型，模型对比如图 23-1 所示。

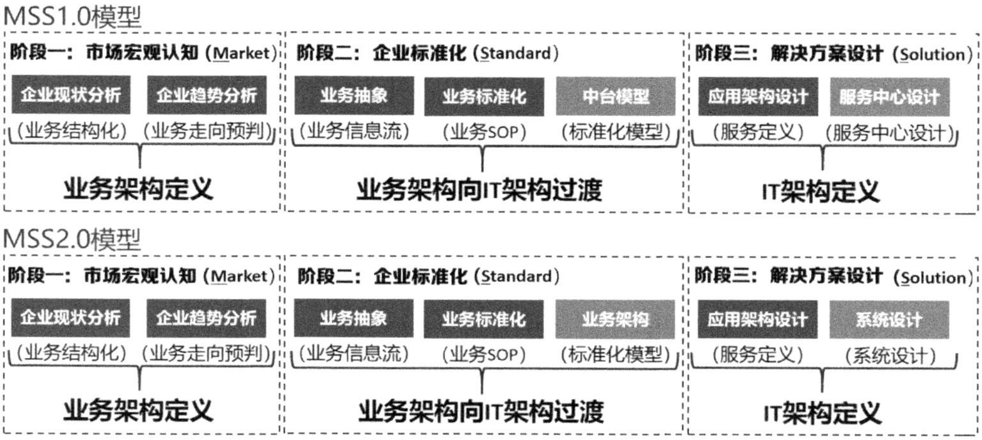

MSS1.0 模型

阶段一：市场宏观认知 (Market)		阶段二：企业标准化 (Standard)			阶段三：解决方案设计 (Solution)	
企业现状分析	企业趋势分析	业务抽象	业务标准化	中台模型	应用架构设计	服务中心设计
(业务结构化)	(业务走向预判)	(业务信息流)	(业务SOP)	(标准化模型)	(服务定义)	(服务中心设计)
业务架构定义		业务架构向IT架构过渡			IT架构定义	

MSS2.0 模型

阶段一：市场宏观认知 (Market)		阶段二：企业标准化 (Standard)			阶段三：解决方案设计 (Solution)	
企业现状分析	企业趋势分析	业务抽象	业务标准化	业务架构	应用架构设计	系统设计
(业务结构化)	(业务走向预判)	(业务信息流)	(业务SOP)	(标准化模型)	(服务定义)	(系统设计)
业务架构定义		业务架构向IT架构过渡			IT架构定义	

图 23-1　MSS1.0 模型与 MSS2.0 模型的对比

第 23 章
企业级应用通用建设模型：MSS 2.0 模型

（1）市场宏观认知：通过调研分析企业现有的业务架构与可预见的未来；

（2）企业标准化：使用企业级标准来统一并规范各个业务，产出新企业业务架构；

（3）解决方案设计：根据新业务架构设计企业级产品，设计企业级 IT 架构的解决方案。

可以说 MSS 模型就是企业架构落地的一个通用模型。根据 MSS2.0 模型，当我们要设计自己的企业级软件系统时，就变得有的放矢。

第 24 章

实施中台战略之后

24.1 中台建设的复盘感悟

近些年我以直接操盘者、咨询顾问、方案外审专家等不同身份,参与了数十家企业的中台项目,既见证过中台系统的成功落地,也见证过中台建设到最后无疾而终,甚至整个中台项目被直接砍掉的惨痛案例。这一路下来,我一直在思考一个问题:为什么企业建设中台系统如此困难。

在撰写本书的过程中,我重新梳理了自己的整个项目经历,对这个问题的解答逐渐清晰起来。

企业信息化过程如图 24-1 所示。

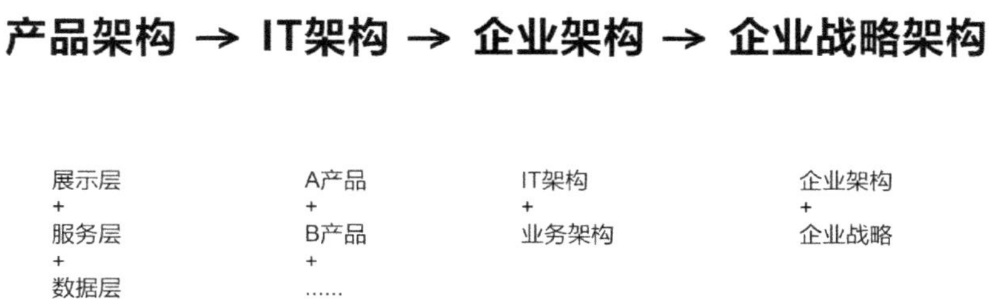

产品架构 → IT架构 → 企业架构 → 企业战略架构

展示层	A产品	IT架构	企业架构
+	+	+	+
服务层	B产品	业务架构	企业战略
+	+		
数据层	……		

图 24-1 企业信息化过程

企业由最初的线下业务运作，通过一个个系统的落地实现了线上化，再随着系统不断地完善，得到了一个面向完整领域的产品。当企业内部存在多个产品时，我们需要去优化 IT 架构，实现系统群的协同。

在 IT 架构的基础上，我们分析其承载的业务架构是否完善，以及根据业务架构不断调整具体的系统建设，这实际上就是企业架构的设计。最后我们来看架构设计是否符合企业战略，企业战略的变化会再次影响到产品的调整，从而产品再次循环迭代，可以看到所有产品功能都在为企业战略服务。

所以中台难建并不是因为中台系统的代码有什么技术门槛，导致难以编写，而是因为不同业务的 IT 系统由于内部业务的发展，在系统的迭代过程中均不相同，如图 24-2 所示。

3 大部分需要标准化

产品架构 → IT架构 → 企业架构 → 企业战略架构

展示层 ＋ 服务层 ＋ 数据层　　　A产品 ＋ B产品 ＋ ……　　　IT架构 ＋ 业务架构　　　企业架构 ＋ 企业战略

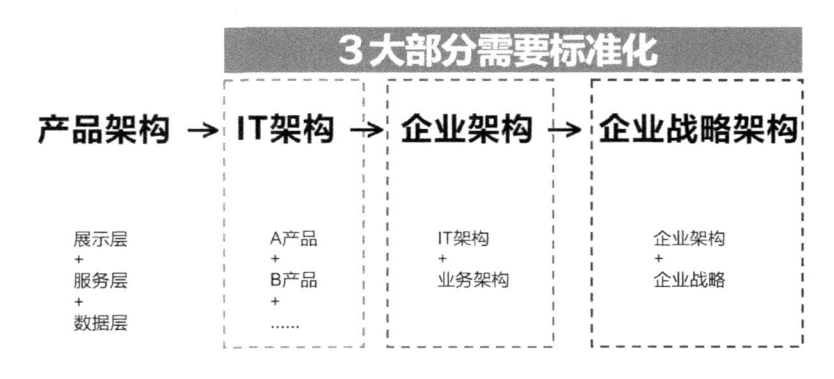

图 24-2　业务差异

因此，中台建设的本质是企业自身管理上的一次升级。中台建设必须去规范企业内部的运营管理，而规范管理的本质就是 IT 架构、企业架构和企业战略架构的标准化。

中台建设的核心难点在于如何将不同业务的 IT 架构、企业架构和企业战略架构标准化，找出一套统一的业务规则。

用一句话总结：中台建设的难点是企业的内部管理如何升级，而不是中台系统开发。

中台建设在某种意义上要打破企业内部各业务组织之间的利益壁垒，如果没有来自高层的大力支持和强力推进，自下而上地推进中台建设，阻力势必会很大，这也是大多数实施中台战略的企业的现状。

针对这种情况，在中台战略的推行中，有两种解决方法供大家参考。

第一种是按照循序渐进、以点及面的建设思路进行，一开始先不去动某个利益集团的"奶酪"（如交易管理），只是抽离小的公共服务，如权限体系、账户体系、消息服务等，以此作为中台的切入点，等到中台落地后再逐一推进收编。

第二种是找标杆案例，如在本书前面案例中提到的商品中心，找到企业当下系统中的核心症结，提出中台化解决方案，从解决具体问题出发，让中台在各业务线落地，进而逐步拓展到其他领域。此时在各业务集团中，中台是解决问题的方式，容易被接纳。

综上所述，中台战略的推行与落地本质上是一家企业的管理升级。

24.2 中台战略的生命周期

讲完了中台的建设难点，下面我想再谈一个话题——中台战略的生命周期。

任何企业的业务都是有生命周期的，我们可以将企业业务的生命历程浓缩在一张图中表示，如图 24-3 所示。

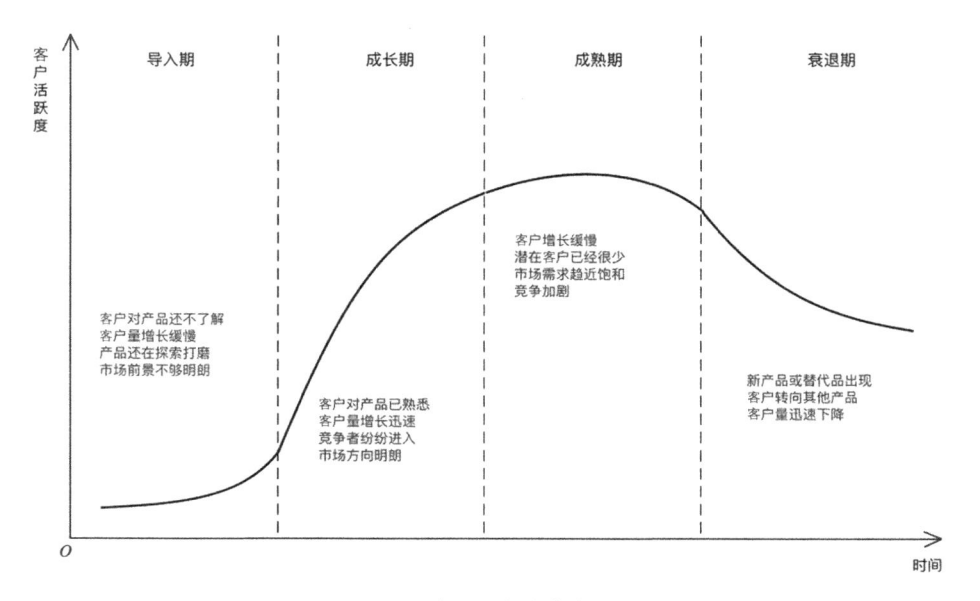

图 24-3 企业业务的生命历程

在企业业务生命周期的不同阶段中，IT 战略的适配也是不同的，IT 战略与企业业务生命周期的映射如图 24-4 所示。

第 24 章
实施中台战略之后

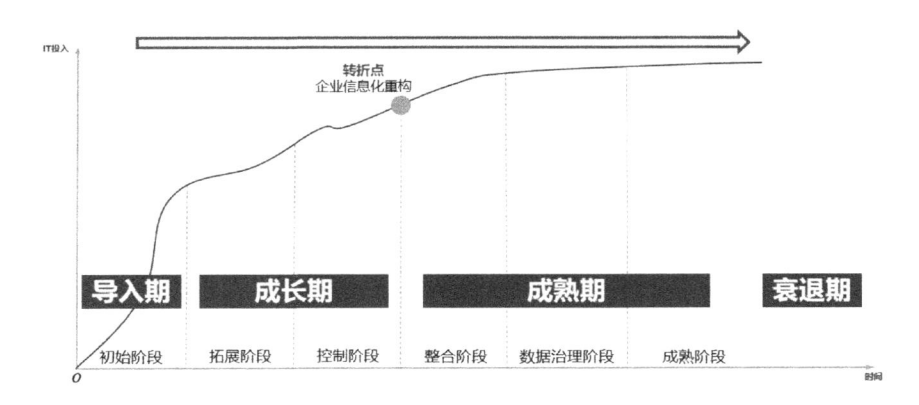

图 24-4　IT 战略与企业业务生命周期的映射

企业在迈过"转折点"后，随着业务规模的持续增长，最终将进入一个平稳的阶段，此时 IT 战略也在中台战略的支撑下进入成熟阶段。

但是随着原有业务的发展陷入瓶颈，企业需要启动第二曲线的探索，这个时候除了借用部分标准服务，还需要打破企业内部原有标准，树立新的服务标准，使之成为新的增长引擎，拉动企业前进。

中台建设是基于企业业务规范之上的，如果要打破企业内部原有的业务运作标准，中台的相关能力就与此时的业务没有重叠，甚至不再符合新业务的需求了。

这并不代表中台战略出了问题，而代表着一家企业进入了新的阶段，即进入第二曲线的探索阶段。

具体来说，当一家企业处在成长阶段，并专注于相似赛道时，集中各业务线的通用能力，合并至中台，建立快速迭代机制，毫无疑问能提高企业的业务效率，并且有利于相似赛道的创新业务孵化成长。

但当各业务的增长放缓，均进入成熟期时，企业要做的是再次激活各部门的自主性。因为原有的业务标准已经不再给企业带来价值增长，企业需要的是一种离经叛道式的破坏性创新，其能完全打破此时的僵局。

企业必须允许部分业务不接入中台，也就是此时中台边界出现收缩。

事实上这样的演变模式在传统制造业中很常见，这就是所谓的平台战略。制造型企业会定期根据产品战略规划、客户需求变化趋势和核心技术发展趋势，推出满足当前市场和产品的平台。

定义该平台的要素，确定所需要支持的公共需求和可变需求，确定其关键规格、功能、性能范围。确定需要提供的二次开发能力、功能、性能范围，确定平台提供的开发能力及集成方案。

而此时基于相同平台，可以演化出多款产品，每款产品还可以在圈定的范围内进行优化迭代。

当出现重大技术变革时，就需要启用下一代平台，取代原有的平台。下一代平台采用完全不同的核心技术和系统架构，实现平台升级。

就好比 CPU 的生产模式，在生产工艺（X 纳米工艺）与晶体管堆叠方式不变的基础上，以两年为期进行产品迭代，两年之后往往是平台的迭代，这就是典型的平台战略。

综上所述，中台战略只是一个工具，我们要在正确的企业发展阶段引入，并在合适的时间对中台战略进行升级与改造，从而使其适配新的企业管理要求。

任何 IT 战略都没有办法一劳永逸地解决企业的所有问题，因为健康的企业是一直处在发展过程中的，所以 IT 战略也必须处在动态发展之中。

后记

优秀产品经理的 M-P 2.0 框架

到今年为止,我已经在产品领域工作近十年了,这些年工作下来,我接触过很多产品经理,发现整个产品领域从业者的个人水平参差不齐,甚至有很多产品经理工作了四五年还处于一个初级阶段。

而这其中最典型的一个现象就是,这些同行在日常工作中,一遇到产品混乱期就开始烦躁,不知所措。

所谓产品混乱期,就是产品经理在每个季度为自己所负责的产品制订规划的那段时间。

而实际上,每个产品经理在这个时期都应该自发地完成如下几项任务:

(1)根据上季度遗留的问题梳理产品急需解决的遗留问题清单;

(2)根据客户在上季度反馈的问题,制定客户需求清单;

(3)根据本季度公司制定的季度发展目标,拆解产品层面要支撑这些目标需要新增的功能,制定本季度的产品路线图;

(4)在完成上述任务的基础上,将需求进行汇总,并根据现有的开发资源进行系统开发。

这才是每个季度起始产品经理最应该做的,但是在实际工作中,很多产品经理却从来没有意识到要去做这些。

为什么会造成这样的问题呢?简单来说,就是因为他们将自己日常 80%的时间用在了基础工作中,如绘制原型图、设计交互,导致他们看着每天工作都很忙,加班到很晚,但是根本没有时间去思考产品的方向。

▶ 中台产品经理
数字化转型复杂产品架构案例实战

套用雷军的一句话来说,就是"在用战术上的勤奋来掩盖战略上的懒惰",对照我提出的 M-P 模型,我们可以将这种类型的产品经理称为"画图型产品经理"。

如果现在的你恰巧也处在这样一种状态中,也想摆脱这种状况,首先就需要仔细分析自己处于这种状况的成因。

在没有参加工作前,相信绝大多数的产品经理都应该听过一句话:"工作不只是挣钱,更重要的是积累经验"。可是真正执行起来,大家仿佛没听过这句话,甚至完全不知道什么才是工作经验,例如:

(1)是不是应该多去打听下公司的人事变动?

(2)是不是应该多了解下行业产品的融资情况?

(3)是不是应该如数家珍地背诵某"大佬"是如何发家的?

(4)张三跳槽是如何面试的?

如果你在做"互联网考古学",相信上面绝大多数的积累对你会有帮助。那么到底什么才是产品经理的经验积累呢?

你可以用一个简单公式来判断当下做的努力是不是经验积累。

$$产品经验 = 日常工作可复用沉淀 + 节省工作时间的工具$$

讲到这大家应该明白了,造成绝大多数的产品经理停留在"画图型产品经理"阶段的核心原因,就是大家一直在做一些无效积累,并没有真正积攒产品经验,导致工作每天都局限在初级阶段。

就像我曾经带过的一位产品经理,当他来到新公司时,因为对之前的工作经验缺少复盘整理,导致虽然现在的工作内容也是他曾经接触过的,但是他无法从原有的经验中快速找出对应的方案,也就是寻找过往历史内容的精力要远大于现做的精力,于是他不得不从零开始,再去与业务人员进行讨论,重新设计对应的内容。

每次工作都从零开始,这样就永远陷入不断重复底层设计的过程中,根本无法去提升自己在高阶产品领域的产品能力。

相信从事产品岗位的读者都应该听过这样一个理论:产品经理本身就是个人最重要的产品,我们要不断优化并迭代自己。

所以我们应该沉淀式地解决问题,而不是一直在底层盘旋。

在明白了问题的症结后,我们要如何优化并迭代自己?

首先我们需要明确产品经理的能力范畴,我曾经提出产品经理职业发展的 M-P

后记
优秀产品经理的 M-P 2.0 框架

模型，为大家明确了产品经理的能力构成，如表 1 所示。

表 1　产品经理的能力构成

	能 力 名 称	层　　级
P：需求生产能力	需求翻译	初级技能
	项目管理	中级技能
M：市场运作能力	商业变现	高级技能
	市场推广	高级技能

根据表 1，产品经理在职级划分上也有了边界清晰的 4 级能力体系，如表 2 所示。

表 2　产品经理的能力层级

层　　级		需要掌握的能力
P1	低级执行产品经理	（1）需求翻译
P2	高级执行产品经理	（1）需求翻译 （2）项目管理
P3	筹划型产品经理	（1）需求翻译 （2）项目管理 （3）市场推广
P4	战略型产品经理	（1）需求翻译 （2）项目管理 （3）市场推广 （4）商业变现

虽然我们通过 M-P 模型明确了自己的能力与自我定位，但 M-P 模型并没有告诉我们要如何提升自己的层级。

所以我对原来的 M-P 模型做了一个升级，得到了 M-P 2.0 框架。

M-P 2.0 框架不再是一个产品能力模型，而是一个产品模型集合，为大家将产品经理工作中涉及的各个能力的学习与掌握情况进行剖析。

具体而言，在 M-P 2.0 框架中，我将自己在 M-P1.0 模型中 4 个方向的经验都总结成了对应的成长模型。

至此，产品经理能力体系就由模型上升为一个能力框架，包含各构成项的产品经理能力模型，4 个产品经理能力模型具体如下。

（1）M-P1.0 模型：产品经理的能力模型，让产品经理明确自身能力与所处层级；

▶ **中台产品经理**
数字化转型复杂产品架构案例实战

（2）MSS1.0 模型：针对中台等复杂系统从业务建模到系统方案落地的实践建设模型；

（3）MSS2.0 模型：针对 B 端企业级应用从业务建模到系统方案落地的实践建设模型；

（4）4F 模型：针对拥有 3～5 年工作经验的产品经理的完整数据分析模型。

这些年我先后撰写了 3 本产品类图书，基本上都是围绕 M-P 模型所展开的，得出了 M-P2.0 框架进阶学习地图，如图 1 所示。

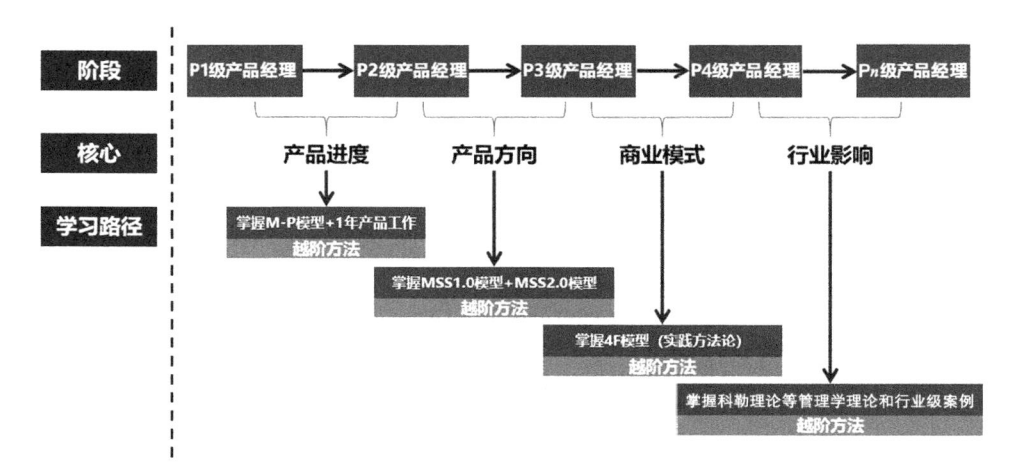

阶段	P1级产品经理	P2级产品经理	P3级产品经理	P4级产品经理	Pn级产品经理
核心	产品进度	产品方向	商业模式	行业影响	
学习路径	掌握M-P模型+1年产品工作 越阶方法	掌握MSS1.0模型+MSS2.0模型 越阶方法	掌握4F模型 (实践方法论) 越阶方法	掌握科勒理论等管理学理论和行业级案例 越阶方法	

图 1　M-P2.0 框架进阶学习地图

学习资料如表 3 所示。

表 3　学习资料

模　　型	主　要　内　容	资 料 类 型	学 习 资 料
M-P1.0 模型	产品经理能力模型	文章	"三爷茶馆"公众号
MSS1.0 模型	中台建设模型	图书	《中台产品经理宝典》
MSS2.0 模型	泛企业级应用建设模型	图书	本书
4F 模型	数据驱动产品迭代模型	图书	《高阶产品经理必修课：企业战略驱动下的数据体系搭建》

最后我想对所有正在学习这些模型的朋友说一句：

"学习这些模型的目的，是积累解决问题的方法，从而在有了方法的积累后，当我们遇到新的问题时，可以将新问题拆解为 80%的框架方法论和 20%的新场景定制化解决方案。

后记
优秀产品经理的 M-P 2.0 框架

"如同中台思想的本质一样，将 100%的新问题拆解为 80%的可复用旧知识与 20%的新场景思考，这才是真正的工作经验积累。"

最后，借用 M-P1.0 模型的产品经理层级划分，愿大家都能成为 P3 级以上的优秀产品经理。

大家关注微信公众号"三爷茶馆"并回复"中台 2.0"，可以获得本书的电子知识地图。

附录 A

全书内容速查索引

为了让大家更好地阅读与回顾本书内容,下面将本书的知识点与案例摘录于此,方便大家进行快速查阅。知识点与案例的数量汇总如表 A-1 所示。

表 A-1 知识点与案例的数量汇总

类 别	描 述	数 量
知识点	建设企业级应用必备产品概念	36
案例	基于知识点的实战案例	27
总计		63

1. 知识点集合

【知识点 1】诺兰信息系统六阶段模型(见图 A-1)

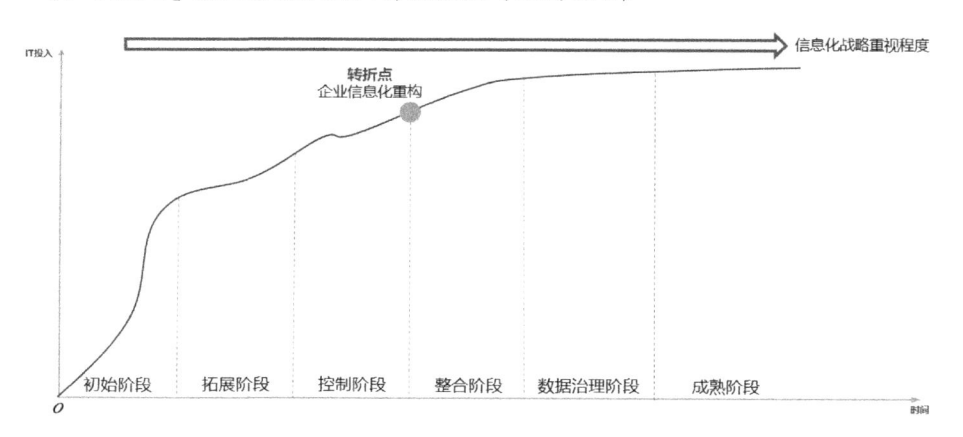

图 A-1 诺兰信息系统六阶段模型

该模型是由美国管理信息系统专家理查德·诺兰（Richard L.Nolan）通过对 200 多个公司、部门的发展信息系统进行总结提出来的。该模型通过六个阶段定义了企业应用发展的一般性规律，六个阶段分别为初始阶段、拓展阶段、控制阶段、整合阶段、数据治理阶段和成熟阶段。

【知识点 2】企业架构构成

（1）业务架构（Business Architecture）。

业务架构把企业的业务战略转化为日常运作的渠道。业务战略决定业务架构，它包括业务的运营模式、流程体系、组织结构、考核体系、地域分布等内容。

（2）IT 架构（IT Architecture）。

IT 架构是指指导 IT 投资和设计决策的 IT 框架，是建立企业信息系统的综合蓝图，包括系统架构、数据架构和技术架构三部分。

【知识点 3】战略导入

所谓战略导入，就是指企业管理团队在引入战略时，需要判断该战略是否匹配本企业，以及引入该战略是否能为企业带来收益，并制定具体的收益目标。

【知识点 4】UHM 企业组织结构理论

企业组织结构形态指的是企业内部部门的层级结构，UHM 企业组织结构理论是由管理学家威廉姆森（Williamson）提出的，该理论将一家企业内部的组织形态划分为 U 型（一元结构）、H 型（控股结构）和 M 型（多元结构）三种基本类型。

【知识点 5】组织管理中的常用名词释义

（1）事业部：指独立面向一个细分市场而运作的业务单元，而非具体职能部门。

（2）业务线：指事业部下的各职能部门，如营销业务线、采购业务线、仓储业务线。

（3）产品线：指承载某业务线所有需求的系统集合，如会员产品线（CRM、营销系统）。

【知识点 6】行业三分模型（SCD）

行业三分模型（SCD）如图 A-2 所示。

▶ **中台产品经理**
数字化转型复杂产品架构案例实战

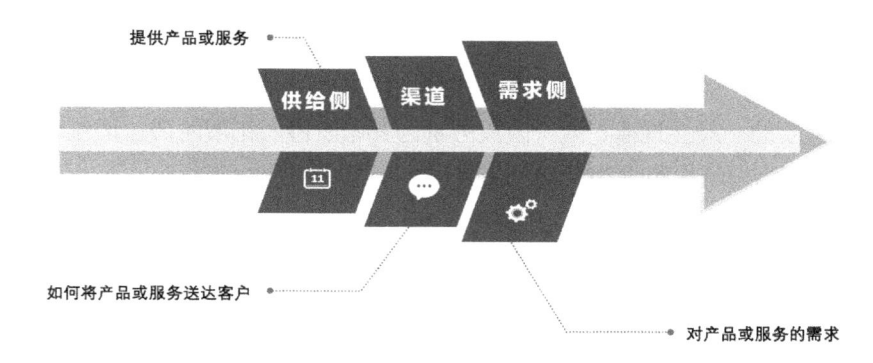

图 A-2 行业三分模型（SCD）

行业三分模型（SCD）是指从宏观维度上将任意行业拆分为三类角色。

供给侧：是指提供产品或服务的终端厂家，在电商行业中就是产品的供应商。

渠道：是指如何组织经营关系帮助供应商将产品售卖，在没有互联网之前这其实就是城市中的各级经销商体系，而现在是各类平台类业务。

需求侧：是指最终使用产品或服务的终端客户，也是这个行业中的消费者。

【知识点7】宏观基础概念

（1）产业：具有某种属性的经济活动的集合体。

（2）产业链：包含价值链、企业链、供需链的集合体。

（3）行业：具有高度相似性和竞争性的企业群体。

【知识点8】企业增长内核

企业增长内核是指一家企业增长的底层逻辑。任何企业的良性增长内核都可以划分为两种模式：

（1）行业性增长（如生鲜电商整个行业的增长，一般出现在新兴行业初期）；

（2）结构性增长（行业没有增长，但某些品类受下游需求的影响而高速增长，处于存量阶段）。

【知识点9】两种产品设计思路

（1）业务线产品的设计思路。

业务线产品的研发实质上是面向单体业务的研发，过程通常是这样的：产品研发人员在单一业务线中，根据当前的业务场景展开业务流程分析，完成产品需求文档的撰写，之后进入开发环节。在这个过程中，对业务需求的获取与确认是唯一的，即该产品对应业务线的使用人员或者对应细分业务的目标客户，在产品设计中不需要思考产品的扩展性与兼容性。本质就是将当前所面对的业务流程线上化，如果一家企业内部拥有多条不同的业务线，这样建设后企业内部就会有一个个竖井式的产品产生。

（2）企业级产品的设计思路。

中台产品的设计与研发是面向企业整体的，要求产品研发团队从全局式研发出发，对企业内多条业务线的业务进行通盘思考，并对企业的整体发展趋势进行关注，在这个基础上抽象出整个企业通用的能力，将通用性部分交由中台团队进行研发，而将特异性部分交由各业务线产品研发团队进行研发，由各业务线负责具体对应的业务客户的特殊化方案，从而有的放矢地开展中台建设。

【知识点 10】商业动机模型（BMM）

商业动机模型（Business Motivation Model，BMM）是指通过自下而上的方式，根据已发生的业务活动，推导其背后的商业战略决策，从而实现对企业商业决策演进方向进行分析的工具。该模型的完整结构如图 A-3 所示。

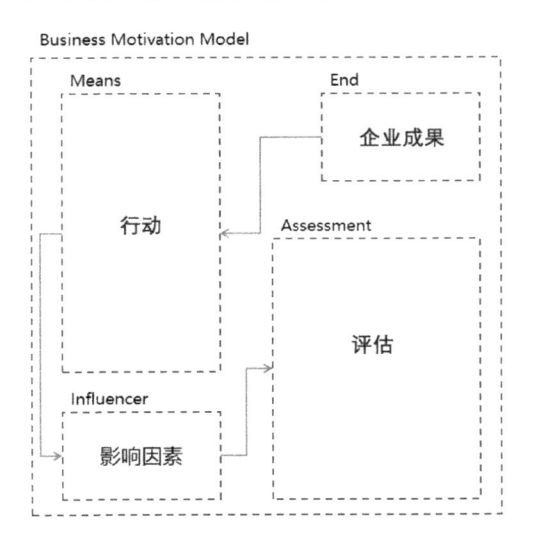

图 A-3　商业动机模型的完整结构

（1）End（企业成果）。

该模块定义了企业最终希望达成的结果，也就是企业目标。

（2）Means（行动）。

该模块定义了一个企业需要做什么来实现它的目标。

（3）Influencer（影响因素）。

该模块定义了企业发展中可能影响其决定与决策的事物。

（4）Assessment（评估）。

当影响因素引起重大变化时，企业对其产生的影响进行评估，识别风险和潜在回报。可能会有多个评估，评估可能来自不同的利益相关者。根据商业动机模型中记录的相关早期评估结果，判断推导出的企业战略/经营方针是否可信。

以上四个部分共同组成了商业动机模型。

【知识点 11】客户旅程图

客户旅程是指客户在企业商业活动中是如何参与的，以及达成交易需要完成的环节，直观地展现了客户在企业业务中的关键触点。客户旅程图指的是一个有方向的信息流，描述了客户与企业各个接触点的联系，描述了在不同业务单元的推动下最终实现的客户转化。客户旅程图的框架如图 A-4 所示。

	事前	事中	事后
客户	需求传递		
业务	服务/产品提供		
系统	信息流承接与记录		

图 A-4　客户旅程图的框架

【知识点 12】业务

业务是指一个组织通过向客户提供产品或服务，以获取某种价值，并能够或有潜力自负盈亏的闭环活动集合（协同类业务除外）。其构成元素如图 A-5 所示。

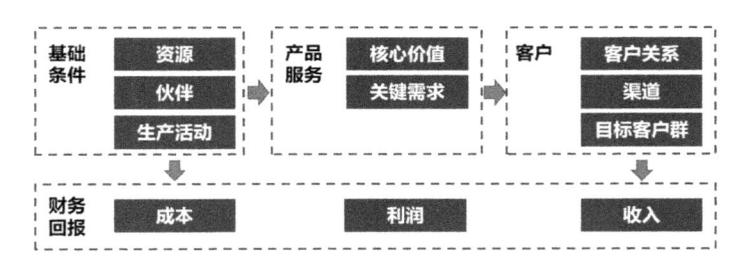

图 A-5　业务的构成元素

【知识点 13】增长飞轮

任意业务都存在一个核心循环，企业通过不断推动正循环实现增长。

【知识点 14】业务建模

在日常的软件产品开发中，为了将需要管理的事件的信息点进行无遗漏的定位，需要找到所有事件的信息流，并拆解出管理要素，这个过程就是业务建模。

业务建模的最终目标就是得到一条完整的业务信息流，信息流的构成可以分为 3 个层级。

（1）**流程层**：业务活动中存在的参与者及其先后交互关系，如订单审核业务活动的参与者为下单者、审核者。

（2）**约束层**：业务活动中的交互规则，如订单审核业务活动的时间为 9 点至 18 点。

（3）**实体层**：业务活动中各参与者交互的具体数据，如订单审核业务活动交互的数据对象为订单。

【知识点 15】信息流梳理步骤

（1）信息流范围定义；（2）信息输入；（3）信息输出；（4）信息处理公式；（5）信息参与角色。

其中，（2）(3)(5) 项也是在产品工作中经常被提到的"场景"。

【知识点 16】企业价值链分析法

企业价值链分析法是指将一家企业内外价值增加的活动分为基本活动和支持性活动两大类，如图 A-6 所示。

中台产品经理
数字化转型复杂产品架构案例实战

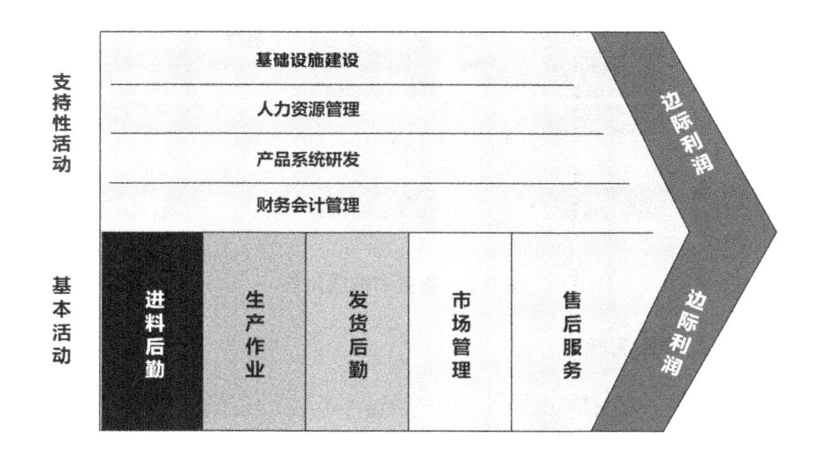

图 A-6　企业价值链分析法

（1）基本活动：指涉及产品的物质创造及其销售、转移买方和售后服务的能为企业带来价值的各种业务活动。基本活动常见的类型有生产作业、市场管理、进料后勤、发货后勤、售后服务等。

（2）支持性活动：指辅助企业运作的基本活动，本身不产生价值，通过提供资金、技术、人力资源及各种企业范围内的职能支持基本活动。支持性活动常见的类型有基础设施建设、人力资源管理、财务会计管理、产品系统研发等。

基本活动和支持性活动共同构成了一个企业完整的价值链。

【知识点 17】流程（Process）

流程就是一组共同给客户创造价值的相互关联的业务活动，是企业价值创造的最小机制。我用一张图来为大家介绍流程的概念，如图 A-7 所示。

图 A-7　流程的概念

【知识点 18】节点模型

对企业的信息流进行抽象，从已经梳理出的信息流中提取出信息节点，凡是需要纳入中台建设的节点均称为核心节点，核心节点依据不同的重要程度分为关键节点与非关键节点。

- 关键节点：定义了需要标准化的节点，以及对应的节点流程。
- 非关键节点：定义了无法标准化但仍要放入中台的节点。

【知识点 19】SOP

SOP 的全称是 Standard Operating Procedure，即标准作业程序，指用统一的格式描述出来的某一事件的标准操作步骤和要求，用于指导和规范日常的工作。

【知识点 20】业务工作制定规范

设计一个业务活动的工作通常可以划分为 3 类。

类型 1：事前控制类工作（预防性控制）

- 设计具体工作流程。
- 对工作岗位及工作职能授权。

类型 2：事中控制类工作（过程控制）

- 适当的职责分离。
- 适当的信息记录和严格的审批级次。
- 利用审批实现日常运作控制和例外业务的处理。
- 审批人记录。

类型 3：事后控制类工作（检测性控制）

- 严密有效的业务分析。
- 循环和定时、不定时的检查、审查。
- 对单据及各种报表进行稽核，监督人员稽查各种制度的执行状况。

【知识点 21】主数据管理

企业主数据是指企业内一致并共享的业务主体，以及各个系统间一致并共享的数据。主数据管理（Master Data Management，MDM）是在企业主数据的概念之上，通过以整个企业为管理单位，保证企业的主数据始终唯一且统一，并支持不同业务任意取用的管理方式。

【知识点 22】应用架构

应用架构是一种对软件体系结构进行描述的工具，描述了为了解决使用对象（企业/组织/个人）在某个业务领域的问题，软件体系结构应由哪些系统构成，以及各个系统之间有怎样的依赖关系。

【知识点 23】服务中心

服务中心是指将某一项在公司不同事业部内相同业务线上，具有相同或类似需求的软件服务抽取出来后建设的公共服务。

如果将服务中心的概念仔细拆解，可以得到服务中心的标准构成：服务中心 = 组件（业务 + 数据）服务 + 拓展服务。

- 组件服务为中台技术属性的落地产物，提供技术复用。
- 拓展服务为中台业务属性的落地产物，提供场景化复用。

【知识点 24】通用的产品架构图公式

产品架构图 = 层级定义 + 领域解决方案定义 + 关系定义

（1）层级定义：产品划分为哪几个层级？各层级解决什么维度的业务问题？

（2）领域解决方案定义：在每个层级中填充各业务领域的解决方案，并得到各业务领域具体承载的功能集合的纵向结构。

（3）关系定义：虽然每个层级与服务中心各自独立，解决不同维度与不同领域的问题，但是各服务中心与领域之间一定存在联系，这种联系可能是依赖关系，也可能是关联关系，此处需要将这些元素之间的关系表示出来。

【知识点 25】中台服务中心层级

（1）领域级公用能力层级：针对既定的业务领域，如商品/交易/会员。

（2）企业级公用能力层级：不聚焦于任一业务领域，在企业内可独立接入与使用，如权限/审批流。

【知识点 26】中台组件

中台组件包含两种典型的组件。

（1）业务组件：业务组件将已经规范后的同一领域下的不同场景合并在一起，承接该领域的全部需求。

（2）数据组件：数据组件规范数据存储方式与结构，构建相同业务下标准化的数据实体。

在组件设计中，一定要面向已经规范的业务，否则将导致组件无法复用。

【知识点 27】场景级复用

场景级复用不局限于代码层面的复用，而是将一个业务场景下的完整解决方案进行抽象以实现复用。在实际场景中通常为将某领域下的多个功能模块进行通用化改造，并打包在一起，给前台开发者提供一站式复用。

【知识点 28】拓展服务

拓展服务是一种可选配的非必需组件，用于提供领域内常见的配套服务的复用，从而让业务线在接入时不仅可以复用本领域的能力，还可以实现常见的配套开发的复用。

【知识点 29】中台服务中心的分类

为了应对具有不同标准化程度的业务类型，我们在中台建设中设计了 3 类服务中心，以适配不同业务类型的建设需求，如表 A-2 所示。

表 A-2 服务中心的分类

序 号	服务中心类型	适用范围
1	标准型服务中心	承载各业务线达成一致的标准业务领域的关键节点
2	结构型服务中心	承载无法标准化的业务领域的核心节点
3	组装型服务中心	承载无法标准化的业务领域的非核心节点

【知识点 30】标准型服务中心设计公式

（1）寻找企业内存在共性的领域；

（2）约谈该领域的各业务方；

（3）在该领域内设计统一化的流程；

（4）约定各业务方的运营路径；

（5）定义统一路径为该领域的公司级标准流程。

【知识点 31】共性抽取

共性抽取实际上就是先去寻找企业内部相同领域内多条业务线都使用的模块、节点、业务流程，再将这些共用的部分提取出来。

【知识点 32】结构型服务中心设计公式

结构型服务中心的设计采用 SD 设计公式进行，SD 设计公式的全称为 Summary 与 Details 分离化设计公式，其中 Summary 指信息对象的摘要（通用数据），Details 指信息对象的详情（业务数据）。该公式将信息对象的摘要存储在中台中，将信息对象的详情交由业务线系统管理，实现分层管理。

【知识点 33】组装型服务中心的设计公式

组装型服务中心采用最小颗粒度设计进行建设，由该服务中心定义不同类型的元素，交由前台业务线进行"积木拼装"，按需满足业务线的具体需求。

【知识点 34】特异性问题

中台建设所依赖的抽象业务模型是有时效性的，在建设完成后会出现中台系统与业务系统在功能或流程上因为有差异而无法对接的现象，从而导致业务系统与中台系统的对接出现阻塞，这就是特异性问题。

【知识点 35】插件

所谓插件，就是中台开放的一些对应的接口，允许业务方去插入一个自定义的代码段。自定义代码段可以跳过部分流程，调用中台的上层服务，从而实现符合现有中台逻辑的调用，然后在具体的业务层去替换原有业务的含义，赋予它新的业务含义，从而让业务能成功接入中台。中台插件如图 A-8 所示。

符合现有中台逻辑的调用	插入自定义的代码段	在业务层替换该部分业务的含义
业务中台	插件	业务前台

图 A-8　中台插件

【知识点 36】AB 对照模式

在重构过程中，可以使用 3 个指标衡量重构的完整性：（1）数据库监控；（2）单元测试监控；（3）接口请求监控。

2．案例集合

《案例 1：L 电商公司的业务系统演进历程》

《案例 2：L 电商公司的中台战略导入》

《案例 3：L 电商公司的发展战略研判》

《案例 4：L 电商公司的商业模式分析》

《案例 5：L 电商公司的中台客户访谈》

《案例 6：L 电商公司各项业务的结构化》

《案例 7：L 电商公司的业务建模过程》

《案例 8：L 电商公司的业务建模 2.0》

《案例 9：L 电商公司的企业价值链分析》

《案例 10：L 电商公司的节点梳理》

《案例 11：L 电商公司的 SOP 梳理》

《案例 12：L 电商公司的业务架构》

《案例 13：L 电商公司基于中台的应用架构定义》

《案例 14：L 电商公司的业务组件提取》

《案例 15：L 电商公司的数据组件提取》

《案例 16：L 电商公司的权限拓展服务设计》

《案例 17：L 电商公司的账户中心》

《案例 18：L 电商公司商品中心的搭建》

《案例 19：L 电商公司的订单中心》

《案例 20：L 电商公司商品中心搭建 2.0》

《案例 21：L 电商公司的支付中心建设》

《案例 22：L 电商公司的中台插件引入》

《案例 23：L 电商公司的中台实施过程》

《案例 24：中台持续化运营流程》

《案例 25：L 电商公司集团化战略启动》

《案例 26：新子公司业务的中台接入》

《案例 27：L 电商公司的中台 KPI 设计》

反侵权盗版声明

电子工业出版社依法对本作品享有专有出版权。任何未经权利人书面许可，复制、销售或通过信息网络传播本作品的行为；歪曲、篡改、剽窃本作品的行为，均违反《中华人民共和国著作权法》，其行为人应承担相应的民事责任和行政责任，构成犯罪的，将被依法追究刑事责任。

为了维护市场秩序，保护权利人的合法权益，我社将依法查处和打击侵权盗版的单位和个人。欢迎社会各界人士积极举报侵权盗版行为，本社将奖励举报有功人员，并保证举报人的信息不被泄露。

举报电话：（010）88254396；（010）88258888
传　　真：（010）88254397
E-mail：　dbqq@phei.com.cn
通信地址：北京市万寿路173信箱
　　　　　电子工业出版社总编办公室
邮　　编：100036